JN108067

国家一般職・国家総合職・地方上級等

公務員試験 技術系 新スーパー過去問ゼミ 農学・農業

資格試験研究会 編

実務教育出版

技術系 新スーパー過去問ゼミ 刊行に当たって

「公務員試験を攻略するには，まず過去問を解くこと」

――受験生の間で常に語られてきた「真理」です。

しかし，技術系の試験については，事務系の試験のように多くの問題集が発行されているわけではありません。「過去問を入手するのが大変」「どんな問題が出題されるのか」と，情報不足に悩む人もかなりいます。また，問題の解き方を見ることが少ないため，「どうやって学習を進めればよいのか」「どうしたら得点アップに結びつく効率的な学習ができるのか」を知るチャンスが少ないという人もいます。

そういった受験生の要望に応えるべく刊行したのが，技術系の専門試験の過去問だけを集めた「技術系スーパー過去問ゼミ」シリーズです。その改訂版である「技術系　新スーパー過去問ゼミ」シリーズは，より新しい問題を収録し，さらにパワーアップしました。

過去問対策の定番として公務員試験受験生から圧倒的な信頼を寄せられている「スーパー過去問ゼミ」シリーズと同じように，次のような特長があります。

- **テーマ別に編集したので集中して学習できる。**
- **「必修問題」「実戦問題」のすべてにわかりやすい解説。**
- **「POINT」で頻出事項の知識・論点を整理。**

なお，おろそかにできないのが教養試験対策です。教養試験（基礎能力試験）は事務系と共通の問題なので，小社刊行の「新スーパー過去問ゼミ」シリーズなどを利用して，総合的な実力をつけるようにしてください。

本書を手に取られたあなたが，新時代の公務を担う一員となれるよう，私たちも応援し続けます。

資格試験研究会

CONTENTS

公務員試験　技術系　新スーパー過去問ゼミ

農学・農業

カバー・本文デザイン／小谷野まさを　　書名ロゴ／早瀬芳文

農学・農業の出題内容

公務員試験における「農学・農業」の出題内容についてまとめます。教養試験については事務系職種などと共通なので省略し，ここでは，専門試験（択一式）における出題分野を整理します。

●国家一般職［大卒］　農学区分

40問が出題され，全問に解答します。

栽培学汎論	作物学	園芸学	育種遺伝学	植物病理学	昆虫学	土壌肥料学・植物生理学	畜産一般	農業経済一般	解答数
7問	7問	7問	3問	3問	3問	4問	3問	3問	40問

●地方上級

道府県では，ほぼすべての自治体で募集がありますが，政令指定都市では募集されない，あるいは隔年募集の自治体も多くなっています。募集がある場合，試験区分の名称は「農学」や「農業」が多いのですが，「農政技術（農業）」（神奈川県），「農政」（佐賀県），「農林業」（広島市）といった例もあります。

自治体によって出題パターンが分かれています。

①一般的な出題パターン

40問が出題され，その全問に解答するというのが一般的です。

栽培学汎論	作物学	園芸学	育種遺伝学	植物病理学	昆虫学	土壌肥料学	植物生理学	畜産一般	農業経済一般	解答数
5問	5問	5問	5問	4問	4問	4問	4問	2問	2問	40問

ただし，**奈良県**は40問中30問の選択解答としています。

②他の科目を含む出題パターン

北海道「農業Ａ」：栽培学汎論と昆虫学が出題されない一方で，食品科学，経済学，農業経済学，農業経営学，食料政策・農業政策，畜産系科目（家畜育種学・家畜繁殖学・家畜生理学，家畜飼養学・家畜管理学，飼料学）が出題されます。

山形県：①の科目に加えて，食品科学，家政学一般，農村計画が出題されます。

千葉県：①の科目に加えて，農業政策，食品化学，食品加工，人間工学，農村計画が出題されます。栽培学汎論，作物学，園芸学，農業経済一般，農業政策の25問が必須解答。残り25問中15問の選択解答です。

新潟県：栽培学汎論が出題されない一方で，生物化学，食品科学，畜産系科目が出題されます。また，上表とは出題数も異なり，作物学７問，園芸学６問，他の科目は４～５問ではなく１～３問としています。

富山県：植物生理学，農業経済一般が出題されない一方で，農芸化学の科目，畜産系科目を含む60問が出題され，そのうち40問を選択解答します。

石川県「農学（農業・畜産）」：畜産系科目を含む60問が出題され，そのうち40問を選択解答します。

福井県：農芸化学の科目，畜産系科目を含む80問が出題され，そのうち40問を選択解答します。

滋賀県，**和歌山県**，**香川県**：①の科目に加えて食品科学が出題されます。

広島県：畜産一般が出題されない一方で，応用微生物学，生物化学，食品科学，情報処理が出題されます。

なお，**大阪府**や**兵庫県**のように，択一式の専門試験を課さず，記述式のみの自治体もあります。

●国家総合職　農業科学・水産区分

この試験区分は「主として農学，農業経済，畜産及び水産に関する知識，技術又はその他の能力を必要とする業務に従事することを職務とする官職」について募集するものです。農学分野の専攻者だけを対象にするものではありません。

そのため，Ⅰ部の「生物資源に関する基礎［生物資源科学，食料事情，統計学］」の5問は必須解答ですが，Ⅱ部とⅢ部は選択解答です。

Ⅱ部は，選択A農業科学系と選択B水産系に分かれています。選択Aは「農業科学に関する基礎［農業・畜産業，生物学に関する基礎］」10問です。

Ⅲ部は広範な分野の23科目（各5問）のうち5科目（25問）を選択して解答します（全部で40問解答）。

農学の専攻者は，下図の6科目の中から主に選択することになります。そのほかに「経済学」「農業資源経済学（基礎）」「農業資源経済学（応用）」「農業経営学」「食料政策・農業政策・農業関係法律」「畜産一般」などを選択することも可能です。

	選択Bを選んでもよい	Ⅲ部　5科目を選び，25問に解答							
Ⅰ部	Ⅱ部　選択A 農業科学系	作物学	園芸学	育種 遺伝学	植物 病理学	昆虫学	土壌肥料 学・植物 生理学	その他 17科目	解答数 40問
5問	10問	5問	5問	5問	5問	5問	5問	（各5問）	

●市役所試験

募集は少ないのですが，募集される場合には，地方上級試験の図とほぼ同様の出題科目です。30問が出題され，全問必須解答という場合が多くなっています。

＊　　＊　　＊

本書では，図中の青色で示した出題科目を取り扱います。また，出題科目の名称は国家一般職［大卒］試験に準じています。

※以上の記述は令和5年度試験の受験案内に基づいています。

本書の構成と過去問について

●本書で取り扱う試験の名称表記について

①**地方上級**…地方公務員採用上級試験（都道府県・政令指定都市・特別区）
②**国家一般職**…国家公務員採用一般職試験［大卒程度試験］（平成23年度までは国家Ⅱ種）
③**国家総合職**…国家公務員採用総合職試験（平成23年度までは国家Ⅰ種）

掲載した問題の末尾には，試験名の略称および出題年度を記載しています。

●本書に収録されている「過去問」について

①国家公務員試験の問題は，人事院により公表された問題を掲載しています。地方上級の問題は，受験生から得た情報をもとに実務教育出版が独自に編集し，復元したものです。
②問題の論点を保ちつつ問い方を変えた，年度の経過により変化した実状に適合させた，などの理由で，問題を一部改題している場合があります。また，人事院などにより公表された問題も，用字用語の統一を行っています。

●本書の構成

❶**必修問題**：各テーマのトップを飾るにふさわしい問題，合格のためには必ずマスターしたい良問をピックアップし，問題の解き方，選択肢の絞り方に重点を置いた解説を掲載しています。
❷**POINT**：これだけは覚えておきたい最重要知識を，見やすい図表などを駆使してコンパクトにまとめています。問題を解く前の知識整理に，また試験直前の確認に活用しましょう。
❸**実戦問題**：各テーマの内容をスムーズに理解できるよう，バランスよく問題を選び，詳しく解説しています。
　全部解いて，実戦力をアップしましょう。
❹**索引**：巻末には，POINT等に掲載している重要語句を集めた用語索引がついています。用語の意味や定義の確認，理解度のチェックなどに使ってください。

第１章

栽培学汎論

テーマ 1　栽培一般
テーマ 2　作物の栽培および起源
テーマ 3　気象災害および地球温暖化
テーマ 4　農業機械および農業施設
テーマ 5　雑草

栽培一般

必修問題

我が国の農業分野における生産技術や生産方法に関する記述として最も妥当なのはどれか。 【国家総合職・平成28年度】

1 ICTなどの先端技術を活用し，超省力化や高品質生産などを可能にする新たな農業をスマート農業という。高性能GPSなどを活用して無人走行を行うトラクターが全国で利用されているとともに，葉根菜類全般の定植，防除から収穫までを行う汎用型管理機が実用化されている。

2 有機農業とは，化学肥料や農薬，遺伝子組換え技術を利用しないことで，環境への負荷をできる限り低減した生産方法である。有機農業のうち，カルタヘナ法*1に基づき定められた生産方法を満たしているものについては，国による有機農産物の承認を受けることができる。

3 地下水位制御システムとは，水田にポンプを設置することで地下水位を制御し，自在に田畑輪換を行うものである。このシステムの整備により，水管理の作業時間が増大したが，水田の有効活用による麦・大豆の生産拡大が図られている。

4 総合的病害虫・雑草管理（IPM）とは，持続農業法*2に定められた，病害虫や雑草が発生しにくい環境を作るとともに，天敵の利用や，輪作，農薬散布等を組み合わせた防除方法のことをいう。農業者はこの手法に取り組むことを条件として，エコファーマーに認定される。

5 農作業事故防止に向けた取組みとして，より安全な農業機械の開発が進んでいる。乗用型トラクターの片ブレーキによる事故を防止する装置や，自脱型コンバインの手こぎ部における巻き込まれを防止する緊急即時停止装置が開発され，搭載機種が販売されている。

＊1　正式名称は「遺伝子組換え生物等の使用等の規制による生物の多様性の確保に関する法律」

＊2　正式名称は「持続性の高い農業生産方式の導入の促進に関する法律」

必修問題の解説

1 × 誤り。**スマート農業**とは，人工知能（Artificial Intelligence：AI）やモノのインターネット（Internet of Things：IoT），ロボット技術などの先端技術を活用し，超省力・高品質生産を可能にする新たな農業のこと。2019（令和元）年現在，無人走行を行うトラクターや葉根菜類全般の汎用型管理機などの実用化には至っていない。自動走行トラクターには安全面などでさまざまな法整備が必要になるものの，農林水産省は2020年までの現場実装を目標に掲げている。葉根菜類では，定植，防除および収穫のそれぞれを行う管理機は実用化されている。スマート農業は，後継者や労働力不足などに悩む日本の農業において，省力化や高品質生産などを実現する新たな技術として，開発と実用化が急速に進められている。

2 × 誤り。**有機農産物**とは，種播きまたは植え付け前2年以上で，禁止されている農薬や化学肥料などを使用しない田畑で生産し，遺伝子組換え由来の種苗を使用せず，原則として農薬・化学肥料を使用しないで栽培を行うなど，地域環境への負担をできる限り軽減した栽培で生産した農産物のこと。カルタヘナ法の目的は，遺伝子組換え生物などを使用する際の規制措置を講じることで，生物多様性への悪影響の未然防止などを図ることであり，カルタヘナ法に基づき定められた生産方法を満たすだけでは，国による有機農産物の承認を受けられない。

3 × 誤り。**地下水位制御システム**とは，**FOEAS**（Farm Oriented Enhancing Aquatic System：フォアス）と呼ばれ，従来は排水しか用いられなかった暗渠管を灌漑にも利用することで，湿害および干ばつ害を回避し，安定的な作物栽培を可能にしたシステムのこと。排水不良で転作が困難な地域や転作の野菜栽培などでは顕著な効果がある。水稲作時は，水管理労力および水管理の作業時間が削減でき，乾田直播栽培における初期灌水も，地下灌漑によって容易になる。

4 × 誤り。**エコファーマー**とは，「持続性の高い農業生産方式の導入の促進に関する法律」に基づき，堆肥などを施して土地の力を高め，化学肥料，化学農薬を減らす生産計画を都道府県知事に提出し，認定された農業者のこと。エコファーマー認定者は，①土づくり，②化学肥料の使用低減，③化学合成農薬の使用低減の3つの技術を一体的に取り組むことが定められている。一方，**総合的病害虫管理**（**IPM**：Integrated Pest Management）とは，病害虫の発生予察情報などに基づき，①耕種的防除（伝染病植物除去や輪作など），②生物的防除（天敵やフェロモンなどの利用），③化学的防除（農薬散布など），④物理的防除（粘着版や太陽熱利用消毒など）を組み合わせた防除を実施することにより，病害虫の発生を経済的被害が生じるレベル以下に抑制し，その低いレベルを持続させることを目的とする病害虫管理手法のこと。総合的病害虫管理（IPM）に取り組むだけではエコファーマーには認定されない。

5 ◎ 正しい。

正答 **5**

重要ポイント1 最近のトピックや用語

栽培学汎論では，**スマート農業**や**地球温暖化**，**耕作放棄地**，**鳥獣害**など，最近のトピックから出題されることが多くなっている。ここでは，平成から令和にかけて複数回出題された用語について解説する。最近のトピックや用語などを学習するには，農林水産省の「食料・農業・農村白書」などが有用である。

スマート農業や地球温暖化，**田畑輪換**，**温室効果ガス**，**有機農産物**，**エコファーマー**などの用語は，必修問題および実戦問題の解説を参考にしていただきたい。

①**耕作放棄地**：農林水産省が自治体などを通じて5年ごとに調査する**農林業センサス**において，1年以上作付けされず，今後数年間も作付けする考えのない土地のこと。それに対して，調査日以前1年以上作付けしなかったが，今後数年の間に再び耕作する意思のある土地を**不作付け地**と呼び，経営耕地に含まれる。

②**GAP**：**農業生産工程管理**（**GAP**：Good Agricultural Practice）とは，農業生産活動を行ううえで，必要な関係法令などの内容に則して定められる点検項目に沿って，農業生産活動の各工程の正確な実施，記録，点検および評価を行うことによる持続的な改善活動のこと。GAPは，食品安全や環境保全，労働安全などの持続可能性を確保するための生産工程管理の取組みである。

③**都市農業**：都市農業振興基本法第2条では，「市街地及びその周辺の地域において行われる農業」と規定している。都市農業は，消費地に近いという利点を生かし，新鮮な農産物の供給といった生産面での重要な役割だけではなく，身近な農業体験の場の提供や災害に備えたオープンスペースの確保，潤いや安らぎといった緑地空間の提供など，多面的な役割を果たす。

④**6次産業化**：1次産業としての農林水産業と，2次産業としての製造業，3次産業としての小売業などの事業との総合的かつ一体的な推進を図り，農山漁村の豊かな地域資源を活用した新たな付加価値を生み出す取組み。6次産業化により農山漁村の所得の向上や雇用の確保などをめざす。

⑤**鳥獣害**：野生鳥獣による農林水産業などへの被害のこと。農業被害は，1940年代後半から1980年代後半までは，スズメやカラス，ヒヨドリ，ムクドリなどの鳥害が多く，獣害は山間地などで散発的に報告されていた程度であったが，近年はイノシシやニホンザル，ニホンジカなどによる被害が全国規模で発生し，山間地だけに留まらず，平野部にも被害が拡大している。また，近年は，マングースやハクビシンなどの移入種による被害も増えつつある。農作物への鳥獣被害を防止するためには，各地域において，捕獲や侵入防止柵の設置，追い払い，里山で餌場となる放任果樹の除去などを総合的かつ計画的に実施する必要がある。また，必要に応じて，近接する複数の市町村が連携して広域的に対策を実施することが効果的である。

⑥**不耕起栽培**：耕耘を行わずに，種子を直接圃場に播いて栽培する方法。不耕起栽培は，省力的な栽培法であり，水稲でも**不耕起直播**が普及している。

栽培学汎論では，主要農産物の生産量や作付面積，単位面積当たり収量，農林水産物や食品の輸出入の動向などについても出題されることが多い。主要農産物の大まかな生産量や作付面積，単位面積当たり収量，産出額の上位品目や上位都道府県，輸出入量などの統計値を押さえておきたい。最新の統計値については，農林水産省の「作物統計」や「野菜生産出荷統計」，「果樹生産出荷統計」，「花き生産出荷統計」などのほか，「食糧需給表」や「生産農業所得統計」，「農林水産物輸出入統計」などから入手できる。

重要ポイント 2 連作障害および田畑輪換

連作障害とは，同一植物を同一圃場で毎年続けて栽培（連作）すると，年々収量が減少する障害のこと。**いや地現象**とも呼ぶ。エンドウやトマト，ナスなど，多くの野菜や畑作物などで発生する。連作障害の程度は，植物によりさまざまであり，植えた翌年から障害が発生する種類もあれば，長い間連作しても収量が減らない種類もある。連作障害の回避には，耕種的，生物的および化学的防除を併用するとともに，抵抗性品種や抵抗性台木などを使い，有効な**作付体系（輪作体系）**によって病害の発生を抑えるなどの方法がある。**田畑輪換**も連作障害回避の一つの方法である。田畑輪換とは，同じ圃場で水田と畑地を交互に利用すること。水田から畑地に転換した当初は，乾土効果による地力窒素の過剰発現に注意する必要がある。作付体系のなかに**クリーニングクロップ**を導入することは，連作障害の回避や土づくりなどの点では望ましいものの，収益性の面では問題がある。

重要ポイント 3 マルチ栽培

マルチ栽培は，多くの作物の周年栽培と供給に貢献し，その利用はますます増えている。マルチの種類は多く，透明や黒色など各種着色（緑や紫，オレンジなど），除草剤混入，反射，二層（白黒や銀黒など），通気性，崩壊性，生分解性などのマルチがある。マルチ栽培の効果は以下のとおりである。①**温度効果**：低温期の地温を高め，作物の生育を促進させ，作物の早熟化と増収（収穫期の長期化）に効果がある。なお，地温上昇効果は光線透過率のよいフィルムほど大きく，透明，緑，黒の順に小さくなり，時期や目的などによってマルチを使い分ける。②**土壌水分の保持効果**：降雨による土壌の浸食および表土の固結を防止する。また，マルチによって地表面を軟らかく保つ。夏季における地温上昇の問題はあるが，乾燥地における水分保持力の効果は大きい。③**肥効保持効果**：露地栽培において施肥した肥料は，降雨によって流亡し，肥効が降雨により左右されるが，マルチを行うことにより肥料の流亡を防止し，減肥が可能になる。④**雑草および病害虫防除効果**：黒色フィルムを利用することにより，雑草を防止できる。マルチ栽培では，跳ね上がりによる土壌伝染性病害を軽減できる。また，シルバーマルチなどにより，害虫の被害を軽減できる。

実戦問題

No.1 田畑輪換に関する記述として最も妥当なのはどれか。

【国家一般職・平成25年度】

1 我が国では，平成23年において，水田面積の約２割で水稲が作付けされず，転換畑などに利用されている。転換畑では，食料自給率の低いイモ類，コムギ，ダイズが主に栽培され，耕地利用率を上げているが，収量が変動するため，安定的な生産体系を確立する必要がある。

2 我が国のダイズは，近年では水田転換畑での作付面積が畑での作付面積の半分に達している。ダイズは連作障害が出にくいため，10年程度は連作が可能であるが，それ以上の期間では減収する例が多いので，その後は水稲に戻す体系がとられる。

3 水田転換畑は，一般の畑に比べて団粒構造が発達しているため，乾燥害を受けやすい。よって，転換畑における畑作物の生産性をより高めるには，暗渠（きょ）の設置や心土破砕によって保水性を高め，地下水位を上げる必要がある。

4 水田転換畑では，嫌気的状態から好気的状態に変わって微生物による有機物分解が促進されるため，土壌窒素の無機化量が増えることが多い。しかし，水田に戻した場合は，窒素過剰で水稲が倒伏するおそれもあるので注意を要する。

5 転換畑に，入水した水田が隣接していると，水が横浸透するため，畑転換を地区単位で行う三圃式を実施することが望ましい。一方，水田高度化の別の方向性として，高度の用排水機能を備えて常時湛水し，レンコン畑やクワイ畑として利用していく汎用化水田もある。

No.2 土壌有機物および土壌への有機物施用に関する記述として最も妥当なのはどれか。

【国家一般職・平成27年度】

1 植物や動物の遺体は，土壌中の微生物などによって分解される。成分ごとの分解速度は，速いほうから，タンパク質，アミノ酸や低分子の糖，植物体中のリグニン，セルロースの順である。セルロースの分解は，白色腐朽菌によってのみ可能で，極めて時間がかかる。

2 土壌有機物をアルカリ溶液で抽出した際に，不溶な部分をフルボ酸という。抽出された液体は濃赤褐色で，それを酸性にした場合に，溶ける有機物を腐植酸といい，沈殿する画分をヒューミンという。

3 土壌有機物の機能には，耐水性団粒の増加による通気性と保水性の向上，分解過程で窒素，リン酸などの栄養分を放出することによる植物への養分供給などがある。また，土壌有機物には，腐植物質の増加によって陽イオン交換量を増大させ，養分保持能を高める効果もある。

4 有機質肥料の場合，成分含有量のすべてが植物に利用されるわけではない。ほとんどすべて利用可能なのは，リン酸のみである。窒素やカリには，微生物分解を受けにくいものも多く，利用できる割合は有機質肥料の種類によって異なり，分解率は，高くても1年間に10％程度である。

5 樹皮を材料としたバーク堆肥などは，C/N比が10前後であり，分解が速く速効性である。また，易分解性の窒素が多く，肥料的価値は主に窒素にある。鶏ふんは，多孔質で保水性がよいが，C/N比が20以上で，分解が遅い。牛ふんのC/N比や分解速度は，その中間である。

No.3 **我が国における耕地の利用と栽培管理に関する記述として最も妥当なのはどれか。** 【国家一般職・令和元年度】

1 同一の耕地に異なる種類の作物を短い間隔で続けて栽培することを連作という。イネ科作物やマメ科作物は連作に比較的強いものが多い。

2 田畑輪換は，夏作に水稲を栽培し，冬作にコムギなどの畑作物を栽培することをいう。田畑輪換畑の土壌の物理的特性として，一般に，排水性がよいことが挙げられる。

3 混作とは，異なる種類の作物を同じ圃場で栽培時期をずらして栽培する方法であり，主作物としてイネ科牧草，副作物としてマメ科牧草を栽培することが多い。

4 マリーゴールドやクロタラリアは，休閑期に栽培することでウイルスの生息密度を低下させることができる植物として知られている。このような効果を持つ植物をカバークロップという。

5 緑肥は，植物体が腐る前に土壌中にすき込んで肥料とするものをいう。窒素含量に対する炭素含量の割合（C/N比）が高い緑肥作物をすき込んだ場合，一時的に窒素不足になることがある。

No.4 **我が国における耕地の利用と栽培管理，収穫に関する記述として最も妥当なのはどれか。** 【国家一般職・平成30年度】

1 水田は畑に比べて連作障害が発生しやすいため，水田を畑として利用する田畑輪換栽培が行われている。圃場をいくつかのブロックに区分けし，一つのブロックで２種類の作物を時期をずらして栽培するブロック・ローテーションの仕組みが導入されている。

2 イネの移植から収穫までに必要となる水量全体を用水量という。用水量は，イネの体内水量，葉からの蒸散量，田面蒸発量，地下浸透水量，漏水量，降水量の合計で表される。灌漑水を最も多く必要とする時期は有効分げつ期である。

3 ダイズの栽培では，一般に，除草や倒伏防止，排水の促進を目的として，開花期までに中耕・培土が行われる。大規模な経営では，ダイズの収穫にコンバインを用いる場合が多い。

4 コムギの発芽に必要な低温要求度を秋まき性程度という。越冬前の生育量確保のため寒冷地では秋まき性程度の低い品種が栽培されている。北海道の寒さの厳しい一部地域では，秋まき性程度の低い品種を用いた春まき栽培が行われる。

5 イネを自脱コンバインで収穫する場合には，刈取り後，動力脱穀機での脱穀を行う。脱穀後は籾すり作業を行い，その後，乾燥作業，くず米の選別作業を行う。

No.5 食の安全と農業生産に関する記述A～Dのうち，妥当なもののみを挙げているのはどれか。 【国家一般職・平成29年度】

A　IPMとは，International Pest Managementの略称であり，総合的な病害虫管理を行うことによって，健康へのリスクと環境への負荷低減を図る取組みとして国際的に提唱されたものである。雑草防除は，この取組みの対象に含まれていない。

B　ドリフトは，農薬散布時に，薬剤が目標物以外の作物などに飛散する現象である。近隣作物が収穫間際であるものよりも定植直後であるもののほうが，影響が大きい。飛散の発生は農薬の剤型などによって左右され，飛散しやすいものから順に，粒剤，液剤，粉剤である。

C　農業生産工程管理（GAP）とは，農業生産活動を行ううえで必要な関係法令等の内容に則して定められる点検項目に沿って，農業生産活動の各工程の正確な実施，記録，点検および評価を行うことによる持続的な改善活動のことをいう。

D　食品のトレーサビリティとは，農産物や加工食品等の移動を把握できる仕組みである。食品の生産から消費にわたり，各自取り扱う食品の移動に関する記録を作成・保存することにより，食品事故が発生した際の回収や原因究明を迅速に行うことができる。

1　A，B
2　A，C
3　A，D
4　B，C
5　C，D

実戦問題の解説

No.1 の解説　田畑輪換

→問題はP.14

1 ×　転換畑では，ダイズやコムギ，飼料作物，野菜類などが主に栽培される。なかでも野菜生産が注目されており，一部の地域では産地化も進められている。農林水産省が公表する「食糧需給表」によると，2019（令和元）年度現在，最新データである2016（平成28）年度におけるイモ類の国内生産量は306万t，国内消費仕向量（国産＋輸入）は411万tで，食料自給率は74.3%（サツマイモが93.9%，ジャガイモが68.7%）であった。設問にある平成23年（2011年）年度の食料自給率は，ダイズが6.1%，コムギが8.1%と低いものの，イモ類が75.6%（サツマイモが93.2%，ジャガイモが70.5%），野菜類が80.9%であり，イモ類の食料自給率は低くない。

2 ×　ダイズは連作障害が発生しやすい作物であり，ダイズの連作による減収の要因としては，地力窒素の減耗のほかに，土壌病害虫の発生が考えられる。ダイズの土壌病害虫の例としては，ダイズシストセンチュウやダイズ黒根腐病，ダイズ茎疫病などが挙げられる。

3 ×　水田転換畑における土壌物理性は，最初は湛水条件下で単粒構造から成る泥状である。排水により亀裂を形成して角柱状になり，形成した亀裂が排水と土面蒸発を促進して亀裂の密度を増して団塊状に変わる。耕耘砕土や凍結，融解，乾燥，植物根の作用，有機物の施用などによって，最終的には土壌構造として理想的な団粒構造が発達し，その結果，通気性，透水性および保水性の良好な土壌物理性を示すようになる。転換畑における畑作物の生産性を高めるには，地下水位を下げる必要がある。

4 ◎　正しい。

5 ×　畑転換を地区単位で行うことを，**ブロックローテーション**と呼ぶ。ブロックローテーションは，田畑輪換の一形態であり，地域内の水田を数ブロックに区分し，そのブロックごとに集団的に転作し，それを1年ごとにほかのブロックに移動し，数年間で地域内のすべてのブロックを循環する形態である。三圃式農法とは，農地を3分し，冬畑・夏畑・休耕地とし，年々順次交替させて行う作付け方式のこと。ヨーロッパの輪作体系は，三圃式農法から穀草式農法を経て，輪栽式農法へと発展した。

No.2 の解説 土壌有機物および土壌への有機物施用

→問題はP.14

1 × 白色腐朽菌は，木材腐朽菌の一種であり，木材に含まれるリグニンを選択的に分解する能力を持つ。セルロースは，セルロース分解菌によって分解される。セルロース分解菌とは，セルロースを分解する能力を持つ菌類（細菌を含む）のことであり，繊維素分解菌とも呼ぶ。セルロースは自然界で多量に生産される物質の一つであり，キノコ，カビおよび細菌類によって分解され，土壌に還元される。キノコでは，褐色腐れといわれる木材腐朽菌があり，ツキヨタケ類やマイタケ類，ウスバタケ類，サルノコシカケ類など多数の種類がある。カビでは，ケトミウム（Chaetomium）とトリコデルマ（Trichoderma）が代表的であり，ほかにはアオカビやコウジカビなどがある。細菌類では，好気性分解菌と嫌気性分解菌がある。また，哺乳動物の腸管内ではセルロース分解菌が働き，セルロースの消化を行い，動物が吸収可能な形に変えていく。

2 × 腐植物質はpHの異なる水に対する可溶性によって便宜的にフミン酸，フルボ酸，ヒューミンに分類される。腐植物質の分画は，有機物にアルカリ溶液を加え，その上澄み液にpH1.2の酸を加えると，沈殿物と上澄み液に分かれる。その沈殿物をフミン酸，溶解している部分をフルボ酸，アルカリやキレート剤で抽出されない腐植物質をヒューミンと呼ぶ。

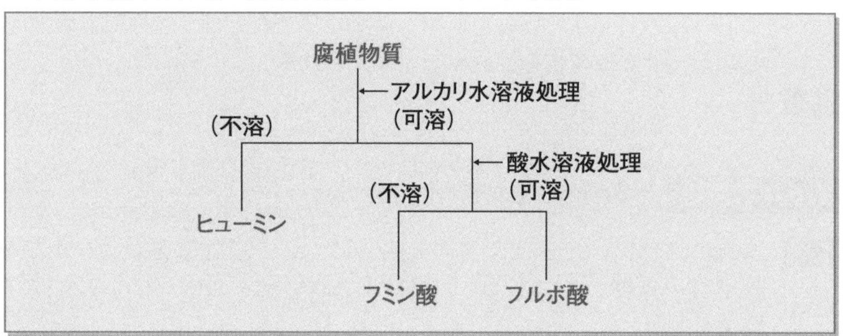

3 ◎ 正しい。

4 × 有機質肥料のうち，分解率の高いものは，1年間に60～80％程度であり，炭素，窒素ともに速やかに分解する。リン酸は，土壌では金属イオンと結合し，植物には利用できない形態で大量に存在する。

5 × 有機物のC/N比（炭素率）は，有機物の分解特性を示し，各種有機物の土壌中の分解はC/N比によって異なる。施用される有機物のC/N比が高いと（20程度以上），分解の際に土壌中の無機態窒素が微生物に利用され，作物は窒素飢餓となる。また，C/N比が低いと（10程度以下），無機態窒素が有機物から速やかに放出されて作物に供給される。設問の3つの堆肥は，鶏ふんの分解が最も速く，牛ふん，バーク堆肥の順に分解が遅くなる。

No.3 の解説　耕地利用および栽培管理

→問題はP.15

1 × **連作**とは，同一の栽培圃場で同一の作物を何度も繰り返し栽培すること。同一の栽培圃場でいくつかの異なる種類の作物を短い間隔で栽培することを**輪作**と呼ぶ。イネ科作物は連作に比較的強いが，エダマメやインゲンマメなどのマメ科作物は土壌病害による連作障害を起こしやすい。畑作物は，一般に水稲に比べて連作障害が発生しやすい。

2 × 田畑輪換は，連作障害回避の一つの方法である。田畑輪換では，一般に水田状態で水稲の生産を数年間継続してから，その跡地を畑地状態にし，牧草や野菜，飼料作物，工芸作物などの畑作物を数年間栽培して，再び水田に戻すことを周期的および計画的に繰り返す。土壌理化学性が変化し，雑草や病害虫などを抑制でき，作物の生産性が向上する。田畑輪換畑の排水性は，畑地に比べて不良なことが多い。

3 × **混作**とは，複数の作物を主作物と副作物の区別なく，ほぼ同時に栽培すること。牧草では，イネ科作物とマメ科作物を混播する方法が広く行われている。すでに栽培している主作物の畦間および株間に，ほかの作物を栽培することを**間作**と呼ぶ。

4 × 設問はグリーニングクロップの説明である。**カバークロップ**とは，作物を作らない期間に土壌侵食の防止を目的に作付けされるイネ科作物やマメ科作物などのこと。マリーゴールドやクロタラリアなどは，連作障害の主因であるセンチュウ害の抑制を目的として導入される。

5 ◎ 正しい。

No.4 の解説　耕地利用，栽培管理および収穫

→問題はP.16

1 × 水田は畑に比べて連作障害が発生しにくい。連作障害および田畑輪換は，POINTの重要ポイント②を，ブロックローテーションは，実戦問題No.1の解説を参照。

2 × 作物による水の利用特性を示す指標に要水量がある。要水量とは，作物の乾物1gを生産するのに必要とする水の量（g）であり，生育期間中の全蒸散量を全乾物重で除して求める。C_3植物の要水量は，一般にC_4植物に比べて大きいことが多い。一方，用水量とは，作物の栽培期間中に，その畑地へ灌漑する水量のこと。水稲は，幼穂形成期から出穂期にかけてが，灌漑水を最も多く必要とする時期であり，その時期に水が不足すると，受精および稔実障害が発生する。有効分げつ決定期頃から最高分げつ期までの無効分げつ期間は，落水して土壌を乾かす中干しを行う時期である。

3 ◎ 正しい。

4 × コムギの穂の分化には，4～5℃程度の低温が必要であり，その低温の要求度を**秋播性度**（秋まき性程度）と呼ぶ。寒冷地では秋播性度の高い品種が栽

培され，冬期の低温が不十分な暖地では，秋播性度の低い品種が栽培される。コムギの分類は，テーマ２のPOINTの重要ポイント⑥を参照。

5 × 自脱コンバインでは，イネを刈取りながら脱穀する。旧来，稲刈りは鎌による手刈りやバインダーと呼ばれる刈取り専用の機械などで行い，その後脱穀機やハーベスターなどを使って脱穀していたが，自脱コンバインでは，その一連の収穫作業を一台の機械で行うことができる。脱穀後は籾を乾燥させ，選別した後に籾すり作業を行う。

No.5 の解説　食の安全および農業生産

→問題はP.17

A × 雑草防除もIPMに含まれる。IPMについては，必修問題の解説を参照。

B × 近接作物が収穫間際の場合，収穫物がドリフトによって残留に関する基準値オーバーになるおそれがあり，出荷停止の可能性もある。農薬は，飛散しやすいものから順に，粉剤，液剤，粒剤である。

C ○ 正しい。

D ○ 正しい。

以上より，正答は**5**である。

正答　No.1=4　No.2=3　No.3=5　No.4=3　No.5=5

テーマ 2 第1章 栽培学汎論

作物の栽培および起源

必修問題

作物の栽培に関する記述として最も妥当なのはどれか。

【国家一般職・平成25年度】

1 苗の良否はその後の生育に大きく影響する。水稲では，出芽後に，葉緑素の形成を促進するために苗を強光下に2～3日間置くが，これを緑化という。その後，葉齢1.4～2.5まで育苗するとルートマットが形成される。この葉齢の苗を稚苗という。

2 耕起に用いる機械としてプラウとロータリがある。前者は後者より反転性に優れるものの，別途，砕土や均平などの作業が必要になる。砕土機としてカルチパッカ，均平機としてトレンチャ，鎮圧機としてモーアが，それぞれ代表的な機械である。

3 中耕は，作物の生育期間中にうね間を耕す作業であり，雑草防除を目的として行う場合が多い。培土は，うね間の土を株際に寄せる作業であり，サトイモではイモの肥大促進のために行われている。なお，中耕や培土に用いられる機械としてカルチベータが挙げられる。

4 作物管理の一つに倒伏の防止がある。密植は，一般に，作物どうしの競合により倒伏抵抗性を高める。水稲の中干しは，無効分げつの抑制効果があり重要な栽培管理であるものの，一般に，根の健全性が損なわれて株が浮き上がり，倒伏しやすくなるので注意を要する。

5 作物の品質や食味は収穫期に大きな影響を受ける。水稲では，一枚の水田の穂の半分が黄化したときが収穫適期で，刈取りが早いとしいなや胴割れ米が，遅いと焼米や肌ずれ米が発生しやすくなる。なお，刈取りに用いられる機械としてバインダやブロードキャスタが挙げられる。

必修問題の解説

1 × 誤り。水稲では，播種後に出芽揃いした苗をハウス内やトンネル内などに並べ，寒冷紗などで被覆して直射日光を当てないように2～3日間程度育苗し，葉緑素を形成させる。それを緑化と呼ぶ。出芽後，葉齢が1程度までは白化苗防止のため，強い光を避け，苗が緑色になってから光に当てる。稚苗は，播種後20日間程度で葉齢が3程度，乳苗は，播種後1週間程度で葉齢が2前後の苗のこと。1箱当たりの播種量は，乳苗が稚苗に比べて多い。乳苗は，稚苗や中苗などに比べて発根数が少ないため，ルートマットの形成が不十分になりやすい。そのため，播種作業では，培土ではなく，ロックウール成型培地（マット）を利用することが多い。

2 × 誤り。カルチパッカは，土壌を鎮圧する機械，トレンチャーは，幅が比較的狭く深い溝を掘る機械，モーアは，牧草の刈取りなどを行う機械のこと。砕土機として，プラウによって耕起された大きな土塊を砕土するハローなど，均平機として，レーザーレベラーなど，鎮圧機として，鎮圧ローラーやカルチパッカなどを使う。

3 ◎ 正しい。

4 × 誤り。密植条件では，茎が細くなり，倒伏の増加が懸念される。水稲の中干しは，水を落として田面に亀裂が入る程度まで乾かす作業であり，土壌中に酸素を供給し，根腐れの原因となる硫化水素や有機酸などの有害物質の生成を抑制する。また，窒素の過剰な吸収を抑える効果もあり，無効分げつの抑制効果があり，過繁茂を防ぐのと同時に耐倒伏性が増す。

5 × 誤り。水稲の収穫適期は，帯緑色籾歩合（1穂中の緑色籾の割合）が10～2%程度の時期である。胴割れ米の主な原因は，収穫時の刈り遅れと乾燥時の急激乾燥である。また，しいなの原因は，冷害や虫害などさまざまである。肌ずれ米の発生は，籾すり時の籾水分および籾温と関係がある。バインダは，水稲の収穫作業に用いる機械の一つであるが，ブロードキャスタは，粒子状の肥料や牧草の種子などを全面散布する機械である。水稲の収穫には，バインダのほかに，コンバインなどを使う。

正答 3

重要ポイント1 播種

播種に当たっては，まず充実した種子を選ぶことが重要である。播種には，**散播**，**点播**，**条播**および**混播**がある。**散播**は耕地全面に種子をばらまきし，覆土する方法である。**点播**は，一定間隔の条に一定間隔（株間）を開けて１粒または数～数十粒ずつ播種する方法である。**条播**は，一定間隔の条に連続して播種する方法である。**混播**は，複数の作物を同時に播種する方法であり，たとえば飼料作物では，収量性の向上や栄養分の補完，サイレージ品質および嗜好性の改善などを目的として，数種のイネ科牧草とマメ科牧草の混播が行われる。

重要ポイント2 育苗

育苗は，作物の生産上，極めて重要な作業であり，「苗半作」という言葉があるように，育苗の良否によってその作物の作柄は大きく左右される。野菜栽培などにおける育苗の意義は，①幼植物を苗床で保護することにより，植え付けから収穫までの日数を短縮できること，②育苗期間だけ前作の収穫期間を延長させるなど，作付け回数を増やすことができ，土地を有効に活用できること，③育苗により軟弱な幼苗期を，集中的に気象災害（不良環境）や病害虫などから守ることができること，④種子量を節約できること，⑤初期生育を斉一化できること，⑥花芽分化の調節や不良環境の回避などが可能であること，などである。

野菜や花卉などの栽培で普及している**セル育苗**の特徴および利点としては，①根鉢が形成されやすく，根圏の培養土が崩れにくく，植え傷みが少ないこと，②移植や定植などに際しての取り扱いが容易であり，多数の苗を運搬や輸送したり，一時的に保管したりするのに便利であること，③苗の生育状態や品質面などを予測しやすいこと，④定植の自動化（省力化）に適していること，などが挙げられる。

育苗培養土（床土）に求められる条件としては，①通気性や排水性などがよく，かつ保水性に富み，根の活動に適した物理性を持つこと，②必要な成分バランスがとれ，可給態の養分を豊富に含有していること（物理性や化学性，微生物の作用などにより，養分が有効態に変化する），③移植や定植などの際，根鉢が崩れにくく，断根が少なくてすむような培養土であること，④病害虫の発生の危険性がないこと，などである。

なお，野菜の**接ぎ木栽培**では，育苗時期に接ぎ木され，①圃場における土壌伝染性病害の回避，②低温伸長性や草勢の強化，栽培期間の延長，③キュウリではブルームレス台木，などにより収量および品質向上を図る。

重要ポイント3 繁殖方法など

メリクロン培養とは，新しく伸びかけた芽のなかから１mm程度の生長点を取り出し，無菌の培養基のなかで増やす茎頂培養のこと。親株と同じものが多数増殖でき便利なため，ランなどの栽培に用いられ，販売価格を下げるのに役立つ。

人工種子は，**植物組織培養**によって得られた不定胚あるいは不定芽を親水性樹脂のカプセルで包んだものであり，天然の種子のように天候に左右されることなく，品質の揃ったものを大量に生産できることと，優れた性質を持つ作物，たとえば雑種第１代品種のコピー（クローン植物）を短期間に無数に作れるという利点がある。

シードテープは，水溶性あるいはバクテリアにより容易に分解するプラスチックや綿，パルプなどのフィルム，不織布や紙などに種子を適当な間隔に挟み込んだテープ状あるいはヒモ状のものである。

ネーキット種子とは，種子の硬いカラ（種皮）を取り除き，裸状にした種子のこと。水分の吸収が良好になり，発芽しやすくなる。また，高温や過湿条件下などでも比較的順調に発芽する。

プライミング種子とは，前もって薬品を用いて，ごく少量の水分を与え，種子の体内生理を発芽直前にまで進めた種子のこと。プライミング処理により，発芽までの時間短縮や苗立ちの均一化，不良環境下での発芽向上などの効果がある。しかし，種子の寿命が短くなるため，長期保存には適さない。

果樹では，母体の性質をそのまま受け継ぐことができるため，**接ぎ木**や**挿し木**などが繁殖方法の主流となっている。接ぎ木は，台木と穂木の組合せによって，①耐寒性や耐乾性などの環境適応性を増す，②抵抗性により病害虫を回避する，③わい性台木により樹勢と結果を調節する，④高接ぎにより品種更新をする，などを目的に行われる。挿し木は，母体と同じ遺伝子を持つ個体を多数得られるが，樹種によっては発根率が低く，挿し木繁殖が難しいものもある。また，**接ぎ挿し木法**を行う果樹もある。たとえば，ブドウの接ぎ挿し木法は，台木の枝に栽培品種の１年生枝を接ぎ，それを温床に伏せ込み，癒(ゆ)合，発根および萌芽を同時に行う方法である。

重要ポイント 4　日長反応および温度反応と花芽分化

日長の長短によって，植物の成長および発育がさまざまな影響を受ける性質を**光周性**または**日長反応**と呼ぶ。

連続した暗期が一定の長さ（限界日長）以上になると花芽を形成し，開花するものを**短日作物**と呼び，限界日長以下になると花芽を分化し，開花するものを**長日作物**と呼ぶ。なお，作物の花芽分化は，日長条件だけでなく，温度によっても影響され，また一つの作物のなかでも日長に反応する程度が異なる品種も多くある。そのため，作物のなかでも特に品種分化の著しい野菜類は，長日作物および短日作物に類型化することが難しい。

花芽分化の温度要因のうち，植物体が一定の大きさに達した後，低温に遭遇すると，花芽を分化するものを**緑色植物体春化（緑植物春化）型植物**と呼び，種子が吸水し，発芽しかかったとき以降は，低温に遭遇するといつでも花芽を分化するものを**種子春化型植物**と呼ぶ。

重要ポイント5 ダイズの分類

ダイズは短日作物であるが，日長や温度などに対する反応がさまざまなため，各地域に適応した生態型の品種が生まれ，世界で広く栽培されている。品種の生態型の分類には，**夏秋ダイズ型**と**開花結実型**がある。

夏秋ダイズ型による分類は，春に播種して夏に収穫する早生の夏ダイズ型品種，夏に播種して秋に収穫する晩生の秋ダイズ型品種，その中間の中間型ダイズ品種に分ける方法である。一方，**開花結実型**による分類は，開花までの日数と開花から成熟するまでの日数（結実日数）を組み合わせて分類する方法である。

重要ポイント6 コムギの分類

コムギの穂の分化には4～5℃程度の低温が必要であり，その低温の要求度を**秋播性度**と呼び，品種間差がある。長い期間，低温に遭遇しないと出穂しない品種を**秋播性品種**と呼び，低温にあまり遭遇しなくても正常に出穂する品種を**春播性品種**と呼ぶ。

冬コムギは，秋に播種し，冬を越して翌年の春に出穂し，初夏に収穫する。寒地では秋播性品種を用いるが，冬期の低温が不十分な暖地では，春播性品種を用いる。一方，**春コムギ**は，春播性品種を用い，春に播種し，夏に出穂し，秋に収穫する。日本で栽培されているコムギは，ほとんどが冬コムギであり，春コムギは北海道の一部で栽培されている。

コムギは穂の形態により，**一粒系**，**二粒系**および**普通系**に分類され，それぞれ二倍体（$2n=2x=14$，AAゲノム），四倍体（$2n=4x=28$，AABBゲノム）および六倍体（$2n=6x=42$，AABBDDゲノム）である。パンコムギは普通系（六倍体）であり，パンやめん，菓子などに利用される。また，マカロニやスパゲッティなどに用いられるマカロニコムギは二粒系（四倍体）である。

重要ポイント7 オオムギの分類

オオムギは，**六条オオムギ**と**二条オオムギ**に分けられ，オオムギの品種には，コムギと同様，**春播性品種**と**秋播性品種**がある。東北，北陸および山陰地方では，秋播性品種が多く，関東地方以西の温暖地では，春播性品種も栽培されている。ビールムギ（二条オオムギ）は，日本で栽培されているすべてが春播性品種であるが，北海道を除き，秋播き栽培が行われている。なお，世界的には，春播性品種が広く栽培されている。

実戦問題

No.1 作物の施肥に関する記述として最も妥当なのはどれか。

【国家一般職・平成25年度】

1 水稲は，耕起前に施肥する全層施肥では，前期の生育が盛んになり穂数型に育ち，代かき後に施肥する表層施肥では，後期の生育が盛んになり穂重型に育つ。

2 コムギは，水稲に比べて施肥効果が高く，無肥料で栽培した場合の減収割合が大きい。リン酸は，コムギの生育初期の耐寒性を強め，また，流出が少ないので，全量基肥が基本である。

3 トウモロコシは，肥料の吸収力が弱いため増収には多肥が必要である。また，播種時には，肥料の吸収効率を高めるため，肥料が種子に接触するようにして施用する。

4 ダイズでは，吸収量の最も多い養分が窒素であり，基肥として10kg/10a程度の窒素を施用する。また，施用窒素が多いほど根粒の着生も多くなる。

5 サツマイモは，カリウムの吸収量が著しく多いため，窒素とカリウムの比は1：10を目安に施用する。また，窒素切れを起こすとつるぼけを発生しやすい。

No.2 我が国の水稲栽培に関する次の記述のうち妥当なのはどれか。

【地方上級・平成29年度】

1 種子を湯に浸漬して消毒する温湯消毒では，約80℃の湯に20～30分浸漬するとよい。

2 水田における栽植密度は，1㎡当たり20株程度とすることが多かったが，近年は多収をめざして30株程度まで増加する動きが全国的に広がっている。

3 移植直後はできるだけ浅水にして活着を促し，分げつ期には深水にして分げつ発生を促す。

4 登熟期の高温による白未熟粒の発生を回避するため，穂ぞろい期後は早めに落水し，土壌表面を乾燥状態とすることが望ましい。

5 実肥を施用すると収量増加が期待できるが，玄米中のタンパク質含有率が高まるので食味が低下することがある。

No.3 我が国における水稲の品種に関する記述として最も妥当なのはどれか。

【国家一般職・令和元年度】

1 「コシヒカリ」は，新潟県で育成された。炊飯米は粘りが弱い特徴があり，食味は極めて良好である。我が国を代表する品種として，広く栽培されている。

2 「日本晴」は，強稈・多収で良食味であることから，現在でも「コシヒカリ」と並び我が国で広く栽培されている主要品種の一つである。

3 「ひとめぼれ」は，宮城県で育成された。食味は極めて良好であり，耐冷性を兼ね備えている。平成5年の大冷害を契機に作付けが広まった。

4 我が国における品種の変遷をたどると，第二次世界大戦後は，一貫して良食味品種の栽培が増加してきた。「ササニシキ」は，食味が劣ったため，良食味品種の普及に伴い作付けが減少した。

5 飼料用イネは，収量やコストだけではなく，主食用のイネと同様に外観品質も重視される。ホールクロップサイレージでは使用農薬の制約が主食用のイネよりも少ないため，耐病性や耐虫性は重視されない。

No.4 作物の起源や栽培化に関する記述A～Dのうち，妥当なもののみを挙げているのはどれか。

【国家一般職・令和元年度】

A　イネは，従来，遺伝的多様性に基づき中央アジアの地域が起源と推定されていた。しかし，近年，考古学的調査によって，インディカは，中国の長江下流地域が起源と考えられている。

B　トウモロコシは，イネ科の作物で，中南米のメキシコからボリビアにかけての地域で栽培化されたと推定されており，現在，世界で最も生産量の多い作物である。

C　ダイズは，マメ科の作物で，中国が起源と推定されており，我が国では弥生時代には栽培が始まっていたと考えられている。また，ツルマメはダイズの野生種と考えられている。

D　ジャガイモは，ヒルガオ科の多年生作物で，南米アンデスの山岳地帯が原産と推定されている。中国大陸から九州に伝わり，江戸時代に全国的に栽培されるようになった。

1 A，B
2 A，C
3 B，C
4 B，D
5 C，D

No.5 **次は，世界の作物に関する記述であるが，A～Eに当てはまるものの組合せとして最も妥当なのはどれか。** 【国家一般職・平成27年度】

「人類は，その誕生以来長い間，野生動物の狩猟や木の実などの野生植物の採集によって食料を得てきた。そして，今から約［A］万年前頃，人口増加や気候変化などから，より確実に食料を得る必要性が生じ，有用植物の栽培を始めたと考えられている。

主な作物の原産地や栽培地の地理的分布をみると，ある組合せの作物が地域に固有の方法で栽培され，固有の食文化として利用され，文化的な複合を形成していることが分かる。そのような文化複合を［B］という。

中東は，作物の栽培化が行われた最も古い中心地の一つで，冬に降雨が多い気候を利用した冬作が中心である。代表的なものは，ムギ類，［C］などである。

インドやアフリカ大陸のサバンナ地帯では，作物栽培を雨季に頼ることが多く，夏作が中心である。代表的なものは，比較的乾燥に強い［D］などの雑穀とマメ類である。

中央アメリカや南アメリカなどでは，［E］などのマメ類のほか，ジャガイモなどの中高地における根菜類が特徴的である。」

	A	B	C	D	E
1	1	フードシステム	エンドウ	モロコシ	ソラマメ
2	1	農耕文化	エンドウ	モロコシ	インゲンマメ
3	10	フードシステム	エンドウ	トウモロコシ	ソラマメ
4	10	農耕文化	ササゲ	モロコシ	インゲンマメ
5	10	農耕文化	ササゲ	トウモロコシ	インゲンマメ

実戦問題の解説

No.1 の解説 作物の施肥

→問題はP.27

1 × 水稲の収量は，株当たりの穂数や一穂籾数，粒重などの収量構成要素により決定される。一穂籾数が多いか粒重が重いために一穂重が重く，株当たりの穂数が比較的少ない品種を穂重型品種，反対に一穂籾数が少ないか粒重が軽いために一穂重が軽く，株当たり穂数が比較的多い品種を穂数型品種と呼ぶ。穂重型か穂数型かは，品種の多収性の特徴を示し，施肥に左右されるものではない。

2 ◎ 正しい。

3 × トウモロコシは，肥料の吸収力が強い（養分吸収能が高い）作物である。トウモロコシを休閑期に栽培し，収穫後圃場外に搬出することによって土壌中に過剰に蓄積された土壌養分を持ち出し，塩類障害を軽減できる。肥料は，種子に接触するように施用しない。

4 × ダイズは，根粒の存在により施肥窒素の効果が小さい。ダイズでは，施肥窒素が多いと根粒をあまり形成しない。

5 × サツマイモは，土壌中の窒素が多いと，つるぼけ（茎葉の過繁茂）を発生しやすい。つるぼけを抑え，塊根の肥大を盛んにするためには，施肥窒素を抑え，カリ肥料を多用することが必要である。10a当たりの施肥量は，窒素およびリン酸が3～8kg程度，カリが10～24kg程度である。堆肥も，10a当たり600kg以上施すことが望ましい。

No.2 の解説 水稲栽培

→問題はP.27

1 × 水稲の温湯消毒では，十分に乾燥した種籾を袋詰めし，60℃で10分間程度，または58℃で15分間程度，お湯に浸たす。

2 × 近年，省力・低コスト栽培に対応する技術として，株間を大きく開ける疎植栽培が普及し始めている。温暖地における試験では，株間が18cmと30cmの場合の収量には大差がないという報告がある。苗箱の数を半減できる疎植栽培の技術は，簡単に実行できる省力・低コスト技術として期待されている。

3 × 水稲の水管理は，地域や天候などによっても異なるが，一般に移植直後は深水で管理し，活着後は浅水で管理する。分げつ期に深水にすると，分げつの発生を抑える。分げつ期の深水は，過剰な分げつを抑えて倒伏しにくくし，ヒエなどの雑草を水没させて抑えることができる。

4 × 穂ぞろい期後は，落水時期が遅いほど収量が多く，白未熟粒の割合が低くなる。

5 ◎ 正しい。実肥は，出穂期の追肥であり，捻実籾数を増やすために減数分裂期から出穂期にかけて行う。実肥は，葉面積当たりの光合成速度を高め，登熟を向上させ，収量を増加させる。一方で，実肥は，玄米のタンパク含量を高め，食味の低下を招く。

No.3 の解説　水稲の品種

→問題はP.28

1 × 「コシヒカリ」は，福井県で育成された。炊飯米は，強い粘りと甘味が特徴である。

2 × 「日本晴」は，愛知県で育成された。温暖地向けの品種であり，1970（昭和45）年から1978（昭和53）年までの間，日本全国の作付面積の第1位を占めたが，「コシヒカリ」の誕生を機に，「日本晴」の作付けは減少の一途をたどっている。

3 ◎ 正しい。

4 × 「ササニシキ」は，宮城県で育成され，東北地方を中心に栽培されてきた。食味は優れていたが，茎が細く弱いため，倒れやすく，暑さにも弱いため，作付けが減少した。

5 × 飼料用イネとは，主に牛の飼料となる専用品種のイネのこと。実だけでなく葉や茎なども収穫し利用する。飼料用イネは，飼料用であるため，転作作物とみなされ，主食用に転用することができない。刈取りと同時に塊（ロール）にして空気を遮断し，そのなかで発酵させる。そうしてできた飼料をホールクロップサイレージと呼ぶ。飼料用イネを食べた牛の乳に農薬が残留しないよう，栽培の際は田植え時に除草剤を散布する以外は農薬を一切使用しない。そのため，外観品質は主食用のイネほど重視されないが，耐病性や耐虫性などが重視される。

No.4 の解説　作物の起源および栽培化

→問題はP.28

A × 誤り。イネの栽培化は，染色体やゲノム解析などによって，中国の珠江中流域で始まり，*Oryza rufipogon*の限られた集団からジャポニカ（*Oryza sativa japonica*）が誕生したことが明らかになった。また，ジャポニカの誕生に続き，東南アジアや南アジアなどの野生イネ系統とジャポニカとの交配によりインディカ（*Oryza sativa indica*）の生まれたことが判明した。

B ○ 正しい。トウモロコシは，紀元前2000年頃にはすでに栽培されており，徐々に南北アメリカに伝播したと考えられている。ヨーロッパには，新大陸発見の翌年（1493年）に，コロンブスがスペインに持ち帰ったのが最初であり，その後わずか100年ほどの間に世界に広く伝播した。生産量から見た世界三大作物は，トウモロコシ，イネおよびコムギである。

C ○ 正しい。ダイズの起源地は，シベリアのアムール川流域から中国東北部地域，または華北や華南などと推定されている。ツルマメは，半栽培状態にあるなかから生まれたと考えられている。それらの地域には，ツルマメが広く自生しており，野生型と栽培型の中間の性質を持ち，多様な種類の半野生ダイズも分布しているため，複数の場所で同時並行的に栽培化されたという説もある。

D × 誤り。ジャガイモは，ナス科ナス属の多年生植物である。ジャガイモは，16世紀にメキシコからヨーロッパに伝えられたが，最初は観賞用植物として栽培されていた。しかし，飢饉や戦争などで食用作物としての価値が認められ，18世紀には救荒作物としてヨーロッパで広く栽培されるようになった。ジャガイモの日本への伝来には諸説あるが，日本には，インドネシアのジャワ島を経由し，1598年にオランダ人によって持ち込まれたとされている。

以上より，正答は**3**である。

No.5 の解説　世界の作物

→問題はP.29

A：「1」が当てはまる。世界における農耕の始まりは，約1万年前頃である。

B：「農耕文化」が当てはまる。フードシステムとは，農林水産業から食品製造業，食品卸売業，食品小売業，外食産業を経て，最終の消費者の食生活に至る食料供給の一連の流れをシステムとして把握する概念のこと。

C：「エンドウ」が当てはまる。ササゲはアフリカ大陸が原産地とされている。

D：「モロコシ」が当てはまる。トウモロコシは中南米のメキシコおよびグアテマラからボリビアにかけての地域が原産地とされている。

E：「インゲンマメ」が当てはまる。ソラマメは北アフリカや西南アジアなどが原産地とされている。

以上より，正答は**2**である。

正答　No.1=**2**　No.2=**5**　No.3=**3**　No.4=**3**　No.5=**2**

3 気象災害および地球温暖化

必修問題

気象災害に関する次の記述のうち正しいのはどれか。

【地方上級・平成28年度】

1 霜害は，秋季または春季の夜から朝にかけて気温が低下することにより発生する。特に被害が著しいのは秋季の霜害で，西日本に大きな被害をもたらす。

2 霜害は地形による影響を大きく受け，谷間などでは霜はほとんど降りないが，傾斜地の中腹や河川周辺では被害が発生しやすい。

3 夏季に太平洋高気圧の勢力が強まると，やませと呼ばれる冷たい南東の風が東北地方に吹き込んで，冷害をもたらす。

4 フェーン現象は，高温で乾燥した風が吹き込む現象で，台風などの通過によって発生する。出穂期のイネに白穂などの被害をもたらす。

5 干拓地など海水の影響を受ける土壌では，高温・乾燥条件になると土壌水分が上から下に向かって移動するため，塩類が土壌内部にまで浸透し塩害をもたらす。

必修問題の解説

1 × 誤り。霜害は，秋季から春季の温度が異常に低下する時に発生するが，耐凍性が急激に低下する春季の成長開始時期に異常低温に遭遇すると，花芽や新葉などに霜害が発生し，被害が大きい。

2 × 誤り。霜害は，周囲より少し窪んだ地形の場所や谷間などでは風が弱められやすく，生成された冷気が溜まりやすいため，霜が降りやすい。傾斜地の中腹や河川周辺などでは霜害の被害が少ない。

3 × 誤り。やませとは，夏季にオホーツク海気団などから吹く冷涼湿潤な北東風のこと。東北地方および北海道における稲作地帯では，太平洋側からやませが流入するため，太平洋側が日本海側に比べて冷害の被害がより大きい。

4 ◎ 正しい。

5 × 誤り。塩害は，毛細管現象により土壌水分が下から上に向かって移動し，地層中の塩類が上昇して被害をもたらす。

正答 4

重要ポイント 1 気象災害

気象災害とは，ある限界を超えた異常な気象条件によって受ける被害のこと。農作物や家畜，農地，農業施設などに影響し，農業生産に大きな影響を及ぼす。温度や水の過不足，風や凍結などの物理的な気象要因により発生し，時間や場所などによっても変化する。気象災害は，**風害**（Wind Damage）や**水害**（Flood Damage），**湿害**（Wet Damage），**干害**（Drought Damage），**冷害**（Cool Summer Damage），**高温害**（High Temperature Damage），**霜害**または**凍霜霜**（Frost Damage），**寒害**（Cold Damage），**雹害**（Hail Damage），**塩害**（Salt Damage），**雪害**（Snow Damage），**土壌浸食**（Soil Erosion）などに分類される。

重要ポイント 2 高温害

高温害とは，夏季の高温が作物の生育適温を上回る状態が継続した場合に発生する被害のこと。夏季の高温害の対策として，ハウス栽培では**遮光資材**や**循環扇**などの設置のほか，細霧をノズルから噴霧する**細霧冷房**が実施されている。夏季に異常高温が続くと，冷涼を好む農作物では高温の影響を受けやすく，35℃以上になると多くの農作物で高温害が顕著に現れる。また，越冬する農作物では，冬季に高温で経過すると生育が促進され，その後の低温により**凍霜害**などの被害（暖冬害）を受ける。

重要ポイント 3 霜害および凍霜害

春季や秋季などにシベリア大陸からの移動性高気圧が日本列島を覆い，晴天の夜間に風が弱い場合には，地面から上空への熱の放出が増加する**放射冷却現象**が発生する。地面付近の大気は冷却されて０℃以下になると，大気中の水蒸気が昇華して農作物の表面に氷の結晶が付着し，農作物が凍結して凍死あるいは生理的障害を引き起こす。**霜害**は，凍害との区別が明瞭でないため，**凍霜害**とも呼ばれる。耐凍性が急激に低下する春季の成長開始時期に異常低温に遭遇すると，花芽や新葉などに**晩霜（遅霜）害**が発生する。一方，晩秋から初冬にかけて，耐凍性が上昇していない季節に起こる子実や枝などへの被害を**初霜（早霜）害**という。マメ類やトウモロコシ，チャ，ブドウ，リンゴなどの作物が被害を受けやすく，気象条件としては，晴天で弱風または無風の日に発生しやすい。

農作物を霜から守る**防霜対策**として，霜害を起こす限界温度（危険温度）以上に農作物の体温を維持するため，①重油などを燃やす**燃焼法**，②降霜時に形成される逆転層を利用して防霜ファンを高所に設置して暖かい空気を地表の農作物に送風して霜害を防ぐ**送風法**，③水が氷に凍結するときに放出する潜熱（水１ｇにつき80cal）を利用し，０℃以下にならないようにすることで霜害を防ぐ**散水氷結法**などが行われている。

農地においては，地表面近くの地温は日較差が大きく，地下の深いところほど地温の日較差が小さくなり，変化がほとんどみられなくなる。

重要ポイント 4 水害および湿害

水害とは，多量の雨水による農作物の**冠水**（頂部まで水没）や**浸水**（頂部までの水没に至らない）などにより発生する腐敗や倒伏，発芽（穂発芽），病害の発生，農地の流失や埋没，地すべりやがけ崩れなどによる間接的な被害のこと。冠水や浸水などによる腐敗は，雨水の濁度や溶存酸素量，冠水や浸水の継続時間などにより被害の程度が異なる。倒伏は，雨水の流入による物理的な力と雨水の付着が複合して発生する。梅雨および秋雨前線や台風の通過時に集中豪雨などに見舞われると，河川の氾濫のほか，農地および隣接地での地すべりやがけ崩れなどにより，農地が流失したり，埋没したりする被害も発生する。

湿潤な地域では，土壌水分の過剰により畑作物に**湿害**が発生しやすい。根圏の酸素濃度の低下による呼吸阻害，土壌の還元の進行による金属イオン濃度の上昇および硫化水素の発生が，湿害の主な原因とされている。

重要ポイント 5 干害

干害とは，干ばつで農地の土壌水分が欠乏し，根から農作物に吸収する水分が減少して受ける被害のこと。干害の対策としては，①耐干性品種の導入やスプリンクラーなどの畑地灌漑施設の整備，②点滴灌漑などによる灌漑水の有効利用，③水源の確保，などが有効である。我が国の干害は，冷害や風水害などとともに，古くから主要な気象災害であったが，近年の灌漑施設の整備により次第に減少する傾向にある。しかし，世界的に見ると，異常気象の多発や人口の増大に伴う農地の急速な拡大などにより，干害は依然として重大な気象災害となっている。

重要ポイント 6 風害

台風などによる作物の被害には，落葉や落果，倒伏などの物理的損傷に加えて，海水が運ぶ塩分による**塩害**もある。損傷部分からの病原菌感染を予防するため，被災後には必要に応じて薬剤散布を行う必要がある。

重要ポイント7 イネの冷害

イネの冷害は，生育期間中の低温による被害であり，**障害型冷害**と**遅延型冷害**が典型的である。

障害型冷害は，主として穂ばらみ期から開花期を中心とする時期の低温が原因で，花粉の形成や受精などができずに減収し，短期間の低温で回復しがたい被害（登熟歩合の低下）を与える点が特徴であり，関東地方の早場米地帯でも発生する。一方，**遅延型冷害**は，低温によって栄養成長期における生育が遅延し，成熟期を前に，秋冷によって登熟不良となる冷害である。障害型冷害とは異なり，生育期間全体の気温との相関が高い。総籾数や登熟歩合，上米歩合，千粒重などが低下し，収量の減少のみならず，品質の低下も著しい。そのほか，両者が同時に発生する場合を**混合型（複合型）冷害**と呼び，被害がさらに大きくなる。

低温寡日照多雨の天候下で，いもち病が多発し，減収する場合を**いもち型冷害**と呼ぶことがあり，特に窒素過多で発生しやすい。いもち型冷害は，遅延型冷害，または障害型冷害に遅延型冷害が加わった混合型冷害を併発して，出穂後に穂いもちが蔓延して不捻となり，大凶作になることが多い。それらの冷害は，適品種選定や適作期の策定，さらに適切な栽培管理などによってある程度防止できる。

実戦問題

No.1 我が国における農作物の凍霜害および凍霜害対策に関する記述として最も妥当なのはどれか。 【国家一般職・平成28年度】

1 凍霜害には，晩春から初夏にかけて発生する初霜害と，晩秋から初冬にかけて発生する晩霜害の二つがあり，後者の方が，一般に，農作物の被害が大きい。被害は場所による差が大きい傾向があり，霜道，霜穴と呼ばれる場所で被害が軽減される特徴がある。

2 凍霜害対策の一つに送風法がある。この方法は，凍霜害の発生が懸念されるときには，上空に地表面の気温よりも数℃高くなる気温の逆転層が発生していることを利用して，この高温の空気を送風機によって地表面付近に送り込んで，地表面付近の昇温を狙うものである。

3 凍霜害が発生しやすい典型的な天気図のパターンとして，日本付近がオホーツク海高気圧に広く覆われている気圧配置が挙げられる。このような日は，一日を通じて季節風が強く，よく晴れるため，明け方は厳しい寒さになりやすい。

4 散水氷結法は，散水によって植物体の表面を氷層で覆い，水が凍結するときに発生する顕熱で植物体をほぼ0℃に保ち，細胞の凍結を防ぐものである。散水作業は植物体全体に氷層が形成されるまで行う必要がある。

5 燃焼法（加熱法）は野菜畑で主に用いられ，加熱器などによって気温とともに作物体温を上昇させるものである。加熱器の設置数は1ha当たり20個程度である。昇温効果は比較的確実であるが，加熱器の設置や着火後の管理など，労力がかかるのが欠点である。

No.2 我が国における水稲の冷害に関する記述A～Dのうちから，妥当なもののみを挙げているのはどれか。 【国家一般職・平成26年度】

A 栄養成長期間からの低温で生育が遅れ，出穂期が遅くなる場合には，遅延型冷害の発生が懸念される。遅延型冷害では，秋冷までの登熟期間中に必要な温度がとれないため，青米や死米，屑米が増加し，収量が大きく減少する。

B 減数分裂期に日最高気温が25℃以下，または日最低気温が20℃以下の日が続く場合には，障害型冷害の発生が懸念される。障害型冷害では，生殖成長期に冷温に遭遇することで，分げつ数が減少することにより，収量が大きく減少する。

C 水稲の冷害には，遅延型冷害，障害型冷害，これらが併発した混合型冷害，さらに，これらに穂いもちが併発した，いもち型冷害がある。平成5年に東北地方は大きな冷害を被ったが，このときには，これらすべての型の冷害が発生した。

D これまで，冷害を克服するために，耐凍性品種の育成や温湯浸漬法による保温技術の開発，健全な苗の育成技術の開発などが行われてきた。「ひとめぼれ」は耐凍性が極強で，良食味も兼ね備えた品種として知られている。

1 A，B
2 A，C
3 B，C
4 B，D
5 C，D

No.3 **次は，フェーン現象に関する記述であるが，A～Eに当てはまるものの組合せとして最も妥当なのはどれか。** 【国家総合職・平成26年度】

「農作物に対する風害のうち，代表的なものに，台風とフェーン現象が挙げられる。台風の被害には，イネなどの倒伏，果実類の落果などがあり，海岸近くでは塩害も加わる。

フェーン現象は，台風や強い低気圧の通過に伴い，山越えの気流が風下側の斜面で高温・［ A ］の強風を吹きつける現象である。北陸地方では，台風が［ B ］に進んだ場合に，［ C ］側からの気流により発生することが多い。

フェーン風は高温・［ A ］であるため，作物に［ D ］障害を引き起こす。フェーンによる水稲の被害には，出穂直後に遭遇して発生する［ E ］や，登熟期間中に遭遇した場合の登熟障害や米質の悪化がある。」

	A	B	C	D	E
1	低　湿	太平洋	日本海	脱　水	青　立
2	低　湿	日本海	太平洋	脱　水	白　穂
3	高　湿	太平洋	日本海	過　湿	白　穂
4	高　湿	日本海	太平洋	過　湿	白　穂
5	高　湿	日本海	太平洋	過　湿	青　立

No.4 次は，地球温暖化と我が国の農業への影響に関する記述であるが，A～Eに当てはまるものの組合せとして最も妥当なのはどれか。

【国家一般職・平成28年度】

「IPCC*の第５次評価報告書によると，陸域と海上を合わせた世界平均地上気温は，1880年から2012年の期間に［A］℃上昇している。

2013年度の我が国の温室効果ガス総排出量（土地利用，土地利用変化および林業を除く。）は，約14億800万t（CO_2換算）であり，そのうち，農業における排出量が総排出量に占める割合は約３％であった。温室効果ガスのうち，二酸化炭素では農業から排出される割合は全体の１％未満であるが，［B］では約８割，［C］では約５割と農業由来の排出割合が大きい。農業における［B］の発生源は稲作および家畜の消化管内発酵などであり，［C］の発生源は農用地の土壌と家畜排泄物の管理などである。

一方，我が国の農業においては，温暖化の影響が懸念されている。水稲では，開花期の高温による不稔のほか，出穂後の約20日間の高温により［D］などの高温障害が発生する。［D］とは，高温などが原因でデンプン蓄積が不十分になった米粒である。

果樹では，温暖化の影響が著しい。リンゴやブドウでは，高温によって果実の着色が悪くなり，収穫が遅れるため，貯蔵性が低下する。ニホンナシなど落葉果樹では，［E］の覚醒には，一定の低温に遭遇する必要があるが，低温要求量が満たされず，萌芽や開花が遅れて減収するという被害が発生する。」

*IPCC：気候変動に関する政府間パネル

	A	B	C	D	E
1	0.85	一酸化二窒素	メタン	乳白米	自発休眠
2	0.85	メタン	一酸化二窒素	乳白米	自発休眠
3	2.85	一酸化二窒素	メタン	乳白米	他発休眠
4	2.85	メタン	一酸化二窒素	斑点米	他発休眠
5	2.85	メタン	一酸化二窒素	斑点米	自発休眠

No.5 **地球温暖化や高温障害の対策に関する記述として最も妥当なのはどれか。**

【国家一般職・平成25年度】

1 IPCCの予測*によると，世界的にみて，高緯度地域では，平均気温が１～２℃上昇するだけでも作物の生産性が低下するが，低緯度地域では，平均気温が５～10℃上昇すると作物によっては生産性がわずかに増加するものの，それを超えて上昇すると生産性が低下するとされている。

2 我が国では，水稲が穂ばらみ期に高温障害に遭遇することにより，乳白米や死米などの割合が増加し，玄米の１等比率が低下する問題が各地で起こっている。この対策として，高温耐性品種の「エンレイ」,「ユメシホウ」などが育成されている。

3 高温障害対策としての水稲の栽培管理技術には，生育診断や土壌診断に基づく施肥，登熟期の高温を避けるための早期移植，出穂期以降のかけ流し灌漑や早期落水などがあり，我が国では，平年より平均気温が高い年に効果を上げつつある。

4 強い日射や高温によって，カンキツ類では，着色は良好になるものの，果皮と果肉が分離する「浮皮」の発生が問題となっている。我が国を含む東アジアでは,「浮皮」への対策としてマルチ栽培やマグネシウム剤の葉面散布などが行われ，効果を上げている。

5 我が国では，高温によるブドウの果実の着色障害が発生しているが，この対策として環状はく皮処理が利用されている。具体的には，ブドウの主幹などの，師管を含む樹皮を環状にはぎ取る作業を行うものである。

* 気候変動に関する政府間パネル（IPCC)「第４次評価報告書」

実戦問題の解説

No.1 の解説 農作物の凍霜害および凍霜害対策

→問題はP.39

1 × 凍霜害には，晩春から初夏にかけて発生する晩霜害と，晩秋から初冬にかけて発生する初霜害の２つがある。耐凍性が急激に低下する春季の成長開始時期に異常低温に遭遇すると，花芽や新葉などに霜害が発生し，農作物の被害が大きい。また，霜道および霜穴と呼ばれる場所では，凍霜害の常襲地になりやすい特徴がある。

2 ◎ 正しい。

3 × 晴天の夜間に風が弱い場合，地面から上空への熱の放出が増加する放射冷却現象が発生し，明け方は厳しい寒さになりやすい。

4 × 散水凍結法は，農作物に付着した水滴が氷結し，その水が氷に変わる際に放出する潜熱によって農作物の細胞内凍結を抑制し，０℃以下にならないように保温するため，凍霜害を回避できる。散水氷結法では，散水を開始した場合は連続的に行う必要がある。

5 × 燃焼法（加熱法）とは，霜害を起こす限界温度（危険温度）以上に農作物の体温を維持するため，重油などを燃やす方法のこと。燃焼法は，果樹畑で主に用いられ，効果を上げるには１ha当たり400～600個程度の火点数（加熱器）の設置が必要である。

No.2 の解説 水稲の冷害

→問題はP.39

A ○ 正しい。

B × 障害型冷害とは，穂ばらみ期から開花期を中心とする時期の低温により，主に花粉の形成が阻害され，出穂しても受粉されず，籾が実らない現象（障害不稔の発生）のこと。

C ○ 正しい。

D × 温湯浸漬法とは，種籾をお湯に浸し，農薬を使わずに種子消毒を行う方法のこと。冷害を克服するための保温技術では，保温折衷苗代が有名である。保温折衷苗代とは，保温のために発熱資材や電熱などを用いず，温床紙やビニールなどを使って，太陽熱を十分に取り入れて保温育苗する技術のこと。

以上より，正答は**2**である。

No.3 の解説　風害

→問題はP.40

フェーン現象とは，気流が山の斜面に当たった後に山を越え，暖かく乾燥（＝低湿［A］）して下降気流となった風によって気温が上がる現象のこと。日本では，台風や発達した低気圧が日本海［B］に進んでくると，湿った南よりの強い風が太平洋［C］側から吹き，日本海［B］側でフェーン現象が起こり，季節外れの高温になることがある。

作物は，脱水［D］症状による萎凋や出穂期の水稲に白穂［E］などの被害が発生する。青立とは，収穫の季節になっても緑色のままで，穂が直立している障害のこと。

以上より，正答は**2**である。

No.4 の解説　地球温暖化と農業への影響

→問題はP.41

A：「0.85」が当てはまる。

B：「メタン」が当てはまる。人間活動によって増加した主な温室効果ガスとして，二酸化炭素，メタン，一酸化二窒素およびフロンガスがある。二酸化炭素は，地球温暖化に及ぼす影響が最も大きな温室効果ガスである。石炭や石油などの消費，セメントの生産などにより大量の二酸化炭素が大気中に放出される。また，大気中の二酸化炭素の吸収源である森林が減少しており，大気中の二酸化炭素は年々増加している。メタンは，二酸化炭素に次いで地球温暖化に及ぼす影響が大きな温室効果ガスであり，湿地や池，水田で枯れた植物が分解する際に発生する。メタンは，家畜のげっぷに含まれ，天然ガスを採掘するときにも発生する。

C：「一酸化二窒素」が当てはまる。一酸化二窒素は，海洋や土壌から，窒素肥料の使用や工業活動に伴って放出され，成層圏で主に太陽紫外線によって分解されて消滅する。

D：「乳白米」が当てはまる。水稲は，登熟期が最も高温の被害を受けやすく，高温により穂の成熟が早まると，葉からの炭水化物供給が不足し，収量や品質などが低下する。また，登熟初中期に高温に遭遇すると，乳白粒や腹白粒，心白粒などの白未熟粒の発生が高くなる。斑点米とは，米粒に茶褐色の斑点が残ったコメのこと。コメの等級を決める農産物検査の規定では着色粒に分類される。斑点米の主な原因は，水田周辺の雑草地などから飛来した斑点米カメムシ類が，稲の穂が出た後，籾からデンプンを吸い，その痕にカビが発生することである。

E：「自発休眠」が当てはまる。休眠には，環境が不適切なことから起こる他発休眠と，植物が自ら活動停止する自発休眠がある。自発休眠する植物には，寒冷期に適応するため葉を落とす落葉樹や，地上部を枯らせて根だけで越冬する宿根草，球根類などがある。ニホンナシやブドウなどの芽は，夏季までに分化し，秋季から自発休眠に入る。翌春に芽が成長を開始するためには，休眠期に一定期間低温に遭遇する必要があることから，暖冬により休眠期の低温が不足すると，翌春の発芽（萌芽）の不良や不揃いなどが懸念される。リンゴの果皮の着色は，気温の低下によりクロロフィルが分解され，光合成産物からアントシアニンが生成されることで促進される。そのため，着色期の気温が高くなると，果皮の着色不良やそれに伴う収穫の遅延などが懸念される。

以上より，正答は**2**である。

No.5 の解説　地球温暖化および高温障害

→問題はP.42

1 × IPCCの予測によると，世界的にみて，低緯度地域，特に乾季のある地域や熱帯地域では，地域の気温がわずかに上昇するだけで作物の生産性が低下すると予測されている。中緯度から高緯度の地域では，地域の平均気温が1～3℃まで上昇する間は，作物によっては生産性がわずかに増加するものの，それを超えて上昇すると生産性が低下する地域が出てくると予測されている。

2 × 水稲は，登熟期が最も高温の被害を受けやすく，登熟初中期に高温に遭遇すると，乳白粒や腹白粒，心白粒などの白未熟粒の発生が高くなる。「エンレイ」はダイズ，「ユメシホウ」はコムギの品種名である。水稲の高温耐性品種として，「にこまる」や「きぬむすめ」，「つや姫」などが育成されている。

3 × 高温障害対策としては，①高温耐性品種の導入，②遅植えや晩生品種による出穂期の移動，③適期収穫の徹底，④水管理，などが必要である。出穂期以降の登熟期には，根の活力を維持するために，2～3日程度の間隔で灌漑と排水を繰り返す間断灌漑を行うが，落水の時期は出穂後30日程度が過ぎた頃である。イネが最も水を必要とするのは，移植後の活着期と幼穂形成期から出穂期にかけてである。登熟期はすでに穂数および籾数が決まっているため，その時期に干ばつを受けると，米粒の発育が劣り，粒重が軽くなり，屑米が多くなる。

4 × カンキツ類では，強い日射や高温などによって，浮皮および着色障害（日焼け果）が発生する。浮皮の軽減技術として，植物ホルモンやカルシウム剤などの葉面散布，肥培管理，適正摘果，マルチシート被覆などがある。

5 ◎ 正しい。

正答 No.1=**2**　No.2=**2**　No.3=**2**　No.4=**2**　No.5=**5**

テーマ 4 第1章　栽培学汎論

農業機械および農業施設

必修問題

農業機械に関する記述として最も妥当なのはどれか。

【国家一般職・平成27年度】

1　反転耕には，ハローなどの作業機が使われる。この作業でできたれき土を，プラウなどの砕土機でさらに細かく砕く。ディスクプラウは，砕土機として最もよく使われる作業機である。

2　スピードスプレーヤは，ヘリコプタに搭載して農薬の空中散布を行う防除機であり，水田や大規模な畑地で多く用いられる。

3　カントリエレベータは，調製施設であり，ライスセンタに比べて乾燥機の容量は小さく，貯蔵施設はない点が特徴である。カントリエレベータには，個別処理方式と集団処理方式とがある。

4　ヘイテッダは，牧草を取り入れやすいように，帯状に集草する機械である。また，ロールベーラは，牧草などを刈り取りまたは拾い上げ，細断し，吹き上げて運搬車に積み込む機械である。

5　根菜類のハーベスタには，ジャガイモ用やニンジン用などがある。ポテトハーベスタは，ジャガイモの掘取り，土や石の分離，選別・収納・搬出を1工程で行う機械である。

必修問題の解説

1 × 誤り。反転耕には，プラウなどの機械が使われる。ハローは，農地の表面を均したり，土を砕いたりする機械である。ディスクハローは，砕土機として最もよく使われる。ディスクプラウは，円板を回転しながら土壌の反転を行う機械である。

2 × 誤り。スピードスプレーヤは，主にブドウやナシ，リンゴなどの果樹園において，病害虫を防除する目的で，液状の農薬を効率よく散布するために用いる大型の薬剤噴霧機であり，ヘリコプタには搭載しない。

3 × 誤り。カントリエレベータは，水稲や穀物，豆類などの乾燥調製施設に貯蔵保管するサイロを加えた施設のことである。施設内の構成は，荷受や乾燥，精米，貯蔵，籾すり，搬送，バラ出荷，自主検査などから成る。カントリエレベータでは，籾の状態でサイロ内に貯蔵され，適宜，必要量が調製され，出荷される。ライスセンタよりも大規模であり，本格的な貯蔵施設を備えているのが特徴である。ライスセンタは，籾の荷受から乾燥，籾すり，選別，出荷を行う収穫施設であり，貯蔵施設は備えていない。ライスセンタには，個別処理方式と集団処理方式とがある。

4 × 誤り。牧草を取り入れやすいように，帯状に集草する機械は，ヘイレイキである。ヘイテッダは，乾燥を促進させるために，刈り取った牧草を反転・拡散する機械である。ロールベーラは，拾い上げた乾草をロールやベルトなどで円筒状に巻きながら圧縮および造形する機械である。牧草などを刈り取ると同時に細断し，運搬車に積み込む機械は，フォレージハーベスタである。

5 ◎ 正しい。

正答 5

重要ポイント 1 農業機械

農業機械は，酪農業や畜産業などを含む農業の生産現場で，人にとって苦痛や困難，不可能な作業などを補助し，代行する機械の一種である。農業の形態が多様であり，農業の形態や季節などによっても農作業が多様であるため，農業機械の種類も非常に多い。

我が国の農業の発展には，農業機械が大きな役割を果たしている一方，農業従事者の高齢化が進展するなかで，農作業事故も一定程度発生している。

重要ポイント 2 施設栽培および環境制御

施設栽培の目的は，施設化を行うことにより作物生産の安定化および作物の周年栽培を行い，高い収益を上げ，優れた農業経営を確立することにある。施設栽培として，**温室**や**プラスチックハウス**などを用い，**土耕栽培**や**養液栽培**などが行われる。近年では**植物工場**の栽培事例も増えている。

施設の周年生産を進め，年間の生産性を高めるには，夏季における施設内の過高温を抑制し，施設内CO_2を適正に維持し，病害発生を抑制することなどにより，作物の光合成を促進することが重要である。病害発生を抑制するには，施設内環境を湿度環境や水分環境などを含めて適正に維持することと，各種のストレスに強い健全な無病苗を利用することが重要である。過高温を軽減させる方法として，**自然換気**または**強制換気**の促進，**遮光資材**や**循環扇**，**細霧冷房**などの設置が挙げられる。

一方，施設の保温性を高めるには，①温室内の対流伝熱と放射伝熱を抑制すること，②被覆資材の伝熱を抑制すること，③温室外面の対流伝熱と放射伝熱を抑制すること，④換気伝熱を抑制すること，などが必要である。一次被覆資材には，主に農ビ（農業用塩化ビニルフィルム，塩ビとも呼ばれる）を用いる。保温に関係する波長域は，赤外線のうち，特に3,000nm以上における**赤外透過率**では，農ビが25%程度，農ポリ（農業用ポリエチレンフィルム）が80%程度であり，農ポリは夜間の放熱量が多く，保温性が劣るため，一次被覆資材としては用いない。

被覆資材の**近紫外光透過率**は，資材の種類によって大きく異なる。近紫外光の透過率は，害虫の侵入や果実および花の着色などに影響を及ぼすため，目的に応じて適切な資材を選択する必要がある。

重要ポイント3 養液栽培

土壌は農業生産の場であるが，その構造や理化学性などは複雑であり，農業生産の被害の一因である病害虫との接触の場でもある。その複雑な土壌環境を除外したほかの生産条件の組合せにより，農業生産を行うのが**養液栽培**である。通常，植物を栽培するときには，土の力を借りて養水分を吸収させるが，水耕栽培のように無土壌栽培するものは，養水分の補給はすべて人工的に調整された培養液で行う。

養液栽培には，①培養液を根に吹き付ける方式の**噴霧耕栽培**（Fog Culture），②培養液をベッド内に貯留し，還流させながら酸素補給する**水耕栽培**（Water Culture），③礫やくん炭，ウレタンなどを用いて根を固定させる**固形培地耕栽培**（Solid Medium Culture）などがある。養液栽培では，溶液のpH値や成分，地下部（根）への酸素供給の方法などによって方式が異なる。

養液栽培は，現在，トマトやナス，イチゴ，メロン，キュウリなどの野菜の果菜類，ホウレンソウやレタスなどの軟弱野菜（葉菜類），バラなどの花卉に多く用いられている。なお，培地に土を用いたものは，養液栽培には含めず，**養液土耕栽培**と呼ぶ。

重要ポイント4 養液土耕栽培

養液土耕栽培とは，**灌水同時施肥栽培**のこと。培地に土を用いるため，土の緩衝機能を生かせるのが特徴である。培地に土を用いなければ，養液栽培になる。もともと乾燥地であるイスラエルなどで使われていた栽培技術が，近年は日本にも花や野菜栽培などで導入，実用化されている。

実戦問題

No.1　農業機械に関する記述として最も妥当なのはどれか。

【国家一般職・平成26年度】

1　プラウによる耕うんは，かくはん耕と呼ばれ，耕起と砕土の両方を兼ねている。プラウには土壌を細かく砕土できるという特徴があり，粘土質土壌の均平に適している。

2　地下排水用の暗渠を掘るための作業では，地下排水溝を造るためにハローやカルチパッカが用いられる。カルチパッカは暗渠用の溝を掘削したり，樹園地の深耕などに用いられている。

3　施肥には，肥料の形態に応じた作業機が用いられる。堆肥にはマニュアスプレッダが，粉末肥料にはライムソワが，粒状肥料にはスピードスプレーヤが用いられる。このうち，スピードスプレーヤは放射状に肥料をばらまくため，作業効率も高い。

4　ロータリ式田植機は，マット状に根を張ったマット苗を回転する植付爪でかき取り，植込みフォークで苗を土壌に押し出しながら植え付ける。

5　コムギやダイズなどでは，刈取り・結束を同時に行う普通型コンバインが用いられる。普通型コンバインは，通常，自動脱穀機と組み合わせて利用する。

No.2　我が国の施設栽培に関する記述として最も妥当なのはどれか。

【国家一般職・平成29年度】

1　施設栽培は，作期，作目・品種の選択の幅が広がり，年間の栽培回数を増やすことによって，単位収量当たりの生産コストを露地栽培と比較して低くすることができる。また，好適環境を維持することによって，日本全国で同一水準の収量・品質の作物が生産されている。

2　植被のある地表面付近における標準的な二酸化炭素濃度は，植物の光合成あるいは呼吸により，昼間は高く，夜は低くなる。植物の光合成や呼吸活性の変化に伴う二酸化炭素濃度の変動は，施設内より屋外のほうが大きい。

3　設備や使用方法が簡単なため，重油を燃料にして直接的に空気を加熱する温風暖房方式が普及している。ただし，配風ダクトなどを用いて温風を施設内に均一に行き渡らせないと気温のむらが生じやすい。

4　施設内の冷房には，吸気口から入る外気に細霧を噴霧して，水が蒸発するときに周囲の空気から熱を奪う凝縮熱を利用した蒸発冷却法を用いる場合が多い。この方法では，理論的には施設内の気温を水温まで低下させることができる。

5　二酸化炭素の供給方法には，灯油を燃焼させる方法，液化天然ガスを気化させる方法がある。最も利用されているのはコストが安価な灯油燃焼方式であるが，不完全燃焼により有毒ガスであるメタンが発生するおそれがあるため，注意が必要とされている。

No.3 **農産物の貯蔵や保管などに関する記述A～Dのうちから，妥当なもののみを挙げているのはどれか。** 【国家一般職・平成25年度】

A 農産物の貯蔵を効果的に行うために予措が行われる。タマネギでは，温度35℃，湿度90～95%に1週間程度保持することにより，コルク層が形成され，貯蔵中の腐敗を防ぐことができる。しかし，最近は，この処理を省いて出荷するいわゆる「新タマネギ」も生産されている。

B 野菜をプラスチックフィルムで包装すると，一般に，包装内の湿度が高まり，蒸散による水分損失が抑えられるとともに，包装内は呼吸によって低酸素・高二酸化炭素濃度のガス環境となり，鮮度が保持される。この包装方法はMA包装と呼ばれ，生鮮野菜などに利用されている。

C 早生ウンシュウミカンを早期に出荷するため，一般に，生産地でキュアリングと呼ばれる処理が行われる。果実を密閉状態におき，少量ずつヘリウムガスを注入することにより，果実の生理代謝を活性化し，果皮の着色を促すことができる。

D 貯蔵中の農産物に，コバルト60を利用した処理が行われる場合がある。諸外国では香辛料などで利用されているが，我が国では食品衛生法の規定により，発芽を抑制する目的でジャガイモに対してのみ利用が認められている。

1 A，B
2 A，C
3 A，D
4 B，C
5 B，D

実戦問題の解説

No.1 の解説　農業機械

→問題はP.50

1 × プラウは，土壌を帯状に切削し，引き上げて反転する反転耕を行う機械であり，耕起作業に用いる。本肢は，ロータリの説明である。

2 × ハローは，砕土機であり，耕起作業などで生じた土塊を細かく砕く作業に用いる。カルチパッカは，土壌を鎮圧する機械である。カルチパッカを用いると，土壌表面に波形ができるため，風食を防止し，水分保持に効果がある。地下排水用の暗渠を掘るための作業では，地下排水溝を掘るために，トレンチャーやバックホーなどが用いられる。本肢は，トレンチャーの説明である。

3 × スピードスプレーヤは，主にブドウやナシ，リンゴなどの果樹園において，病害虫を防除する目的で，液状の農薬を効率よく散布するために用いる薬剤噴霧機である。大粒，小粒および粉状の肥料や土壌改良剤などの散布に最適な肥料散布機として，ブロードキャスタがある。

4 ◎ 正しい。

5 × 刈取りと結束を同時に行うのはバインダである。バインダは，稲株を1～3条の幅で刈取り，十数株ずつ束ねて結び，束を置き並べて進む自走式の歩行型の機械である。普通型コンバインは，刈取りと脱穀および選別を同時に行うことができる。

No.2 の解説　施設栽培

→問題はP.50

1 × 施設栽培では，一般に，露地栽培に比べて資本集約的および労働集約的な経営がなされることが多い。しかし，ハウス建設費用や設備費用などが多額になるうえ，「手間をかける」ことにより露地栽培に比べて収量を増やすことから，単位収量当たりの生産コストは，一般に，露地栽培に比べて高くなる。施設栽培では，温度などの栽培条件を人為的に操作できるため，夏の野菜を冬に作ることもできるが，日本全国で同一水準の収量および品質の作物を生産することは難しい。

2 × 植物は，日射のない時間帯には，呼吸により酸素を消費し，二酸化炭素を放出している。そのため，二酸化炭素濃度は，昼間が低く，夜が高くなる。二酸化炭素濃度の変動は，施設内が屋外に比べて大きい。

3 ◎ 正しい。

4 × 空気中で水を気化させると，水の蒸発に必要な潜熱を空気から奪い，気温が低下する。水の気化冷却を利用した蒸発冷却法は，汎用的な方法であり，現在利用されている蒸発冷却法としては，細霧冷房やパッドアンドファン冷房などがある。そのうち，細霧冷房は，蒸発冷却法のなかで最も普及している方式である。ノズルから噴霧された細霧が蒸発するのに伴って気温が低下するため，昼間の冷房に効果的である。蒸発冷却法は，水の蒸発潜熱を利用するため，噴霧する水の温度はその効果にほとんど影響せず，施設内の気温を水温まで低下させることはできない。

5 × 二酸化炭素の供給方法としては，主に，①灯油燃焼方式，②LPG（液化石油ガス）燃焼方式および③液化炭酸ガス方式の装置が利用されている。不完全燃焼すると，有毒ガスである一酸化炭素などが発生するおそれがある。メタンは，天然ガスの主成分であり，天然ガスから得られるほか，一酸化炭素と水素を反応させることにより工業的に大量に生産されている。

No.3 の解説　農産物の貯蔵

→問題はP.51

A × 予措（よそ）（Prestorage conditioning）とは，青果物を貯蔵する前に，貯蔵性を高めるために行う前処理のこと。播種前の選種や消毒，浸種，催芽などの作業も予措（Pretreatment）と呼ぶ。予措には，カンキツ類の**乾燥予措**やバナナやレモンなどの**催色**（Coloring）処理，青ウメなどの**予冷**（Precooling）などがある。記述Aは，カボチャやサツマイモ，ジャガイモなどで行われる**キュアリング**（Curing）の説明であり，タマネギではキュアリングを行わない。キュアリングは，収穫直後に，高温高湿（温度32～35℃程度，相対湿度85～90％程度）に数日間置き，収穫時の傷口にコルク層を形成させ，病原菌の侵入を防止することで貯蔵性が高まる。国内に通年出回っているタマネギは，春に収穫したタマネギの表皮を乾燥させ保存性を高めている。主に「黄タマネギ」の品種群が使われる。一方，「新タマネギ」は，収穫後に乾燥処理をしないで出荷されるタマネギで，主な品種群は「白タマネギ」であり，水分が多く瑞々しいのが特徴であり，乾燥には不向きとされる。そのほか，「黄タマネギ」でも，乾燥させていないものを「新タマネギ」と呼ぶことがある。「新タマネギ」の特徴を生かして葉付きのまま出荷されているものも多い。

B ○ 正しい。

C × 早生ウンシュウミカンでは，乾燥予措が行われる。ウンシュウミカンの乾燥予措は，貯蔵前に温度10℃程度，湿度60％前後に保ち，果重の３～５％程度を目安に乾燥させる。そうすることで，長期貯蔵中の腐敗や浮皮などの発生を抑制することができる。

D ○ 正しい。

以上より，正答は**5**である。

正答　No.1=**4**　No.2=**3**　No.3=**5**

5 雑草

必修問題

雑草防除に関する記述として最も妥当なのはどれか。

【国家一般職・平成26年度】

1 田畑輪換は，耕種的雑草防除法の一つである。これは，水田状態と畑状態とを交互に繰り返して行うものであり，多年生雑草に対する防除効果が高い。

2 各種資材で地表面を被覆することや中耕と培土により雑草の発生や発育を抑制する方法は，耕種的雑草防除法の一つである。中耕・培土には，カルチベータやリアグレーダが用いられる。

3 アイガモ農法は，生態的雑草防除法の一つである。これは，アイガモによる雑草の摂食や土壌の撹乱により雑草の繁茂を抑制する方法であり，一般に，水稲の移植直後から水田にアイガモを放飼する。

4 水田で，雑草の発生前から10～15cm程度の湛水深にすることにより，雑草の発生と生育を抑制することができる。これは，生物的雑草防除法の一つであり，クログワイに対する防除効果が高い。

5 除草剤を用いての雑草防除は，化学的雑草防除法である。茎葉に直接散布するものを選択性除草剤といい，土壌処理するものを非選択性除草剤という。

必修問題の解説

1 ◎ 正しい。

2 × 誤り。カルチベータは，中耕や培土，除草などを行う機械であるが，リアグレーダは，均平機の一種であり，圃場の均平や表土の削り取り・運搬，農道の整備や地表面の簡単な障害物などの除去に使用される乗用トラクター用作業機である。

3 × 誤り。アイガモ農法とは，水稲作においてアイガモを利用した減農薬もしくは無農薬農法のこと。生物的雑草防除法の一つである。アイガモの放飼のタイミングは，①移植した苗が活着した（移植後10～14日）頃，②アイガモがふ化し，10日程度育てたヒナの頃，③雑草が発生し始めた頃である。

4 × 誤り。クログワイは，カヤツリグサ科の難防除雑草であり，10～15cm程度の湛水深（生態的雑草防除法）では防除できない。クログワイの防除法としては，除草剤を散布したり（化学的雑草防除法），秋耕などでクログワイの塊茎を地表に露出させ，凍結・乾燥させたりする（耕種的雑草防除法）ことにより死滅を促す。

5 × 誤り。茎葉に直接散布する除草剤を茎葉処理剤，土壌に処理する除草剤を土壌処理剤と呼ぶ。非選択性除草剤とは，触れたものすべてを無差別に枯らす除草剤のこと。選択性除草剤とは，作物に対して安全性が高く，雑草のみに対して効果的に働く除草剤のこと。

正答 1

重要ポイント 1　雑草

雑草（Weed）とは，農耕により絶えず攪乱される土地に発生し，作物生産に不利益をもたらす一群の植物のこと。雑草は，水田や畑などで栽培される作物と光および土壌の養水分利用に関して競合し，作物の生育を阻害するため，減収や収穫物の品質低下などを招く。以前は，除草作業に多くの労力を費やしていたが，**除草剤**の普及により省力化が進んだ。近年，**有機栽培**が広がりつつあり，除草剤に頼らない除草方法が見直されている。

重要ポイント 2　雑草の分類

雑草には，種子で増えるものと，塊茎や地下茎などの栄養繁殖体で増えるものがあり，**1年生雑草**と**多年生雑草**に大別される。1年生雑草は，1年以内で生活環が終わり，多年生雑草は，生活環が2年以上にわたる。

雑草の繁殖は，**種子繁殖**と**栄養繁殖**に分けられる。1年生雑草は種子だけで繁殖するが，多年生雑草は塊茎や根茎などの栄養体だけで繁殖するものと種子と栄養体の両方で繁殖するものがある。多年生雑草は，生育期間が2年以上にわたり，地上部が枯れても地下部の栄養繁殖器官が生き残り，その後の好適な条件で萌芽し，再生する。多年生雑草は，その繁殖特性から，**親株型**，**分株型**および**匍匐**（ほふく）**型**に分けられる。

さらに，雑草は，土壌水分に対する適応性から次の3型に分けられる。

①**水生雑草**：湛水の状態で発生量の多い雑草である。タマガヤツリやマツバイ，アゼナ，ミゾハコベ，コナギ，キカシグサなどがあり，水田雑草の多くが属する。水生雑草は，湛水条件で発芽し，生育することができる。

②**湿生雑草**：湿潤な畑地状態で発生量の多い雑草である。タイヌビエやイヌビエ，アゼガヤ，スズメノテッポウ，ヒデリコ，トキンソウ，ノミノフスマ，タカサブロウ，イボクサ，クサネムなどがあり，湿潤な土壌条件で発芽し，生育する。畦畔ぎわや中干し期以降の水田などでよく見られる。

③**乾生雑草**：乾燥した畑地状態で発生量の多い雑草である。メヒシバやエノコログサ，オヒシバ，ナズナ，ハコベ，スベリヒユ，シロザなどがあり，乾燥した畑に発生する。畑雑草は，乾生雑草が大部分である。乾生雑草は，湛水条件では発芽しない。

重要ポイント 3　雑草の特性

雑草は，人類の使用する土地に発生し，人類に直接的あるいは間接的に損害を与える植物である。雑草には，次のような特性がある。

①種子に休眠性を持ち，発芽に必要な環境要因が多要因で複雑である。たとえば，雑草種子の二次休眠は，一次休眠が破れたあとも発芽に不適な条件下に置かれ続

けたために入る休眠であり，好適条件が整っても種子は直ちに発芽しない。
②発芽が不均一で，埋土種子の寿命が長い。
③栄養成長が速く，速やかに開花に至ることができる。
④生育可能な限り長期にわたって種子生産することができる。
⑤自家和合性であるが，絶対的な自殖性ではない。
⑥他家受粉の場合，風媒か，あるいは虫媒であっても昆虫を特定しない。
⑦好適環境下では種子を多産する。
⑧不良環境下でも種子を生産することができる。
⑨近距離および遠距離への種子散布機構を持つ。
⑩多年生雑草の場合，切断された栄養器官から強勢な繁殖力と再生力を持つ。
⑪多年生雑草の場合，人間の攪乱より深い土中に休眠芽を持つ。
⑫種間競争を有利にするための特有の仕組み（ロゼット葉やアレロパシーなど）を持つ。

重要ポイント 4　雑草害

雑草害は，次のように分けることができる。
①作物の収量の減少：水田や畑などに作物と雑草が同時に生えていると，作物の生産に必要な光や水，肥料養分などが雑草に奪われ，作物は十分に生育できなくなる。そのような競合が生じると，目標としていた作物の収量が達成できなくなる。
②作物の品質への影響：雑草種子が収穫物に混入すると，商品の品質低下を引き起こす。
③作業性の低下：雑草が繁茂すると，収穫機および一般農作業の妨げとなる。
④病害虫の発生：雑草は，病虫害生物の宿主となり，病害虫の発生を促進させる。
⑤家畜への影響：雑草によっては，混入すると有毒物質として家畜に被害が出る。
⑥非農耕地における雑草害：雑草の繁茂による道路などの交通障害や水路の障害，アレルギー源など健康への影響，衛生面への影響，水質汚濁，火災の原因，美観の阻害などの損害を与える。

水田では，湛水状態に保つことによって，雑草の発生を抑える効果があり，たとえば10～15cm程度の深水にすると，イヌビエやカヤツリグサなどの発生が少なくなる。

重要ポイント 5　帰化雑草

帰化雑草とは，外国から持ち込まれて我が国に定着した雑草のことである。飼料作物や牧草種子などに混入して持ち込まれる場合が多い。帰化雑草は，江戸末期から現在までで約800種にのぼるとされる。その多くは都市型雑草であり，人里に侵入して都市開発の進行で蔓延しやすい。

重要ポイント 6 雑草防除法

雑草防除法としては以下のものがある。

①**耕種的防除**：種子形成や侵入の予防，耕うん，輪作や田畑輪換などの作付け方式，深水管理，密植，作期の移動，マルチ栽培，カバークロップなどにより，雑草の発生や繁殖などを抑える。

②**機械的防除**：鎌や鍬（くわ），機械などによる除草で，除草剤を使わない場合は，中耕除草機により畝間を攪拌して雑草の定着を抑える。非農耕地では刈り払い機を使う。

③**生物的防除・生態的防除**：雑草を好んで食べる動物（水田では，コイやアイガモなど）を放したり，病原菌を撒いたりして防除する。

④**化学的防除**：除草剤を直接雑草に散布して枯らしたり，土壌処理をして発芽時に死滅させたりして防除する。

重要ポイント 7 除草剤

除草剤（Herbicide）には，体内に移行して活性を示す「移行型」，付着して雑草の細胞に活性を示す「接触型」があるが，作物に対しては毒性が低く，雑草に対しては毒性が高いという選択性が重要である。しかし，田畑の耕起前や畦畔，非農耕地などでは非選択性除草剤が使われる。作用機作として，①**光合成の阻害**（アトラジン，プロパニル），②**光活性化による毒物生成**（パラコート，CNP），③**植物ホルモン作用の攪乱**（2,4-D，MCP），④**タンパク質合成阻害**（ベンチオカーブ，モリネート），⑤**アミノ酸合成阻害**（グリホサート，ビアラフォス），⑥**色素合成阻害**（ピラゾレート），などがある。また，形態（剤型）には，水和剤（粉を水に懸濁）や水溶剤，乳剤（有機溶媒を含み，水中では懸濁），液剤，粒剤，粉剤，DL粉剤（飛散が少ない［Drift Less］），フロアブル剤（界面活性剤を加え，水で懸濁させた水和剤の一種）などがある。除草剤の**体系処理**とは，１回の処理では栽培期間全体を通した防除効果が不十分な場合に，２回以上行う方法である。発生する雑草の種類や量などが多い場合や，必要な除草期間が長い場合などに用いる。

実戦問題

No.1 **次は，雑草に関する記述であるが，A～Eに当てはまるものの組合せとして最も妥当なものはどれか。** 【国家一般職・平成27年度】

「雑草は，『野草とは異なり人間による撹乱のあるところに生育できるが，作物のように栽培，すなわち人間の積極的な保護を必要としない，人間の活動を何らかの形で［A］植物群』と定義されている。

雑草は，発生場所によって，農耕地に生じる耕地雑草と，森林，水系，河川敷，道路法面，公園緑地などに生じる非農耕地雑草に分けられる。耕地雑草は水田雑草と，畑地・草地・樹園地雑草などに区分される。

また，植物としての生活環あるいは繁殖様式からは，種子で繁殖する［B］と，種子のほかに［C］を形成し繁殖する［D］に区分される。

近年は，防除上の困難さから，［B］より［D］が問題となることが多く，特に水田では，難防除雑草として，［E］，クログワイなどが挙げられている。」

	A	B	C	D	E
1	支える	1年生雑草	栄養繁殖器官	多年生雑草	オヒシバ
2	支える	多年生雑草	コロニー	1年生雑草	オヒシバ
3	妨害する	1年生雑草	コロニー	多年生雑草	オヒシバ
4	妨害する	1年生雑草	栄養繁殖器官	多年生雑草	オモダカ
5	妨害する	多年生雑草	栄養繁殖器官	1年生雑草	オモダカ

No.2 **水田の主要雑草に関する記述として最も妥当なのはどれか。** 【国家一般職・平成30年度】

1 ノビエは雑草ヒエ類の総称である。イネ科でイネに形態がよく類似しているが，ノビエにはイネに存在する葉耳や葉舌がない。

2 イヌホタルイは塊茎で繁殖する。幼植物期は線状の細長い葉を展開しながら成長し，8～10葉期を過ぎると直立した茎を抽出する。

3 オモダカは主に種子で繁殖する1年生雑草である。成長するとハート型の葉を抽出し，田面を覆うように繁茂する。

4 コナギは塊茎で繁殖する多年生雑草である。幼植物期はイヌホタルイやオモダカと類似した線状の細長い葉を展開しながら成長し，続いて特徴的な矢じり葉を抽出する。

5 クログワイは主に種子で繁殖する1年生雑草である。イヌホタルイと同様に直立した茎を抽出するが，茎の先端部に小穂が複数個集まって生じる点でイヌホタルイとは異なる。

実戦問題の解説

No.1の解説　雑草

→問題はP.59

A：「妨害する」が当てはまる。雑草は，作物生産にとって無用または有害なものである。

B：「1年生雑草」が当てはまる。雑草は，種子で増える1年生雑草と，塊茎や地下茎などの栄養繁殖器官で増える多年生雑草に大別できる。

C：「栄養繁殖器官」が当てはまる。コロニーとは，雑草生態学において同一種の生物が形成する集団（個体群）のこと。

D：「多年生雑草」が当てはまる。

E：「オモダカ」が当てはまる。水田の難防除雑草としては，オモダカやクログアイ，シズイなどが挙げられ，塊茎の寿命は，オモダカおよびシズイが1～2年程度，クログワイが3～5年程度である。オヒシバは，乾性雑草であり，乾燥した畑地状態で発生量が多い。

以上より，正答は**4**である。

No.2 の解説　水田の主要雑草

→問題はP.59

1 ◎　正しい。

2 ×　イヌホタルイは，カヤツリグサ科の多年生雑草である。主に種子から発生し，幼植物期は線状の細長い葉が3～5枚出た後に茎を抽出する。

3 ×　オモダカは，オモダカ科の広葉の多年生雑草である。塊茎より発生する。幼植物期は細長い線形の葉が4～5枚出た後に矢尻形の葉が出る。

4 ×　コナギは，ミズアオイ科の広葉の1年生雑草である。種子は湛水下で良好に発芽し，幼植物期は線形の葉が数枚出た後に心臓形から卵形の葉が出る。

5 ×　クログワイは，カヤツリグサ科の多年生雑草である。塊茎より発生する。塊茎は扁球形であるが黒色であり，葉は薄い膜質の筒状の鞘となって茎を包む。茎の先端は丸くなっており，先端に花が着く。

正答　No.1=4　No.2=1

第２章

作物学

テーマ 6　作物一般
テーマ 7　穀類
テーマ 8　マメ類
テーマ 9　イモ類
テーマ 10　工芸作物
テーマ 11　飼料作物・牧草

作物一般

必修問題

畑作物に関する記述として最も妥当なのはどれか。

【国家一般職・令和元年度】

1　ダイズは子葉が地中に残る地下子葉型作物である。まず初生葉が対生して2枚展開する。その後，4枚の小葉から成る本葉が互生して順次展開していく。

2　ソバはタデ科の1年生作物である。播種から収穫までの期間は5か月ほどである。収穫適期は，子実の40～50％が褐変した頃である。

3　ジャガイモで食用になるイモの部分は塊茎である。主要な管理作業に培土があり，目的の一つとしてイモに日光が当たって表面が緑化することの防止がある。

4　サツマイモは種イモを圃場に直接植え付ける栽培法が一般的である。収穫後の貯蔵適温は4℃前後，湿度は80～90％が適している。

5　コンニャクは，種イモから数本の茎が抽出し，葉は多数の小葉から成る。栽培開始から出荷までには最低5年かかる。

必修問題の解説

1 × 誤り。ダイズ，インゲンマメ，ササゲ，リョクトウなどは，子葉が地上で開く地上子葉型作物である。これに対し，ソラマメ，エンドウ，アズキなどは，子葉が地中に残る地下子葉型作物である。ラッカセイは子葉が地表面で開く中間型である。また，子葉の次に初生葉が2枚展開（対生）し，その後，ダイズ，インゲンマメ，アズキ，ササゲ，リョクトウなどでは3枚の小葉から成る本葉（三出複葉という）が互生して順次展開するが，エンドウ，ソラマメ，ラッカセイなど，本葉が1～3対（2～6枚）の小葉から成るものもある。

2 × 誤り。ソバは生育が早いタデ科1年生作物で，播種から収穫までに期間は2か月くらいである。収穫適期は，子実（種子）の40～50%が褐変した頃である。

3 ◎ 正しい。イモの緑色になった部分や芽には有毒の糖アルカロイドであるソラニンとチャコニン（カコニン）が含まれている。

4 × 誤り。サツマイモは温床でイモから生ずる苗を植え付ける栽培法が一般的で，種イモを直接植え付ける直播はほとんどない。収穫後の貯蔵適温は10℃前後で，湿度は90%以上がよい。

5 × 誤り。コンニャクは，種イモから通常は1本の茎（実は葉柄）が抽出し，葉は多数の小葉から成る。栽培開始から出荷までに最低2年（通常は3年）かかる。

正答 3

重要ポイント1　和名，英名，学名，特徴，利用部位，用途

主要な作物（イネ，コムギ，トウモロコシ，ダイズ，サツマイモ，ジャガイモ）については個別に問う問題が多いが，かなりの頻度で総合問題も出題されている。したがって，作物学の学習に際しては，教科書に出てくる作物に関してはすべてにわたって浅く広く知識として持っていることが必要である。作物は主な用途により，食用作物，工芸作物，飼料作物，緑肥作物に区分しているが，さらにそれぞれが細区分されていて，全体では2,300種類にも上るという。これら個々の作物の和名，英名，学名，特徴，利用部位，用途などを一覧表の形にまとめて記憶する習慣を身につけるとよい。そうすれば，「作物一般」に関する設問には大概対応できる。

重要ポイント2　最近のトピック

我が国の農林水産関係の行政・研究機関（農林水産技術会議，農業・食品産業技術総合研究機構など）や国際農業研究協議グループ（CGIAR，Consultative Group on International Agricultural Research）の活動状況や最近のトピックなど，有益な情報をWebサイトで入手できる。

重要ポイント3　統計値

各種作物の世界と我が国における生産量，栽培面積，単位面積当たり収量（単収），輸出入量などの統計値は，国際連合食糧農業機関（FAO，Food and Agriculture Organization of the United Nations）の統計「FAOSTAT」や農林水産省の「農林水産統計情報」などのWebサイトで入手できる。ただし，FAOSTATは作物によっては正確さを欠いたり，最新年の統計値が翌年には変更されることもあるので注意を要する。

重要ポイント4　参考図書

受験に際して役立つと思われる図書を紹介する：『作物学の基礎Ⅰ（食用作物）』（後藤雄佐・新田洋司・中村聡 著，農文協），『作物学の基礎Ⅱ（資源作物・飼料作物）』（中村聡・新田洋司・後藤雄佐　著，農文協），『作物学』（今井勝・平沢正　編著，文永堂出版），『新編作物学用語集』（日本作物学会 編，養賢堂），『ポケット農林水産統計』（農林水産省大臣官房統計部 編，農林統計協会）。

実戦問題

No.1 作物の物質生産と収量の成立に関する記述として最も妥当なのはどれか。

【国家一般職・平成26年度】

1 作物の葉群の繁茂度は，葉面積指数で表すことができる。葉面積指数は，ある土地面積上にあるすべての葉の面積の総和をその土地面積で除して群落吸光係数を掛けた値である。個体群成長速度は，葉面積指数が小さいときは，葉面積指数にかかわらず一定である。

2 葉面積指数が増えると葉の重なりが増し，それ以上葉面積を増やしても総光合成量は増加しなくなる。一方，葉の呼吸量は，葉面積指数にかかわらず一定であるため，作物個体群の純光合成量は，ある葉面積指数のときに最大値を示す。そのときの葉面積指数を補償点という。

3 生産された総乾物重に対して収穫部分の占める重量の比を収穫指数という。収穫指数は品種によって異なり，近年の水稲やコムギの短稈化による収量の向上の大きな要因は，全乾物重の増加よりも，収穫指数の増加が貢献していると考えられている。

4 群落全体の葉面積が十分な場合，葉が水平に着生する水平葉型個体群では，太陽光の大部分が上位の葉と下位の葉で均等に受光される。そのため，太陽光に対して葉が傾きをもって受光する傾斜葉型個体群よりも群落全体の総光合成量が多くなる。

5 作物の収量は，イネ・ムギ類の場合，「面積当たり穂数」×「登熟歩合」×「1粒重」×「1穂のえい花（果）数」で表すことができる。これらの収量構成要素は，生育が進むにつれて記載の順に決まっていく。これらのうち，登熟歩合は，玄米から腹白米や心白米などを除く完全米の割合である。

No.2 作物の播種作業などに関する記述として最も妥当なのはどれか。

【国家一般職・平成27年度】

1 水稲栽培で，消毒を終えた種籾は，発芽揃いをよくするために浸種する。浸種は，20～25℃の水温で7～10日間行う。水温が低いと，発芽が不揃いになりやすい。床土には，人工用土や田畑の表土などが用いられる。田畑から採集した土は，消毒し，生育に最適なpH 7に調整する。

2 コムギを転換畑で栽培する場合には，明渠を掘り，表面排水を促す。それでも不十分な場合は，暗渠の設置が有効であり，地下水位を20cm以下とすることが望ましい。播種方法としては，一般に，条間60～70cm，株間10～20cmでドリル播きが行われる。

3 ダイズの生育に好適な土壌条件は，中性から弱アルカリ性である。したがって，酸性土では石灰を施用し，pH 7～8.5程度に矯正する。播種密度は品種によって異なるが，晩生種を採用した場合や播種期を早くした場合には播種量を多くする。

4 ジャガイモは，植付けの約３週間前から浴光催芽を行う。浴光催芽は，種イモを30℃以上の高温に置くことによって芽の分化を早めるとともに，光を与えることによって芽の伸長を促す効果を持つ。太い芽が５cm程度に伸長した状態が最適である。

5 トウモロコシは，草丈の高い作物であり，倒伏しないよう根を深く張らせるために，我が国の慣行的な栽培では深耕が行われる。耕深は25cm以上が望ましい。播種深度は，地下３cmが標準であり，発芽は10℃以下の低温では著しく遅れる。

No.3 **作物の多収性などに関する記述A～Dのうち，妥当なもののみを挙げているのはどれか。** 【国家一般職・平成28年度】

A 世界のダイズ収穫量は20世紀後半に飛躍的に増加し，とりわけアジアにおいて顕著であった。2012年の日本，ブラジル，米国のダイズの単収を比較すると，我が国が最も高かった。これは，我が国では窒素肥料が多く施用されていることが原因と考えられる。

B 光合成産物を生産して他の器官へ供給する器官をソース，光合成産物を受け入れて蓄積したり消費したりする器官をシンクと呼ぶ。イネでは，収量ポテンシャルを示す指標として，シンク容量が用いられ，「シンク容量＝単位面積当たり籾数×玄米一粒重」で計算する。

C バイオエタノールの原料は，サトウキビ，トウモロコシなどの糖質系，サツマイモ，コムギなどのデンプン系，木材，稲わらなどのセルロース系の３つに分類される。現在生産されているバイオエタノール原料のほとんどはセルロース系である。

D 麦類は，倒伏すると減収や品質低下を引き起こす。最近では，ドリル播などの機械による播種が増え，収穫もコンバインを使うようになったので，耐倒伏性は重要な特性となっている。耐倒伏性には，稈長および稈質が関係する。

1 A，B
2 A，C
3 B，C
4 B，D
5 C，D

No.4 **作物の来歴・分類に関する記述として最も妥当なのはどれか。**

【国家一般職・平成26年度】

1 現在栽培されるイネは，それぞれの栽培の起源地にちなんで，日本稲，アフリカ稲と呼ばれている。栽培されるイネの大半は日本原産のものである。

2 現在栽培されているコムギの主要な種のうち，クラブコムギは２倍体の種であり，マカロニやスパゲッティの原料に適する。

3 トウモロコシはアフリカが原産であり，遺跡調査の結果，アフリカにおける栽培は少なくとも3,000年以上の歴史があることが確認されている。

4 世界のダイズ主産地である南北アメリカ大陸におけるダイズ栽培の歴史は新しく，導入されたのは19世紀とされており，本格的な普及は20世紀になってからである。

5 ジャガイモは中央アジアが原産で，チンギス=ハンによるモンゴル帝国の版図拡大に合わせて東アジアやヨーロッパに持ち込まれ，16世紀後半にイギリスに持ち込まれたとされている。

実戦問題の解説

No.1 の解説　物質生産・収量構成要素

→問題はP.65

1 × 誤り。葉面積指数（LAI：Leaf Area Index）は，ある土地面積上に存在する葉の面積の総和をその土地面積で除したもの（無名数）。個体群成長速度（CGR：Crop Growth Rate，単位は通常g/m^2/day）は，LAIが小さいときは，LAIの上昇に伴って増加する。

2 × 誤り。葉面積指数（LAI）がある程度以上大きくなると総光合成量は増加しなくなるが，葉の呼吸量はLAIの上昇に伴って増加するので，作物個体群の純光合成量は，あるLAIのときに最大値を示す。そのときのLAIを最適LAIという。

3 ◎ 正しい。

4 × 誤り。ダイズやソバなどに見られる水平葉型個体群では，太陽光の大部分が上位の葉に受光され，下位の葉は受光量が少なくなる。そのため，太陽光に対して葉が傾きをもって受光する傾斜葉型個体群（直立葉型個体群ともいう。イネ，ムギ類，トウモロコシなど）よりも群落全体の総光合成量は少なくなる。

5 × 誤り。イネやムギ類の収量構成要素は，「面積当たり穂数」×「1穂えい花（果）数」×「登熟歩合」×「1粒重」の記載順で決まっていく。イネの場合，登熟歩合（%）は全籾数に対する，比重が1.06より大きい籾（籾殻+玄米）数の割合である。

No.2 の解説　播種作業の留意点

→問題はP.65

1 × 誤り。浸種は13℃以下（吸水は行うが発芽活動は始まらない温度）で行うのが望ましい（10～13℃で7～8日）。しかし，寒冷地以外ではその温度は得にくいので，実際は15℃（5～7日）から20℃（4～5日）程度で行う。床土の最適pHは5である。

2 × 誤り。従来の標準播種法（普通条播）では条間50～70cm，株間10～15cmであったが，近年はドリルシーダーを用いたドリル播き（密条播）が行われ，条間10～30cm，株間2～3cmである。

3 × 誤り。ダイズに好的な土壌pHは6～6.5である。晩生・長稈品種は早生・短稈品種より，また，播種期を早くした場合は播種量を少なくする。なお，主茎型品種は分枝型品種より播種量を多く，同様に寒地，痩せ地，少肥栽培でも播種量を多くする。

4 × 誤り。ジャガイモの「浴光催芽」は，萌芽を斉一かつ早めるため，種イモを植付け前に3～4週間かけて低温（6～20℃）下で太陽光等の光条件下に置く方法。3～5mmの丈夫な芽が形成され，植付け後の出芽促進，生育が揃う，欠株減少，イモの規格歩留の上昇，等の効果がある。

5 ◎ 正しい。

No.3 の解説　作物の各種特性

→問題はP.66

A × 誤り。20世紀後半のダイズ収穫量は，とりわけ南北アメリカで顕著に増加し，2012年のブラジル，アメリカのダイズ単収は，それぞれ2.64，2.69 t/haで，日本は1.80 t/haで低かった。これは，南北アメリカでの適正種子の開発（遺伝子組み換え品種を含む）や栽培技術の総合化・普及によるものである。

B ○ 正しい。

C × 誤り。現在生産されているバイオエタノールの原料のほとんどは糖質系である。

D ○ 正しい。倒伏しにくい短稈・強稈の品種が育成されている。

以上から，正答は**4**である。

No.4 の解説　作物の来歴・分類

→問題はP.67

1 × 誤り。イネはアジアイネ（*Oryza sativa*）とアフリカイネ（グラベリマイネとも呼ぶ。*Oryza glabberima*）に二分される。アジアイネの栽培起源地には諸説があるが，中国の長江下流域が有力視されている（紀元前8,000年頃）。アジアイネはさらにインド型（indica type）と日本型（japonica type）に分けられる。世界で栽培されるイネの大半はインド型である。アフリカイネの栽培起源地は西アフリカのニジェール河中流域とされ，分布は限られているが，不良環境耐性が高いので，アジアイネの多収性を得るために種間交雑種の育成と普及が図られている。

2 × 誤り。栽培されるコムギは10種以上あるが，主要な種はパンコムギ（*Triticum aestivum*：製パン，うどん用；6倍体）とデュラムコムギ（*Triticum durum*：マカロニ，スパゲッティ用；4倍体）で，クラブコムギ（*Triticum compactum*：ケーキ，クッキー用；6倍体）の生産は多くない。コムギは紀元前8,000年頃にメソポタミアを含む中東の“肥沃な三日月地帯”で栽培化されたと推定されている。

3 × 誤り。トウモロコシ（*Zea mays*）は原産地の中南米で紀元前5000年頃までに栽培化され，アフリカへは1500年代に導入された。

4 ◎ 正しい。ダイズ（*Glycine max*）は中国の北部または南部で栽培化されたと推定されており，紀元前3000年以前からの利用が知られている。

5 × 誤り。ジャガイモ（*Solanum tuberosum*）は紀元前5000年頃までにペルーからボリビアにかけてのアンデス高地で栽培化されたと推定されている。ヨーロッパへはスペインのメキシコ征服（1512）以降に導入され，アジアへの伝播はインドが最初で，1600年代にポルトガル人がもたらした。我が国へは慶長6年（1601）に，インドネシアのジャカトラ港からオランダ船が長崎へ伝えた。

正答　No.1=**3**　No.2=**5**　No.3=**4**　No.4=**4**

穀類

必修問題

次は，世界の穀類に関する記述であるが，A～Dに当てはまるものの組合せとして最も妥当なのはどれか。

ただし，文頭の大文字と小文字の区別はしないものとする。

【国家一般職・平成25年度】

Cereals have several desirable traits as food plants. Under cultivation, they yield a large amount of grain per acre, and that grain—the single-seeded fruit—contains carbohydrates, minerals, fats, vitamins, and protein. The grains are compact and dry, which allows for long-term storage, or they can be ground into flour, which also stores well.

Plants that have been domesticated are genetically distinct from their wild progenitors*1. Most wild grasses have [A] fruiting heads, which will break apart at a slight touch. When agriculture began, the seeds most easily gathered would be planted and so pass on the non-[A] trait. Likewise, early foragers*2 selected for larger seeds. Loss of seed [B] is another general characteristic of domesticated plants.

[C] is one of the most widely cultivated cereals in the world and supplies a major percentage of the nutrient needs of the human population. Domesticated [C] had its origins in the Near East at least 9,000 years ago.

The grain of [D], which is most often used as animal feed in the developed countries, is ground and eaten as mush or baked into flat cakes for human consumption in India and Africa. The vegetative appearance of [D] is similar to that of corn, but [D] has perfect flowers that are borne in a terminal inflorescence*3.

＊1 progenitor : 祖先　＊2 forager : 採食者　＊3 inflorescence : 花序

	A	B	C	D
1	shattering	photoperiodism	wheat	barley
2	shattering	dormancy	rice	barley
3	shattering	dormancy	wheat	sorghum
4	budding	photoperiodism	wheat	sorghum
5	budding	dormancy	rice	barley

必修問題の解説

このような英文の問題も出題されるので，英語論文読解には力を入れておくこと。また，**テーマ６**で紹介した『新編作物学用語集』（日本作物学会　編，養賢堂）は，和—英8,190用語，英—和9,160用語の見出し語があるので非常に役立つ。

A：shattering（脱粒性の）が当てはまる。Non-shattering :非脱粒性の〔難脱粒性の〕。

B：dormancy（休眠〔性〕）が当てはまる。

C：wheat（コムギ）が当てはまる。

D：sorghum（モロコシ〔＝ソルガム〕）が当てはまる。

正答　3

重要ポイント1 穀類の分類

イネ科穀類（＝禾穀類）：

①イネ（漢字：稲，英名：rice，学名：*Oryza sativa*［アジアイネ］，*O.glabberima*［アフリカイネ，グラベリマイネ］）。
②コムギ（漢字：小麦，英名：wheat，学名：*Triticum aestivum*［パンコムギ］）。
③オオムギ（漢字：大麦，英名：barley，学名：*Hordeum vulgare*）。
④ライムギ（漢字：黒麦，英名：rye，学名：*Secale cereale*）。
⑤エンバク（漢字：燕麦，英名：oat（s），学名：*Avena sativa*）。
⑥トウモロコシ（漢字：玉蜀黍，英名：corn, maize，学名：*Zea mays*）。
⑦モロコシ（漢字：蜀黍，唐黍，英名：sorghum，grain sorghum, 学名：*Sorghum bicolor*）。
⑧アワ（漢字：粟，英名：foxtail millet，Italian millet, 学名：*Setaria italica*）。
⑨キビ（漢字：黍，英名：（common）millet，学名：*Panicum miliaceum*）。
⑩ヒエ（漢字：稗，穇，英名：Japanese millet, barnyard millet，学名：*Echinochloa utilis*）。
⑪ハトムギ（漢字：薏苡（よくい），英名：Job's tears，学名：*Coix lacryma-jobi* var. *ma-yuen*）。
⑫テフ（英名：teff，学名：*Eragrostis abyssinica*）。

その他の穀類：

①ソバ（漢字：蕎麦，英名：buckwheat，学名：*Fagopyrum esculentum*）。
②ダッタンソバ（漢字：韃靼蕎麦，英名：Tartary buckwheat，学名：*Fagopyrum tataricum*）。
③センニンコク（＝アマランサス，漢字：仙人穀，英名：grain amaranth，学名：*Amaranthus caudatus*）。
④キノア（英名：quinoa，学名：*Chenopodium quinoa*）。

穀類はイネ科穀類とその他の穀類に分けられる。主に子実（＝　種子，穎果）の胚乳が食用とされ炭水化物が大部分であるが，タンパク質も比較的多く含み主食として栄養的に優れる。成熟種子は水分が10％程度まで低下するので，貯蔵，輸送および加工がしやすい。弱点は，生殖成長期（花芽分化・形成～開花・登熟）の不良環境（低温，高温，干ばつなど）の影響を受けやすいことである。

重要ポイント2 イネ

イネは基本的に短日植物であるが，出穂・開花の時期はその他の要因も絡んでおり，熟期によって**極早生**［ごくわせ］，**早生**，**中生**［ちゅうせい，なかて］，**晩生**［ばんせい，おくて］，**極晩生**に区分される。栄養成長から生殖成長への転換（幼穂分化）が最も早くなる環境条件を与えた際の栄養成長期間の長さを「**基本栄養成長性**」，生殖成長が短日により促進される性質を「**感光性**」，高温により促進される性質を「**感温性**」といい，低緯度の品種は，高緯度の品種よりも基本栄養成長性が大きい傾向にある。晩生品種は感光性が大きいので，植付け時期が異なってもほぼ同じ暦日で出穂・開花するのに対し，早生品種は，出穂開花が短日の影響を受ける度合が小さい非感光性で，出穂・開花までの日数がほぼ一定となるものが多い。幼穂分化に適した温度は24～26℃とされるが，感温性の品種間差は感光性の場合ほど明瞭ではなく，概して晩生品種に比べ早生品種で，また，低緯度の品種に比べ高緯度の品種で大きい傾向を示す。我が国の品種は，南から北へ向かうにつれ，感光性の大きな品種から感温性の大きな品種へと移行している。なお，幼穂分化（出穂前約30日）から出穂までの日数は，品種の早晩や環境条件であまり変わらない。

世界のイネは生産量7.82億t（籾重），単収4.68t/ha（籾重），栽培面積1.67億haである（主な生産国は中国，インド，インドネシア，バングラデシュ。2018年）。我が国におけるイネの作付けは，長年にわたる減反政策により，栽培面積約147万，生産量780～800万t（玄米重）と抑えられているが，最近の10a当たり収量は520～540kg（玄米重）である（2019年は栽培面積147万ha，生産量776万t，単収528kg/10a）。我が国では，米の消費量の減少に伴い（2018年度の国民一人当たり年間消費量は53.1kg，1965，1985，2005年度はおのおの111.7，74.6，61.4kg），耕作放棄地が急激に増えているが，家畜・家禽飼料の要求も増えている。そこで，飼料自給率の向上のため，水田作付けの飼料米，青刈り給与やイネホールクロップサイレージ（稲発酵粗飼料）が注目されている（実戦問題No.3の解説を参照）。

ネリカ（NERICA：New Rice for Africa）は，アフリカイネ（＝グラベリマイネ。収量性は低いが病虫害や非生物的ストレス耐性が高い）と多収性のアジアイネ（インド型）を交配した種間雑種で，両者の長所を併せ持つことが期待される。国際農業研究協議グループ傘下のアフリカ稲センター（Africa Rice Center，略称AfricaRice〈本部はコートジボアールだが，政情不安のため仮本部が現在ベナン共和国に置かれている〉）が中心機関で，陸稲品種や天水田用品種が育成されている。

重要ポイント3 コムギ

コムギ（分類については，実戦問題No.4の解説を参照）は長日植物で，日長が限界日長よりも長くなると幼穂の形成が促進されるが，その反応（感光性）は品種により異なる。**秋播性**コムギは生育初期に一定期間冬の低温を受けると幼穂分化の生理的条件が整う。これを春化（vernalization）といい，品種の要求する低温期間の長さを秋播性程度（Ⅰ～Ⅶ）として分類する。秋播性程度Ⅰ～Ⅲの品種は低温を必要としない**春播性**を示し，秋播性程度Ⅳ～Ⅶの品種は数値が大きいほど低温要求量が大きく，秋播性の強い品種が低温を受けないと出穂をしない座止現象が起こる。北海道では春播品種と秋播品種，他の地域では秋播品種が採用される。コムギは本来，冷涼で乾燥した気象を好むが，我が国は温暖で雨が多い（特に収穫期）ので，耐病性，耐穂発芽性などの適応品種が育成されている。また，製パン適性（キタノカオリ，ミナミノカオリ，ゆきちから，ユメアサヒ，春よ恋），製麺適性（きたほなみ，イワイノダイチ，さぬきの夢2009，ふくほのか，ユメセイキ）なども重要視される。コムギは粒食ではなく，コムギ粉として利用する（粉食）が，コムギ粉は強力粉（主に食パン，タンパク質含有率11.5～13.0％），準強力粉（主に中華麺，餃子の皮：タンパク質含有率10.5～12.5％），中力粉（主にうどん，即席麺，ビスケット，和菓子：タンパク質含有率7.5～10.5％），薄力粉（主にケーキ，和菓子，天ぷら粉，ビスケット：タンパク質含有率6.5～9.0％），デュラムセモリナ（主にマカロニ，スパゲッティ：タンパク質含有率11.0～14.0％）に分類されている。

コムギの種子は粒の硬さから，**硬質コムギ**と**軟質コムギ**に分けられ，硬質コムギは比較的タンパク質含有率が高く，種子がアメ色に透けて見えるガラス質のものが多く，切断面が硬いガラス状で強力粉向きである。軟質コムギは比較的タンパク質含有率が低く，種子が白色を帯びて見える粉状質のものが多く，切断面が粉状で薄力粉や中力粉向きである。日本のコムギ品種は軟質コムギであるが，タンパク質含有率は中間的であるので，中力粉に向くものが多い。コムギ粉に水を加えて捏ねると，２種類のたんぱく質（グリアジンとグルテニン）が絡み合い，弾力性，粘着性，可塑性を発揮する**グルテン**が形成される。

世界のコムギは生産量7.48億t，単収3.43t/ha，栽培面積2.14億haである（主な生産国は中国，インド，ロシア，アメリカ。2018年）。わが国は生産量103.7万t，単収4.90t/ha，栽培面積21.2万haであり，年間590万tも輸入している（主にアメリカ，カナダ，オーストラリアから。2019年）。

重要ポイント 4 トウモロコシ

トウモロコシ（分類については，実戦問題No.5の解説を参照）は短日植物である。雌雄異花序で，雄花序は茎の頂端に分化し，雄穂（ゆうすい）と呼び，雌花序は茎の中ほどの1～3節の葉腋に1個ずつ互生し，雌穂（しすい）と呼ぶ。両花序とも，発生の途中まで両性器官をもつが，発生後期に一方が退化する。まれに両性花を生ずることがある。雄穂は出穂の2～3日後に花粉を飛散させ，雌穂はその1～3日後に絹糸（silk）を抽出して受精できるようになる。この時間差により，自家受精が起こりにくい（他家受精しやすい）仕組みになっている。

トウモロコシの生産力は，異なる品種や系統を交雑した**一代雑種**植物（F_1）で発現する**雑種強勢**（heterosis, hybrid vigor）の効果により飛躍的に上昇し，**F_1品種**（hybrid corn）が現在の主流となっている（2つの自殖系統間の**単交雑**［A×B］は雑種強勢の効果が高く広く採用されるが，得られる種子量が少なく，単交雑を2組組み合わせた**複交雑**［A×B］×［C×D］は得られる種子量が多くなるものの，形質が不均一になりやすい）。

世界のトウモロコシは生産量11.5億t，単収5.92t/ha，栽培面積1.94億ha（主な生産国はアメリカ，中国，ブラジル，アルゼンチン）である（2018年）。アフリカ，インド，中南米などで主食とする地域もあるが，多くは飼料としての利用がなされている。我が国は青刈り飼料やサイレージ用として10万ha弱に450万t程度を生産するにすぎず，一方，年間1,500～1,600万tも輸入している（うち飼料用は1,100万t程度。主にアメリカ，ブラジル，南アフリカ）。

実戦問題

No.1　世界のイネに関する記述として最も妥当なのはどれか。

【国家一般職・平成25年度】

1　世界の栽培イネの大部分は，*Oryza sativa*に属するイネである。西アフリカでは*Oryza glaberrima*に属するイネが古くから栽培されてきたが，その栽培面積は西アフリカの稲作面積の２割以下である[*1]。栽培の起源地にちなんで，前者はアジア稲，後者はアフリカ稲と呼ばれる。

2　アジア稲は，日本型（*japonica*），インド型（*indica*），ジャバ型（*javanica*）の３つの生態型に分けられてきたが，ジャバ型は，遺伝的にインド型に近く，現在ではインド型に含められることが多い。一般に日本型は，インド型に比べ，耐暑性も耐冷性も弱く好適な生育温度の幅が狭い。

3　イネは世界で最も生産量の多い作物であり，コムギの約２倍の生産量がある[*2]。世界のイネの全生産量のうち，約９割が高温多湿なアジアモンスーン地域で生産されており[*2]，南米とアフリカにおける生産量は1970年以降横ばいである[*3]。

4　稲作の歴史の古い発展途上国では，粗放な直播栽培が主流である。一方，米国，豪州などの稲作の歴史が新しい国では，機械化が進展した移植栽培が主流であり，単収は，これらの発展途上国よりは高いものの，乾燥気候であることから我が国や韓国には及ばない[*2]。

5　米は，人間の食料として利用される割合が小麦に次いで高い高収益穀物であることもあり[*2]，タイ，インドネシア，モンゴルなどの国で輸出用の生産が盛んである。国際市場に出回る米の量は，世界の米の総生産量の５割程度である[*2]。

＊1「WARDA Annual Report 1996」（西アフリカ稲作開発協会）
＊2「FAOSTAT」（2010年）
＊3「FAOSTAT」（1970-2010年）

No.2 **図は，イネの部位を示したものであるが，A～Eに当てはまる名称の組合せとして最も妥当なのはどれか。**

【国家一般職・平成30年度】

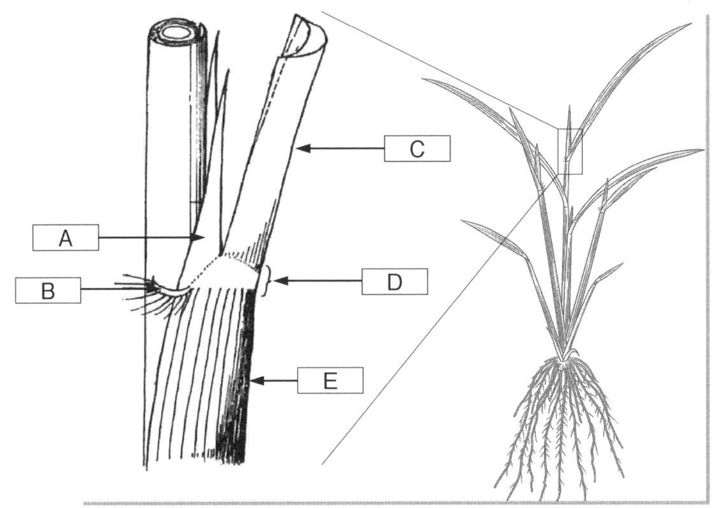

	A	B	C	D	E
1	葉耳	葉舌	葉鞘	カラー(襟)	葉身
2	葉耳	カラー(襟)	葉鞘	葉舌	葉身
3	葉耳	カラー(襟)	葉身	葉舌	葉鞘
4	葉舌	葉耳	葉鞘	カラー(襟)	葉身
5	葉舌	葉耳	葉身	カラー(襟)	葉鞘

No.3 **イネの品質，品種に関する記述として最も妥当なのはどれか。**

【国家総合職・令和元年度】

1 米のデンプンは，グルコースが直鎖状に配列したアミロペクチンと，その直鎖部分の一部が分枝し樹枝状に配列したアミロースから成る。うるち米のデンプンはほとんどすべてアミロペクチンであるが，もち米のデンプンはアミロースが15～30％，アミロペクチンが70～85％程度である。

2 農産物規格規程の水稲うるち玄米の品位規格において，１等は整粒の最低限度が95％である。また，一般に，米の食味では，良食味米ほどタンパク質含量が高い傾向があり，タンパク質含量が高い飯米は軟らかく，粘着性があるとされている。

3 酒米は，酒の製造工程の中で，麹(こうじ)米などとして使われる。心白があると，吸水時に亀裂が生じて水や麹菌が入りやすく膨潤性がよいため，酒米に適する。一般に，酒米のタンパク質含量は低いが，タンパク質は酒の味や香りの成分として不可欠である。

4　ハイブリッドライスは，雑種強勢を利用して育成された多収など優れた特性を持つ品種で，中国で最も多く利用されている。我が国では食味が重視されるため育種や栽培は行われていない。中国以外では，主にヨーロッパにおいて飼料用など主食用以外での利用が進められている。

5　飼料用イネは，家畜の飼料であるため外観は重視されず，家畜の食欲に影響する米の食味が重要とされている。また，多収を目的に多肥栽培されるので，耐倒伏性が強い品種が求められる。飼料用イネの主な多収品種には，べこあおば，ミルキークィーン，クサノホシなどがある。

No.4　**ムギ類の形態，生理，遺伝的特性に関する記述として最も妥当なのはどれか。**　**【国家総合職・令和元年度】**

1　コムギは，複穂状花序で，枝梗がなく小穂が穂軸に直接着生する。幼穂分化期から頂端小穂分化期までに小穂数が増加し，その後，小穂に着生する小花数が増加する。一穂粒数は，一穂小穂数と一小穂粒数の積により決まる。

2　コムギは，カラスムギ属の作物で，小穂の最も基部の1小花だけ稔実する4倍体の一粒系コムギ，基部の2小花だけが稔実する2倍体の二粒系コムギ，3～4の小花が稔実する6倍体の普通系コムギに分類される。

3　オオムギは，半矮性遺伝子の一つである*uzu*遺伝子の有無により並性と渦性の品種群に分けられる。*uzu*遺伝子を有する渦性品種では植物ホルモンのジベレリンに反応しないために半矮性を示し，葉身，葉鞘が短い。また，渦性品種は耐寒性や耐雪性が並性品種より強い。

4　ライムギは，穂状花序で穂軸の各節に一つの小穂が互生し，1小穂は3小花から成る。小花は自家受精し，風媒花で他家受精するコムギやオオムギとは異なる。ライコムギはライムギの持つ耐暑性などの長所をコムギに導入するために作出されたライムギとコムギの属間雑種である。

5　エンバクは，麦畑の雑草であったものが作物として栽培化された。穂は穂状花序で1小穂は複数の小花から成る。エンバクは干ばつには強いが耐湿性が弱く，ムギ類の中で最も乾燥気候に適する。

No.5 **図は，トウモロコシの種類別に，子実の胚とデンプン組織の分布状態を模式的に表したものである。これらのトウモロコシの種類に関する記述として最も妥当なのはどれか。**　　　　　【国家一般職・平成25年度】

A
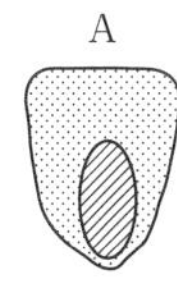
B
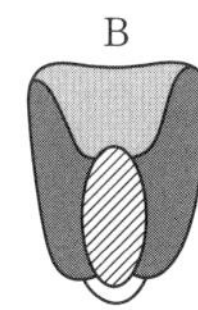
C
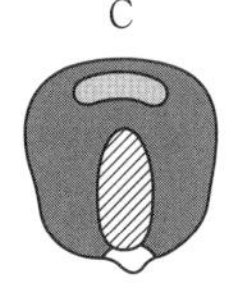
D

E
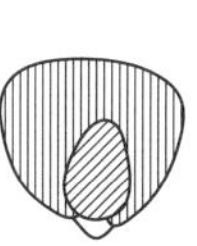

胚　糖質デンプン　硬質デンプン　軟質デンプン　もち性デンプン

1　Aはワキシーコーンである。ろう質のような光沢のある外観をもつ。糖分が多いため，家畜の嗜好性が高く飼料用に適する一方，工業原料用としては不適である。

2　Bはデントコーンである。子実の側面が硬質デンプン，中央部から頂部が軟質デンプンのため，乾燥すると頂部がくぼんで歯のような形を呈する。収量が多く，飼料用に適する。

3　Cはフリントコーンである。上部が丸く，光沢のない黄褐色の外観が特徴である。収量が劣ることから飼料としての利用はほとんどなく，生食用とされることが多い。

4　Dはポップコーンである。加熱すると，子実の硬質デンプンに多量に含まれる水分が膨張して爆裂する。ポップコーンのうち，軟質デンプンの量が多いものは特にソフトコーンと呼ばれる。

5　Eはスイートコーンである。胚乳がもち性デンプンのため甘みがあり，水分を含むと表面にしわができる。一般に早生であり，生食用・缶詰用に供される。

No.6 **雑穀に関する記述として最も妥当なのはどれか。**

【国家一般職・平成26年度】

1 モロコシ（ソルガム）は南米が起源とされ，作物学的に，穀実用モロコシ，デンプン用モロコシ，箒モロコシ，飼料用（牧草型）モロコシに分けられている。南米，インドでは重要な食料である。我が国ではゼラチンの代用品として利用されている。

2 キビはイネ科の多年生植物である。穂型は片穂型，密穂型の２型に分けられる。モチ種，ウルチ種があり，我が国ではウルチ種が多い。精白して米と混炊して食べられ，粉にして団子や飴などの菓子原料にされる。

3 アワはトウジンビエから分化したと考えられている。オオアワとコアワに分けられ，我が国では主にコアワが栽培されている。モチ種とウルチ種があり，我が国ではウルチ種が多い。ウルチ種のアワは精白して米と混炊して食べられる。

4 ヒエはイネより耐冷性が強いことから，我が国では古くから寒冷地や高冷地で作付けされていた。精白ヒエは，白米に比べタンパク質，脂質，ビタミンB_1が多いが，食味は米より劣る。精白して米と混炊して食べられる。

5 ソバはヒユ科（アカザ科）の１年生植物である。高温多湿な気候に適し，生育期間が１か月程度と短い。近年は，需要の増大により我が国における作付面積は増加の傾向にある。我が国での主な用途はそば用で，そば粉菓子，そばがきなどにも用いられている。

実戦問題の解説

No.1 の解説 世界のイネに関する総合問題

→問題はP.76

1 ◎ 正しい。アフリカイネは種小名（*glaberrima*）にちなみ，グラベリマイネとも呼ばれる。

2 × 誤り。ジャバ型（ジャワ型，*javanica*）は熱帯ジャポニカとも呼ばれ，現在では日本型に含められることが多い。

3 × 誤り。世界で最も生産量の多い作物はトウモロコシ（11.5億）で，イネ（7.82億t*），コムギ（7.48億t）がそれに次ぐ（FAOSTAT，2018年）。世界のイネの全生産量の約9割が高温多湿なアジアモンスーン地域（東南アジア，南アジア，東アジア）で生産されている。南米とアフリカでの生産量は1970年以降急増している。

4 × 誤り。稲作の歴史の古い発展途上国では，移植栽培が主流で，単収**は高くない。米国，豪州など稲作の歴史が新しい国では，大規模な直播栽培が主流であり，単収は高く，我が国や韓国をしのぐ。

5 × 誤り。米は自国消費性が高い作物であり，世界市場に出回る割合は世界の米の総生産量の0.5割程度しかない。これに対し，コムギは2.5割近くも世界市場に出回る。

*イネは生産量や取引量など，国際的には籾重で表示するが，我が国では玄米重（籾重の約20%を占める籾殻重を差し引いた値）で表示する。したがって，世界のイネ生産量は，玄米重換算では約6.26億tとなる。

**単収は単位土地面積当たり収量のことで，国際的にはha（10,000m^2）当たり，我が国では10a（1,000m^2）当たりで表示する。

No.2 の解説 イネの葉の形態

→問題はP.77

A：葉舌（ligule）が当てはまる。
B：葉耳（auricle）が当てはまる。
C：葉身（leaf blade, lamina）が当てはまる。
D：カラー（襟）（葉節，葉間節；collar, lamina joint）が当てはまる。
E：葉鞘（leaf sheath）が当てはまる。

以上から，正答は**5**である。

これらは，イネの葉を構成する小器官であるが，注意しないと見過ごしがちである。葉舌と葉耳の生理・生態的意義は不明である。葉身は光合成を行う中心的器官である。カラーは葉身の角度の調節に関係する。葉鞘は若いうちは茎に代わって植物体を支える機能を有し，出穂期前には茎（稈）とともに非構造性炭水化物（デンプンや可溶性糖類）が蓄積する場所でもある。このほか，葉の表面・横断面，根，穂を構成する部分の形態と名称なども記憶しておく必要がある。

No.3 の解説　イネの品質・品種

→問題はP.77

1 ×　誤り。米のデンプンはグルコースが直鎖状に配列した**アミロース**と，グルコースの直鎖部分の一部が分枝し樹枝状に配列した**アミロペクチン**とから成る。うるち［粳］米のデンプンはアミロースが15～30%，アミロペクチンが70～85%から成り，もち［糯］米のデンプンはほとんどすべてアミロペクチンから成る。日本型品種の多くはインド型品種に比べてアミロース含量が低いため，粘りのある米飯となる。

2 ×　誤り。うるち玄米の整粒の最低限度は，1等70%，2等60%，3等45%である。なお，水分は全等級とも15%で，容積重の最低限度は，1等810g，2等790g，3等770g，被害粒・死米・着色粒・異種穀粒・異物混入の最低限度は，1等15%，2等20%，3等30%である。また，良食味米ほどタンパク質含量が低い傾向があり，タンパク質含量が低い米飯は軟らかく，粘着性があるとされている。

3 ◎　正しい。酒米は，正式には**酒造好適米**という。胚乳の中心部に不透明部（心白と呼ぶ）が発現する大粒品種が多く，代表的なものには山田錦，五百万石，美山錦，雄町，八反錦，愛山などがある。一般米に分類される**酒造適正米**には亀の尾，松山三井，オオセト，トヨニシキ，千秋楽，愛国などがある。

4 ×　誤り。中国ではイネ作付面積の50%以上を占めるといわれる**ハイブリッドライス**は，我が国でも育種は行われているものの，栽培はまだ広まっていない。その理由は，飯米として食味が最も重視されてきたためであるが，最近では我が国でも単収（10a当たり収量）が700～800kgに達し，かつ食味も良好な品種も出始めている。ヨーロッパでのハイブリッドライスの利用は進んでいない。

5 ×　誤り。飼料用イネの米の食味は問題視されない。ミルキークイーンは食用品種である。飼料用イネは，ホールクロップサイレージ（発酵粗飼料）や飼料米（濃厚飼料）として利用される。前者は，登熟期の途中（黄熟期ころ）で植物体地上部全体を収穫し，ロールベールサイレージに調整すると家畜の選好性が非常に高い。後者では，イネを圃場にできるだけ遅くまでおいて立毛乾燥を行い，コンバインで収穫後，乾燥調製を行うか，さらに子実の破砕処理をしてサイレージ調整を行う（消化性が向上）。**飼料用米品種**（子実多収型：ふくひびき，タカナリ，ミズホチカラ，みなゆたか，みなちから，きたげんき，えみゆたか，いわいだわら，オオナリ），**ホールクロップサイレージ用品種**（茎葉多収型：なつあおば，たちすがた，たちあやか，たちすずか，リーフスター，タチアオバ，たちはやて，ルリアオバ，べこげんき，つきすずか）および**兼用品種**（きたあおば，べこごのみ，べこあおば，夢あおば，ホシアオバ，クサホナミ，モミロマン，クサノホシ，モグモグあおば，ゆめさかり，もちだわら，まきみずほ，たちじょうぶ，北陸193号）とがある。きたあおば，モミロマンの10a当たり粗玄米収量は820～830kgと多収で，耐倒伏性も，食用のコシヒカリを「極弱」とすると「やや強」以上であり，食用品種に比べると草型は穂重型が多い。

No.4 の解説 ムギ類の形態・生理・遺伝

→問題はP.78

1 ◎ 正しい。

2 × 誤り。コムギはコムギ属（*Triticum*）の作物で小穂の最も基部の1小花だけ稔実する2倍体の**1粒系コムギ**，基部の2小花だけが稔実する4倍体の**2粒系コムギ**，3～4小花が稔実する6倍体の**普通系コムギ**などに分類される（表参照）。主要な種は，パンコムギ，クラブコムギ，デュラムコムギである。

・コムギ属栽培種の染色体数とゲノム構成（辻本壽氏による）

倍数性と種名	染色体数	ゲノム構成	普通名
2倍体（一粒系コムギ） *T. monococcum*	$2n=2x=14$	AA	栽培一粒系コムギ（Einkorn wheat）
4倍体（二粒系コムギ）	$2n=4x=28$	AABB	
T. dicoccum			エンマーコムギ（Emmer wheat）
T. paleocolchicum			グルジアコムギ（Georgian wheat）
T. carthlicum			ペルシャコムギ（Persian wheat）
T. turgidum			リベットコムギ（rivet wheat）
T. połonicum			ポーランドコムギ（Polish wheat）
T. durum			デュラムコムギ，マカロニコムギ（durum wheat, macaroni wheat）
T. turanicum			オリエントコムギ（Oriental wheat）
4倍体（チモフェービ系コムギ） *T. timopheevi*	$2n=4x=28$	AAGG	チモフェービコムギ(thimopheevi wheat)
6倍体（普通系コムギ	$2n=6x=42$	AABBDD	
T. spelta			スペルトコムギ（spelt wheat）
T. macha			マッハコムギ（macha wheat）
T. vavilovii			バビロフコムギ（Vavirov wheat）
T. compactum			クラブコムギ（club wheat）
T. sphaerococcum			インド矮性コムギ（Indian dwarf wheat, shot wheat）
T. aestivum			パンコムギ（bread wheat, common wheat）
6倍体（ジュコブスキー系コムギ） *T. zhukovskyi*	$2n=6x=42$	AAAAGG	ジュコブスキーコムギ（Zhukovsky's wheat）

3 × 誤り。オオムギ（barley: *Hordeum vulgare*）は，半矮性遺伝子の一つである *uzu* 遺伝子の有無により，**並性**と**渦性**の品種群に区分される。*uzu* 遺伝

子をもつ渦性品種は，植物ホルモンのブラシノステロイドに反応しないために半矮性を示し，葉身，葉鞘，稈長，粒長が短い。また，渦性品種は，耐寒性や耐雪性が並性品種よりも弱い傾向がある。並性は渦性に対して優性形質である。

なお，穂の各節に3つずつ小穂が着き，それらが互生して粒が6条並ぶもの（**六条オオムギ**）と穂の各節の3小穂のうち両側の2小穂が退化して中央の小穂のみが稔るもの（**二条オオムギ**）とがある。6条種は食用・飼料用となるが，2条種はビール麦の別名があるように，醸造用としての利用が多い。オオムギはコムギと異なりグルテンを含まないので，製パンには適さず，押麦として米と混ぜて炊いて食べる。また，水溶性食物繊維であるβ-グルカンを多く含むことで知られる。穎が穎果に密着しているものを**皮麦**，密着していないものを**裸麦**と呼ぶ（皮性は裸性に対して優性形質である）。従来の品種はうるち［粳］性のものばかりであったが，近年デンプンの一種であるアミロースを完全に，あるいはほとんど欠いたもち［糯］性の品種（六条裸麦：米澤モチ2号，ダイシモチ，六条皮麦：セツゲンモチ，はねうまもち，二条裸麦：キラリモチ，もっちりぼし，二条皮麦：あぐりもち，くすもち二条）が開発され，用途が広がりつつある。

4 × 誤り。ライムギ（rye: *Secale cereale*）は，穂状花序で穂軸の各節に1つの小穂が互生し，1小穂は3小花から成る。コムギやオオムギと同様に小花は風媒花であるが他家受精しやすく，自家受精するコムギやオオムギと大きく異なる。ライムギは元来コムギ畑の雑草であったが，不良環境耐性に優れていたために栽培化がなされた**二次作物**（secondary crop）と考えられており，ムギ類の中では最も耐寒性が強い。子実を粉砕して粉にしたライムギ粉はグルテンをほとんど形成しないので，製パン時は通常コムギ粉と混合するが，コムギ粉のみのパンのようには膨らまず，黒くて硬く，特有の酸味がある（黒パン）。飼料用にも用いられる。ライコムギ（triticale：×*Triticosecale*［×は交雑種であることを示す］）は，ライムギの持つ耐寒性，耐病性，酸性土壌耐性などの長所をコムギに導入するために作出されたライムギとコムギの属間雑種である。

5 × 誤り。エンバク（oats：*Avena sativa*）は，ライムギと同様に麦畑の雑草であったが，不良環境耐性に優れていたために栽培化がなされた二次作物と考えられている。穂は複総状花序で1小穂は2～3の小花から成る。冷涼な気候に適するが，耐寒性はあまり強くない。耐湿性は強いが，干ばつには弱く，ムギ類の中で最も湿潤気候に適する。欧米では重要で，精白した子実を焙煎・圧扁したものをオートミール（oat meal）として主に朝食に用いる。その他，クッキー，ウイスキー，味噌などの原料となる。飼料作物として，ホールクロップサイレージ用，乾草用，青刈り用および子実用の栽培がある。

No.5 の解説　粒形・デンプンの性質とトウモロコシの分類

→問題はP.79

1 × 誤り。Aは**スイートコーン**（甘味種）。胚乳に糖を多く含み，粒が成熟してもデンプンの他に糖の形で多く残る。甘味が強く，タンパク質や脂質の含量もデントコーンより高い。概して早生。主に生果を間食用に，また缶詰用に栽培される。茎葉は飼料用にも好適。

2 ◎ 正しい。Bは**デントコーン**（馬歯種）。概して晩生。草丈が高く，葉がよく茂り，雌穂数は少ないが，大型で，子実収量は多い。米国のコーンベルトでは主に本種が栽培され，世界的に最も生産量が多い。日本には明治初期に導入され，サイレージ用などに利用された。主に飼料用として，またデンプン工業原料にも用いる。

3 × 誤り。Cは**フリントコーン**（硬粒種）。粒の表面はすべて硬い角質で，軟質デンプン組織は内部にわずかに存在するのみ。概してデントコーンよりも早生で，高緯度や高冷地で作期の短い所にも栽培される。我が国ではフリントコーンとデントコーンの交雑種が育成され，栽培されている。生食用とされることはほとんどなく，子実は飼料および加工して食用または工業原料に用いる。

4 × 誤り。Dは**ポップコーン**（爆裂種）。粒の大部分が角質で，胚の両側部にのみ軟質部があり，そこに水分を含む。炒り続けると軟質部が膨張して粒全体が爆裂する（水分含量13〜15％の時に最大）。概して晩生で雌穂数は多い。粒は小さく，尖る型（rice）や丸い型（pearl）があり，粒色も黄，白，赤褐などさまざま。**ソフトコーン**（軟粒種，フラワー種）はポップコーンとは種類が異なり，粒全体が軟質デンプン組織からなり，成熟しても粒に窪みはできない。

5 × 誤り。Eは**ワキシーコーン**（糯種）。粒の外観は光沢があり（半透明蝋質状），胚乳のデンプンは糯性で，糯米の代替品として加工原料となる。概して早生で，草姿はフリントコーンに類似する。

トウモロコシ（corn, maize: *Zea mays*）は，以上の他に**ポッドコーン**（有稃種：子実の各粒が発達した頴で包まれる古い栽培型）および**スターチ・スイートコーン**（軟甘種：甘味種と軟粒種の中間型）を加えた合計8種類の変種に分類される。

No.6 の解説　雑穀

→問題はP.80

1 × 誤り。**モロコシ**（sorghum, grain sorghum: *Sorghum bicolor*）は，アフリカ（エチオピアとスーダンを中心とする地域）が原産地で，栽培化は5000年以上前と推定されている。トウモロコシよりも乾燥に強い。子実を食用や飼料とする**穀実用モロコシ**（グレインソルガム），茎に集積した糖類をシロップの原料とする**糖用モロコシ**（スイートソルガム），茎葉を粗飼料とする**飼料用モロコシ**，穂の長い枝梗を利用する**箒用モロコシ**に区分される。アフリカやインドの乾燥地域では重要な食料であるが，世界的には飼料としての利用が多い。我が国ではコムギ粉の代用品（アレルギー原因物質のグルテンを含まない）としても利用される。また，ビニルハウスや温室での園芸作物栽培によって土壌に集積した塩類を除くための**クリーニングクロップ**（cleaning crop；清耕作物）としての利用や，**緑肥作物**（green manure crop）としての利用もある。

2 × 誤り。**キビ**（[common] millet: *Panicum miliaceum*）は5000～8000年前から利用されてきたが，栽培起源地は中央～東アジアかヨーロッパか明らかではない。穂型は散穂型（平穂型），片穂型（寄穂型），密穂型（丸穂型）の3型に分けられる。ウルチ種［粳種］とモチ種［糯種］とがあるが，我が国ではモチ種が多い。子実は精白して米に混ぜて炊飯され，粉にして団子，餅，飴などの菓子原料になる。欧米では，茎葉部のみならず子実も飼料として用いられる。

3 × 誤り。**アワ**（foxtail millet: *Setaria italica*）は雑草のエノコログサ（*S. viridis*）から分化したと推定される。起源地は中国北部，インド西北部～中央アジアと諸説がある。オオアワ（穂は長く下垂し，小穂はややまばらに着生）とコアワ（穂は短小でほぼ直立し，小穂は密生）がある。穂型は，円筒型，円錐型，棍棒型，紡錘型，猿手型，猫手型の6型に分けられる。我が国ではオオアワが多く，モチ種とウルチ種があるが，従来，主食的な利用をする地域ではウルチ種が多く，我が国ではウルチ種を米に混ぜて炊飯する粟飯がよく知られている。また，モチ種は粟餅に利用される。茎葉部は飼料や燃料となる。**トウジンビエ**（＝パールミレット，唐人稗，pearl millet: *Pennisetum americanum, P.typhoideum*）はスーダン～エジプトで栽培化されたと推定されるが，インドでも独立に栽培化されたとの二元説もある。現在の主産地もアフリカとインドで，その地域では重要な食用作物である。

4 ◎ 正しい。**ヒエ**（Japanese millet: *Panicum utilis*）はイネよりも耐冷性が強い。栽培起源地は中国とインドの2地域が推定されており，アジアを中心に栽培されている。精白した子実は白米に比べタンパク質，脂質，無機質，食物繊維が多く，消化率もよい。米に混ぜて炊飯したり団子や餅にして食べ，味噌，醤油，酒などの加工原料にもなる。また，飼料（青刈り，乾草）として利用される。

5 × 誤り。**ソバ**（buckwheat: ***Fagopyrum esculentum***）は，タデ科（Polygonaceae）ソバ属1年生植物である。耐冷性が強いことから，かなりの高緯度地や高冷地でも栽培できるが，霜には弱い。栽培期間は短く，播種後55〜90日で収穫できる。我が国でのソバ作付面積は増加傾向にある（平成30年度で約6.4万ha）が，年生産量は3万t前後，10a当たり収量は50kg前後で推移している。我が国での主な用途はそば用で，そば粉，そばがきなどにも用いられている。ソバは吸肥力が強く，土壌はpH4.6程度の酸性に耐える（pH6.0前後がよい）が，過湿には弱い。栽培には春播き（晩霜の害がなくなってから）と夏播き（初霜の70〜80日前）とがある。ソバの品種は日長と温度に対する反応により，夏型（牡丹ソバ，キタワセソバ，しなの夏そば），中間夏型（階上早生，岩手早生），中間秋型（最上早生，常陸秋ソバ，信濃1号），秋型（みやざきおおつぶ，鹿屋在来）の生態型に分けられる。花は花弁を欠き，5枚の萼（色は白，淡紅〜赤），8本の雄ずい，1本の雌ずいから成る。長花柱花（雄ずいに比べて雌ずいが長い）と短花柱花（雄ずいに比べて雌ずいが短い）という異型花柱性を示し，同型花どうしでは受精しない特徴がある（自家不稔性）。近縁栽培種に**ダッタンソバ（*F. tataricum*）**があるが，これは自家受精性である。

「雑穀」は，我が国での古くから呼称で，禾穀類（イネ科穀類）のうち小さな子実をつけるアワ，ヒエ，キビ，モロコシ，トウジンビエなどの1年生夏作物（1年生植物）の総称である。この類型では，「主穀」は主要穀類のイネ，コムギ，トウモロコシ，「菽穀（しゅくこく）」はマメ類，「擬穀（ぎこく）」はソバ，アマランサス，キノアなどの総称である。なお，一般社団法人日本雑穀協会では，狭義の農学的区分を拡張し，穀類（穀物）を主穀と雑穀に分け，雑穀は「主食以外に日本人が利用している穀物の総称」としている。

正答 No.1=**1** No.2=**5** No.3=**3** No.4=**1** No.5=**2** No.6=**4**

マメ類

必修問題

豆類の栽培，生態および品質成分に関する記述として最も妥当なのはどれか。

【国家一般職・平成30年度】

1 ダイズの生育には弱アルカリ性の土壌が好適である。酸性土壌では，石灰を施用し，pH 8 程度に矯正することが重要である。一方，ラッカセイの生育には弱酸性土壌が適しているため，石灰の施用を避けることで多収となる。

2 我が国のアズキ品種は，夏アズキ型と秋アズキ型および中間型に分類される。北海道では，夏アズキ型の品種が主に用いられている。秋アズキ型の品種は，夏アズキ型の品種よりも感光性が高い。

3 インゲンマメは，感温性および感光性について品種間差はみられず，我が国での１品種の栽培適応地域は広い。また，豆類の中では酸性土壌に強いので，酸度矯正の必要はない。

4 ラッカセイは，受精数日後に子房が伸び，先端が地下に伸長し，肥大成長して莢が形成される。ラッカセイの結莢率は，一般に50％程度である。また，ラッカセイの耐乾性は，比較的強い。

5 ラッカセイ，アズキ，ダイズを比較すると，脂質の一般的な含有率は，ダイズが約50％，ラッカセイが約20％，アズキが２％程度である。一方，炭水化物の含有率は，高いものから順に，ラッカセイ，アズキ，ダイズとなる。

必修問題の解説

1 × 誤り。ダイズの生育には弱酸性～中性の土壌が好適である。ラッカセイの生育にも弱酸性～中性の土壌が適しているが，通常は，莢着きをよくして多収とするために石灰の施用を行う。なお，両作物とも，排水・保水性に富む肥沃な土壌が好適である。ダイズは中国の北部または南部が起源地の温帯作物で，マメ類の中では比較的適温範囲が広い。ラッカセイは，ボリビア南部のアンデス東山麓地域が起源地の熱帯作物で，高温，多照を好む。

2 ◎ 正しい。アズキの品種は，感温性が強く初夏に播いて晩夏に収穫する夏アズキ型，感光性が強く初夏に播き秋に収穫する秋アズキ型，および中間型がある。北海道では主に夏アズキ型，西日本では夏・秋の両型が栽培される。北海道の主力品種には，エリモショウズ，きたのおとめ，きたろまん，とよみ大納言などがある。京都・兵庫の丹波大納言，岡山在来の備中白小豆なども有名品種。

3 × 誤り。インゲンマメは，感温性および感光性について品種間差がみられ（特に感温性には大きな差がある），我が国での１品種の栽培適応地域は広いとはいえない（地域適応性が異なる）。また，マメ類の中では酸性土壌に最も弱いので，酸性土壌では酸度矯正をする必要がある（好適pHは６～6.5）。

4 × 誤り。ラッカセイは，受精後５日目から子房が伸び，先端が地下に伸長し，肥大成長して莢が形成される。ラッカセイの結莢率は，一般に全開花数の10％程度である。また，ラッカセイは耐乾性が強いが，灌漑による増収が大きい。

5 × 誤り。ラッカセイ，アズキ，ダイズを比較すると，脂質の一般的な含有率は，ダイズが約20％，ラッカセイが約50％，アズキが２％程度である。一方，炭水化物の含有率は，高いものから順に，アズキ（約60％），ダイズ（約30％），ラッカセイ（約20％）となる。

正答 2

POINT

重要ポイント1 マメ類（マメ科作物）の分類

マメ類は種類が非常に多いが，主なものを以下に示す。
①ダイズ（漢字：大豆，英名：soybean，学名：*Glycine max*）。
②インゲンマメ（漢字：隠元豆，英名：kidney bean，学名：*Phaseolus vulgaris*）。
③ベニバナインゲン（漢字：紅花隠元，英名：scarlet runner bean，学名：*Phaseolus coccineus*）。
④ラッカセイ（漢字：落花生，英名：peanut, ground nut，学名：*Arachis hypogaea*）。
⑤アズキ（漢字：小豆，英名：adzuki [azuki] bean，学名：*Vigna angularis*）。
⑥ササゲ（漢字：豇豆，大角豆，英名：cowpea，学名：*Vigna unguiculata*）。
⑦ソラマメ（漢字：蚕豆，空豆，英名：broad bean，学名：*Vicia faba*）。
⑧エンドウ（漢字：豌豆，英名：pea，学名：*Pisum sativum*）。
⑨ヒヨコマメ（漢字：雛豆，英名：chickpea，学名：*Cicer arientinum*）。
⑩キマメ（漢字：樹豆，英名：pigeon pea，学名：*Cajanus cajan*）。
⑪ヒラマメ（＝レンズマメ，漢字：扁豆，英名：lentil，学名：*Lens culinaris*）。
⑫ナタマメ（漢字：刀豆，英名：sword bean，学名：*Canavalia gladiata*）。
⑬シカクマメ(漢字:四角豆，英名:winged bean，学名:*Psophocarpus tetragonolobus*)。
⑭リョクトウ（＝やえなり，漢字：緑豆，英名：mung bean,green gram，学名：*Vigna radiata*）。

重要ポイント2 マメ類の生態・栄養

マメ類の最大の特徴は，根系に**根粒菌**（根粒バクテリア，rhizobium）が付着し，土壌空気中の窒素（N_2）をニトロゲナーゼでウレイド化合物（アラントイン，アラントイン酸）に変換し（**空中窒素固定**），宿主のマメ類に供給してマメ類も根粒菌に光合成産物を与えるという，共生関係である（ただし，マメ類のある種に着くのは特定の根粒菌に限られる［種特異性］）。したがって，窒素分の少ない土壌での生育が可能で，ダイズでは植物体が得た窒素全体に対する窒素固定の寄与率は50～90％に及ぶ。また，食用にするのは主に子実（種子）であるが，莢，葉，根などを食用にするものもある。穀類と異なって子実には胚乳がない（**無胚乳種子**）が，タンパク質含量が高く，ミネラルやビタミン類も多く含む。栄養素含量は作物種により大きく異なり，たとえば，タンパク質含量は多くの種で20％程度であるが，ダイズは35％程度もあり，脂質含量も一般に数％のところ，ラッカセイは50％程度もある。さらに，穀類と比べて子実の剥皮や精白などの加工がしやすい。

重要ポイント3 マメ類の花器・種子

マメ類の花器は共通の**蝶形花**（チョウが羽を広げたような形）で，昆虫の進化と相まって，虫媒花としての花の構造と機能がよく発達している。子房は1室で，胚珠が2列に並んでつく。成熟すると莢を形成し，莢果（豆果ともいう）となる。莢は葉的な器官である心皮の両縁が合着したものである。子房は通常，地上で成熟するが，ラッカセイでは受粉後に萼と花冠の間の子房柄が特異的に長さ10cm前後まで伸長して地中に入り，先端の子房が肥大して莢果を形成する。また，マメ類の種子組織は，種皮，胚乳の残存部および胚からなり，胚はさらに子葉，幼芽，胚軸および幼根の各部にわかれる。種子は穀類とは異なり，いわゆる「無胚乳種子」で，子葉に発芽と幼植物の成長に必要な養分が蓄えられている。種皮は，外側から柵状細胞層，時計皿細胞および海綿状組織からなり，最外層はクチクラで覆われ，硬く水分を吸収しにくい「**硬実種子**」を持つものが多い。

重要ポイント4 マメ類の成長と物質生産

イネ科穀類では，成長点に花芽が形成されると，それ以後の新たな栄養成長（葉の分化や分げつの発生）は終了し，栄養成長と生殖成長とが明確に二分されている。しかし，マメ類では，花芽形成・開花が進んでも，ある程度の期間は栄養成長が並行して進行する（栄養成長と生殖成長の重なり）ので，開花初期に天候不純により受精障害・落花などの不都合があっても，それ以降にある程度生産のマイナス分を取り戻すことができる。

実戦問題

No.1　次は，豆類（アズキ，インゲン，エンドウ，ササゲ，ラッカセイ）について，A～Eは生産に関して，ア～オは利用に関して，それぞれ説明したものである（順不同）。A～Eとア～オの豆類の名称が合致するものの組合せとして最も妥当なのはどれか。　【国家一般職・平成25年度】

A　我が国では明治時代以降に普及した。品種は極めて多く，子実用と若莢用に分けられる。我が国では，子実用の主産地は北海道で，若莢用は千葉県，北海道，鹿児島県で生産量が多い。

B　比較的冷涼な気候に適していることから，乾燥子実は，カナダやロシアでの生産量が多く，我が国での生産量は少ない。野菜としては，我が国では，鹿児島県や和歌山県で生産量が多い。

C　我が国では古くから栽培されてきた作物である。我が国の主産地は，十勝地方を中心とした北海道であり，生産量の約９割を占めている。豊凶の差が著しい。

D　中国が世界で最も生産量が多く，次いでインドが多い。我が国では，明治時代に普及が始まり，千葉県や茨城県で生産量が多い。

E　世界では，ナイジェリアやニジェールなどの西アフリカでの生産量が多い。我が国では，関東以西の暖地で主に栽培されるが，生産量は極めて少ない。

ア　脂質は大豆より多く含まれている。大粒種は煎豆などの菓子用に，小粒種は世界的には搾油原料として利用されている。

イ　大豆に比べて，タンパク質や脂質が少なく，炭水化物が多い。製餡（あん）材料に適している。また，赤飯，和菓子，甘納豆などの原材料にも利用されている。

ウ　豆類のなかでは，炭水化物が多く，タンパク質や脂質は少ない。子実は白餡，煮豆の原料として利用されている。若莢はタンパク質，ビタミン類を多く含み，野菜としての栄養価が高い。

エ　完熟子実は，主食的に用いられることは少なく，煮豆，煎豆，餡，菓子原料として利用されている。完熟・硬化する前の生豆は，グリーンピースとして缶詰用などに加工されている。

オ　我が国では，煮豆，餡の原料として利用されている。また，煮崩れしないため，赤飯に混ぜる豆としても用いられている。世界的には，豆をひき割りして煮食している地域がある。

1　A—ア
2　B—イ
3　C—ウ
4　D—エ
5　E—オ

No.2 **ダイズに関する記述として最も妥当なのはどれか。**

【国家一般職・平成29年度】

1 ダイズは，根粒菌との共生によって大気中の窒素を固定する能力を持つ。このため，基肥成分のうち，窒素成分の施用量を抑えることができる。

2 ダイズの種子は胚乳種子である。出芽後，子葉に続いて初生葉が単葉で互生して展開し，その後，複葉が対生して展開する。複葉は，通常3枚の小葉から成る。

3 ダイズの主な管理作業の一つに中耕培土があり，開花後の莢肥大開始期頃に実施する。この作業によって，病害虫防除や倒伏防止の効果が期待できる。

4 ダイズの主要害虫であるハスモンヨトウの幼虫は，主に莢や子実を食害する。防除効果を高めるためには，幼虫が6齢幼虫に成長してから薬剤防除を実施するのがよい。

5 我が国におけるダイズの収穫作業では，自脱型コンバインによる機械化が普及している。作業効率を高めるために，最下着莢位置が低い品種の開発が進められている。

No.3 **次は，ラッカセイに関する記述であるが，A～Eに当てはまるものの組合せとして最も妥当なのはどれか。** 【国家一般職・平成27年度】

「ラッカセイの原産地は，[A]と考えられている。地上で受精すると，子房基部の子房柄が伸長し，子房を地中3～6cmの深さにまで押し込む。子房は地中で莢となり，内部に[B]個の種子を形成する。

ラッカセイは，粒の大きさや草型などによって，バージニアタイプ，バレンシアタイプ，スパニッシュタイプなどに分類される。

バージニアタイプは大粒種であり，[C]をはじめ，我が国で栽培されている代表的品種は，このタイプに属している。

ラッカセイの主な生産地は，世界的には，[D]などであり，国内的には[E]である。」

	A	B	C	D	E
1	中国東北部	2～4	白油7-3	モロッコ，マリ	関東地方
2	中国東北部	6～7	千葉半立	インド，中国	関東地方
3	北アフリカ	2～4	千葉半立	モロッコ，マリ	東海地方
4	南アメリカ	2～4	千葉半立	インド，中国	関東地方
5	南アメリカ	6～7	白油7-3	インド，中国	東海地方

実戦問題の解説

No.1 の解説　マメ類の生産・用途

→問題はP.92

A：インゲン（マメ）についての説明である。インゲンは通称で，学術的には「**インゲンマメ**」が正式名称。品種数は世界中で14,000以上，我が国でも200以上あるとされる。完熟種子を利用する代表的なものに金時類（大正金時，福勝，北海金時，福寿金時），白金時類（福白金時），手亡類（姫手亡，雪手亡，絹てぼう），うずら類（福うずら，福粒中長），大福類（洞爺大福），虎豆類（福虎豆）がある。また，花豆類（大白花，白花っ娘，紫花豆）は異種のベニバナインゲンであるが，通常はインゲンマメに含めて扱う。若莢を野菜として利用する「さやいんげん」品種にはケンタッキー・ワンダー，スーパーステイヤー，モロッコ，サーベルなどがある。夏作の１年生草本。本葉は小葉が３枚から成る複葉（三出複葉）で，草型は蔓性，半蔓性，叢生，矮性に分類される。莢には５～10個の子実が入る。

B：エンドウについての説明である。１，２年生草本。低温要求性の高い品種は秋播き栽培に，要求性の低い品種は春夏播き栽培に用いられる。播種された種子は発芽後，地中に子葉を留める「地下子葉型」植物である。矮性から蔓性の品種まで草型の変異が大きい。本葉は羽状複葉（１～３対の小葉から成る）で，先端部は分岐した巻きひげとなり，支柱に巻きついてよじ登る。莢の硬さで「実エンドウ」と「莢エンドウ」に分けるが交雑種も多い。我が国では莢エンドウを絹莢品種と大莢品種に分ける。近年，甘味の強い実エンドウで，莢ごと食べる「スナップエンドウ」が増えつつある。完熟種子用に札幌青手無，改良青手無，大緑，豊緑，北海赤花，アラスカ（缶詰用），莢エンドウ用に三十日絹莢，鈴成砂糖，仏国大莢などがある。

C：アズキについての説明である。ササゲ属（*Vigna*）の１年生草本。本葉は小葉が３枚から成る複葉（三出複葉）であるが，種子の発芽後に子葉が地中に留まる「地下子葉型」である。アズキ品種は成熟の時期，種子の大きさ，種皮の色，葉の形などで分類される。感温性の強い夏アズキ型，感光性の強い秋アズキ型および中間型がある。主要産地の北海道ではエリモショウズ，きたのおとめ，きたろまん，ホッカイシロショウズ，京都・兵庫では丹波大納言，岡山では備中白小豆などが知られている。

D：ラッカセイについての説明である。本来熱帯性で，高温・多照・適度の雨量が揃うと多収になる。１年生草本である。種子は地中で発芽すると下胚軸が伸長し，子葉が地表面に出たところ展開するので，地下子葉型と地上子葉型の中間型である。本葉は羽状複葉（２対の４小葉から成る）で，主茎は直立するが，分枝は地面を這って伸びる。草姿は立性と匍匐性，中間型（半立性）がある。我が国では関東地方での生産量が圧倒的に多いが，マルチ栽培と極早生品種が開発され，青森県や岩手県でも栽培が可能となった。千葉半立，ワセダイリュウ，タチマサリ，ナカテユタカ，郷の香，ふくまさり，おおまさり，Qなっつ，などの品種が知られている。

E：ササゲについての説明である。熱帯性の１年生草本。種子は形態がアズキに似るが，発芽後に子葉が地上で展開する「地上子葉型」植物である。本葉は小葉が３枚から成る複葉（三出複葉）で，互生する。高温を好み，乾燥に強く，貧栄養土壌でも育つので，中央～西アフリカで広く栽培されている。日本では関東以南で栽培される。土壌酸性にも耐えるが，アルカリ土壌には弱い。感光性の早生品種は，栽培期間が約60日と短い。中国やタイからの輸入が多い。草型は立性（矮性。30～40cm）または蔓性（２～４m）である。

ア：ラッカセイについての説明である。乾燥種子の栄養成分は，タンパク質約25%，炭水化物約20%，脂質約50%で，他のマメ類と比べて脂質含量の高いのが目立つ。また，ビタミンE，ナイアシン含量も高い。

イ：アズキについての説明である。乾燥種子の栄養成分は，タンパク質約20%，炭水化物約60%，脂質約２%である。国産ダイズのタンパク質約35%，炭水化物約30%，脂質約20%と比べると，タンパク質や脂質が少なく，炭水化物が多い。

ウ：インゲン（マメ）についての説明である。完熟種子を利用する主要品種群の用途：金時類（赤紫色の大粒種で，煮豆，甘納豆，餡），白金時類（白色の大粒種で，甘納豆，餡，煮豆），手亡類（白色の小粒種で，白餡），うずら類（淡褐色地に赤紫の斑紋がある大粒種で，煮豆），大福類（白色・扁平腎臓形の極大粒種で，甘納豆，餡，煮豆），虎豆類（白地に臍周辺が黄褐地で赤紫斑をもつ中粒種で，高級煮豆），花豆類（白色または紫色の扁平・腎臓型の大粒種で，煮豆，餡，納豆）。乾燥種子の栄養成分は，タンパク質約20%，炭水化物約60%，脂質約２%である。若莢はタンパク質，ビタミンA，B_1，B_2，Cを多く含む。

エ：エンドウについての説明である。乾燥種子の栄養成分は，タンパク質約22%，炭水化物約60%，脂質約２%である。新芽を摘んで食用とする「豆苗（とうみょう）」は，ビタミンAを始め各種のビタミン類を豊富に含んでいる。茎葉部は飼料として利用される。

オ：ササゲについての説明である。乾燥種子の栄養成分は，タンパク質約25%，炭水化物約55%，脂質約２%で，葉酸などのビタミンやカリウムなどのミネラルも多い。熱帯アフリカでは乾燥種子は貴重なタンパク源であり，また，新鮮な葉や乾燥した葉，未熟な種子や莢も野菜として消費される。我が国では煮豆，甘納豆，餡などにするが，煮たときに種皮が破れにくく，関東地方では赤飯に使われている。

以上から，A―ウ，B―エ，C―イ，D―ア，E―オ，の組合せが正しく，正答は**5**である。

No.2 の解説　ダイズ

→問題はP.93

1 ◎ 正しい。ダイズの窒素栄養は，土壌から吸収する硝酸態窒素と根粒菌（rhizobium）による窒素固定で成り立っているが，窒素固定の寄与率は50～90％と高い。窒素固定には約10℃以上が必要であるが，約30℃までは温度が上昇するにつれて固定量も増加する。

2 × 誤り。ダイズの種子は無胚乳種子（種子重の約80％を占める子葉が必要な栄養分を保有）である。子葉に続いて初生葉（primary leaf）が単葉で対生して展開し，その後，複葉が互生して展開する（葉序は2/5：茎を真上または真下からみたとき，葉が144°［360°×2/5］の角度でらせん状に着生した状態）。複葉（trifoliate）は通常３枚の小葉から成る。

3 × 誤り。ダイズの主な管理作業の一つに中耕培土があり，開花期前に１～３回実施する。この作業によって，雑草防除，不定根発生促進による吸水力強化と倒伏防止，根粒着生促進，などの効果が期待できる。

4 × 誤り。ダイズの主要害虫であるハスモンヨトウの幼虫は，主に葉を食害する。防除効果を高めるためには，幼虫が若齢（１～２齢）のうちに薬剤防除を実施する（３～６齢の中～老齢幼虫では薬剤が効かない）。主として関東中部以南の温暖な地域で多発し，幅広い作物種に被害を与える。

5 × 誤り。我が国におけるダイズの収穫作業では，汎用（普通型）コンバインによる機械化が普及している。作業効率を高めるために，最下層莢位置が高い品種の開発が進められているが，これに併せて裂莢，倒伏，登熟不均一の少ない形質の導入も考慮されている。

No.3 の解説　ラッカセイ

→問題はP.93

A：「南アメリカ」が当てはまる。ラッカセイの原産地は南アメリカのボリビア南部アンデス山脈東山麓地域と考えられている。ペルー，ブラジル，パラグアイ，ウルグアイ，アルゼンチンなどの周辺国が２次中心となり，種々の変種が形成された。16世紀にポルトガル人がアフリカ，スペインに伝えた。我が国には中国から入り（1706年），南京豆と呼ばれたが広がらず，明治初期に導入されたものが現在の基礎となった。

B：「２～４」が当てはまる。受精後に子房が土の中に侵入しないと，子房は肥大して莢を形成することができずに枯死する。結莢率は全開花数の10％程度である。莢の内部には２～４個の種子ができる。**バージニアタイプ**は立性から匍匐（ほふく）性の品種があり，晩生で莢殻は厚く，種子は大粒で１莢２粒，**スパニッシュタイプ**と**バレンシアタイプ**の品種は立性の早生で，種子は小粒で１莢殻にスパニッシュタイプは２粒，バレンシアタイプは３～５粒入る。我が国では主に大粒のバージニアタイプが作られてきた。

C：「千葉半立」が当てはまる。1953年に育成のバージニアタイプで，良食味で収量が安定しており，現在も千葉県で栽培面積の65％を占める優良品種。その後，バージニアタイプとスパニッシュタイプの交雑を通じてワセダイリュウ（1972年），タチマサリ（1974年），ナカテユタカ（1979年）などが育成された。また，2007年にはナカテユタカを母，Jenkins Jumboを父とする極大粒のゆで豆用品種おおまさりが育成されている。千葉半立を母とするナカテユタカも有名な品種で，千葉半立に次いで栽培が多い。千葉半立を含め，ほとんどのラッカセイ品種が千葉県農林総合研究センター（旧農業試験場）で育成されている。

D：「インド，中国」が当てはまる。ラッカセイの主な生産地は世界的には，中国（1,710万t）とインド（918万t）であり，これにアメリカ（328万t），ナイジェリア（242万t），スーダン（164万t），ミャンマー（158万t）などが続く（2017年）。

E：「関東地方」が当てはまる。我が国の生産量は15,600tであり，千葉（13,000t），茨城（1,530t），神奈川（281t），栃木（116t），埼玉（44t），群馬（35t），東京（4t）の関東7都県で国内生産のほとんど（96.2％）を占めている（2018年）。

以上から，正答は**4**である。

正答 **No.1=5　No.2=1　No.3=4**

イモ類

必修問題

イモ類の起源や栽培などに関する記述として最も妥当なのはどれか。

【国家総合職・令和元年度】

1 ジャガイモは，ナス科ナス属の作物で，南米アンデスの山岳地帯が原産地と考えられている。栽培には冷涼な気候が適しており，生育適温は18℃前後である。気温が高いとイモの肥大が悪くなり，30℃以上ではイモの形成が妨げられる。

2 サツマイモは，ヒルガオ科サツマイモ属の作物で，インド東部からインドシナ半島にかけての東南アジアが起源とされている。栽培では，カリウムが多いと茎葉が繁茂し過ぎてイモの形成が抑制され，「つるぼけ」になり減収する。

3 サトイモは，サトイモ科サトイモ属の作物で，メキシコから南米北部にかけての地域で栽培化されたと考えられている。生育適温は25～30℃で，葉や茎に多量の水分を蓄えるため土壌の乾燥に強い。

4 ナガイモは，ヤマノイモ科ヤマノイモ属の作物で，中央アメリカ原産とされている。栽培は，通常，種子を播いてから１～２年間栽培してできた子イモを種イモとして使用するが，切断したイモからでも不定芽が出ることから，大きなイモを分割して種イモにする場合もある。

5 キャッサバは，トウダイグサ科の作物で，中国原産とされている。品種や系統は少なく，イモに含まれる有毒な青酸配糖体の量が多い苦味種と少ない甘味種に分けられる。一般に甘味種のほうが多収でデンプン生産に適する。

必修問題の解説

1 ◎ 正しい。ジャガイモは，原産地から推定されるように，熱帯地域でも高地（山岳地）ならば栽培が可能である。ペルー南部では，約7000年前に栽培が始まっていたと推定されている。

2 × 誤り。サツマイモは，中米から南米北部で約5000年前に栽培化されたとされる。栽培では，窒素が多いと「つるぼけ」になり，減収する。カリウムが多いと光合成が促進されてイモの肥大もよくなり，収量が向上する。

3 × 誤り。サトイモを含むタロイモの原産地はインドが中心である。サトイモ（*Colocasia esculenta*）は古代に中国および我が国（縄文時代後期）に伝播し，そこで選抜されて生じたものと考えられている。高温・多湿を好むが，タロイモの中では最も冷涼地に適応できる。多湿土壌を好み耐水性も強いが，土壌の乾燥には弱い。

4 × 誤り。ナガイモは中国原産とされている。栽培は通常，種イモを植え付ける。種イモは，大きいイモを分割したり（どこからでも萌芽する），‘むかご’や小さいイモを１年間養成して用いる。出芽後，成長した茎の数に等しい数のイモが形成される。

5 × 誤り。キャッサバはブラジル～ペルー～ボリビアにわたる地域で，7000～9000年前に栽培化されたとする説が有力である。ペルーにある国際熱帯農業研究センター（Centro Internacional de Agricultura Tropical［CIAT］），ナイジェリアにある国際熱帯農業研究所（International Institute of Tropical Agriculture ［IITA］），ブラジルのカンピナス農業試験場（Instituto Agronomique de Campinas［IAC］）などには膨大な数のキャッサバ品種や系統があり，それらを基に多くの改良品種が作られている。一般に**苦味種**のほうが**甘味種**よりも多収でデンプン生産に適する。

正答 1

重要ポイント 1　イモ類とは

イモ類は地下に栄養器官（イモ）を形成し，炭水化物を中心とした養分を貯蔵する作物の総称である。炭水化物は主にグルコースの重合体であるデンプンであるが，マンノースの重合体であるグルコマンナン（例：コンニャク）やフラクトースの重合体であるイヌリン（例：キクイモ）の場合もある。形態学的には**塊根**（tuberous root），**塊茎**（tuber），**球茎**（corm），**担根体**（tuber, rhizophore）とさまざまで，イモ類自体の植物分類学的位置もさまざまである。

重要ポイント 2　イモ類の生産特性

イモ類では，生育のかなり早い段階から貯蔵器官の発育が始まり，その後，植物体が成熟するまでほぼ継続的に光合成産物が転流・蓄積する。そのために，穀類やマメ類に比べて**収穫指数**（Harvest index：植物体全乾物重［生物学的収量］に対する収穫部位［経済的収量］の割合）が高い（穀類やマメ類は0.35～0.5，イモ類は0.5～0.8）。

重要ポイント 3　主要なイモ類

①**ジャガイモ**（漢字：馬鈴薯，英名：potato，Irish potato，学名：*Solanum tuberosum*）はナス科（Solanaceae）ナス属（*Solanum*）の多年生草本。ペルーとボリビア国境にあるチチカカ湖周辺部で栽培化されたとされる。世界各地の冷涼な気候に適応し，世界では年間3.68億t，日本では226万t（春植え221.5万t，秋植え4.5万t，北海道産が77％を占める［2018年］）と，現在，イモ類で最も多く生産されている。ほとんどが4倍体（$2n=4x=48$）品種で，塊茎にデンプンを15～20％（生イモ）蓄える。多くはないが，種が異なる2倍体や3倍体の栽培もある。農林水産省では，「バレイショ」と呼んでいる。

②**サツマイモ**（漢字：甘藷，薩摩芋，英名：sweet potato，学名：*Ipomoea batatas*）はヒルガオ科（Convolvulaceae）サツマイモ属（*Ipomoea*）の蔓性多年生草本。野生近縁種の*I. trifida*が起源種で，中米から南米北部で栽培化されたとされ，6倍体（$2n=6x=90$）である。イモ（塊根）にデンプンを主体とする炭水化物を25～30％（生イモ）含み，世界では年間9,195万t，日本では79.65万tの生産がある（2018年）。農林水産省では，「カンショ」と呼んでいる。

③**サトイモ**（漢字：里芋，英名：親イモ用はdasheen，子イモ用はeddoe，学名：*Colocasia esculenta*）は，サトイモ科（Araceae）サトイモ属（*Colocasia*）の多年生草本で，インドに起源するといわれる。親イモ用は2倍体（$2n=2x=28$），子イモ用は3倍体（$2n=3x=42$）である。世界的にはタロイモ（taro）と呼び，湿潤な熱帯・亜熱帯地域に分布する。イモ（塊茎）にデンプンを主体とする炭水化物を15～30％（生イモ）含む。世界では年間1,109万t，日本では14.5万t

の生産がある（2018年）。

サトイモの仲間にはハスイモ（学名：*Colocasia gigantea*，イモは食用とせず，柔らかくえぐ味のない葉柄を野菜［「ずいき」など］として利用。），アメリカサトイモ（英名：yautia，cocoyam，tannia；学名：*Xanthosoma sagittifolium*，サトイモより大型で，熱帯アメリカから太平洋諸島やアフリカに分布），インドクワズイモ（英名：giant taro；学名：*Alocasia macrorrhiza*，東南アジアから太平洋諸島に分布。草丈は3～4mに達し，太く長い茎が可食部），スワンプタロ（英名：［giant］swamp taro；学名：*Cyrtosperma chamissonis*，草丈は2～4m。東南アジアから太平洋諸島に分布。湿地で生育し，球状で大きなイモ［10～15年で40～80kgとなる］をつける）がある。

④**ナガイモ**（漢字：長芋，長薯，薯蕷，英名：Chinese yam；学名：*Dioscorea opposita*）は，ヤマノイモ科（Dioscoreaceae）ヤマノイモ属（*Dioscorea*）の蔓性多年生草本（$2n=14x=140$）で，中国西部高原地帯の原産といわれる。ヤマノイモ属の中では最も低温に適応した種である。イモ（担根体）の形態はさまざまで，長柱形（長薯），短太棒状（徳利薯，杵薯），扁平・扇形（いちょう薯，仏掌薯），球・塊状（大和薯，豊後薯，伊勢薯）がある。日本のナガイモ生産は年間15.7万tである（2018年）。

ナガイモ属のイモ類は世界的にはヤムイモ（yam）と呼ばれ，ナガイモの他には，アジア原産のダイジョ（英名：greater yam, water yam, winged yam；学名：*D. alata*），トゲドコロ（英名：lesser yam, Asiatic yam，学名：*D. esculenta*），ゴヨウドコロ（英名：five-leaved yam，学名：*D. pentaphylla*），アフリカ原産のシロギニアヤム（英名：white Guinea yam，学名：*D. rotundata*），キイロギニアヤム（英名：yellow Guinea yam，学名：*D. cayenensis*），アジアとアフリカで独立に栽培化されたカシュウイモ（英名：aerial yam, bulbil yam，学名：*D. bulbifere*），南アメリカ原産のミツバドコロ（英名：aja，aje，cush-cush，学名：*D. trifida*）などがあり，これらが世界では年間7,260万t生産される（2018年）。デンプンを主体とする炭水化物は15～30％で，磨りおろしたものの粘り気はムチン（糖タンパク質の一種）やガラクタンによる。

⑤**キャッサバ**（漢字：木薯，英名：cassava，学名：*Manihot esculenta*）は，トウダイグサ科（Euphorbiaceae）イモノキ属（*Manihot*）の短年生の熱帯灌木（$2n=2x=36$）で，通常2～3mになる。熱帯・亜熱帯地域で栽培される最も重要なイモ類である。世界では年間2.78億tもの生産がある（2018年）が，日本では統計に記載される程の生産はない。一部の根が肥大してイモ（塊根）となり，デンプンを主体とする炭水化物を35％（生イモ）程度含む。植物体が傷つくと，有害な青酸が遊離するので，イモをすり下ろし水にさらして除去したり，熱を十分に加えて酵素（リナマラーゼ）を失活させたりして利用する。近年人気が高まった「タピオカ」の原料作物である。

⑥**コンニャク**（漢字：蒟蒻，英名：konjak；学名：*Amorphophallus konjac*）は，サトイモ科（Araceae）のコンニャク属（*Amorphophallus*）の単子葉多年生草

本（$2n=2x=26$）で，原産地はインドシナ周辺あるいはインドとされる。イモ（球茎）にグルコマンナンを含み，日本特有の作物で，昔から‘蒟蒻’原料として各地で小規模に栽培・利用されてきた。日本の年間生産量は5.6万t程度で，群馬県産が90％以上を占めている（2018年）。ヒトはグルコマンナンを消化してエネルギーに変えることができないので，近年ではダイエット食品にも位置付けられている。強日射を嫌う半陰生作物で，生産力は高くない（約2.8t/ha）。工芸作物に位置づけられてもいる。

重要ポイント 4 ジャガイモ・サツマイモ

イモ類のうち，ジャガイモとサツマイモについては，過去に単独での出題もあるので，形態，生理・生態，品種，栽培，利用まで細部にわたっての学習が必要である。

実戦問題

No.1 次のA～Eは，イモ類の挿絵である。イモ類に関する記述の内容およびそれと挿絵の組合せが最も妥当なのはどれか。ただし，挿絵の縮尺は一様ではない。

【国家一般職・平成27年度】

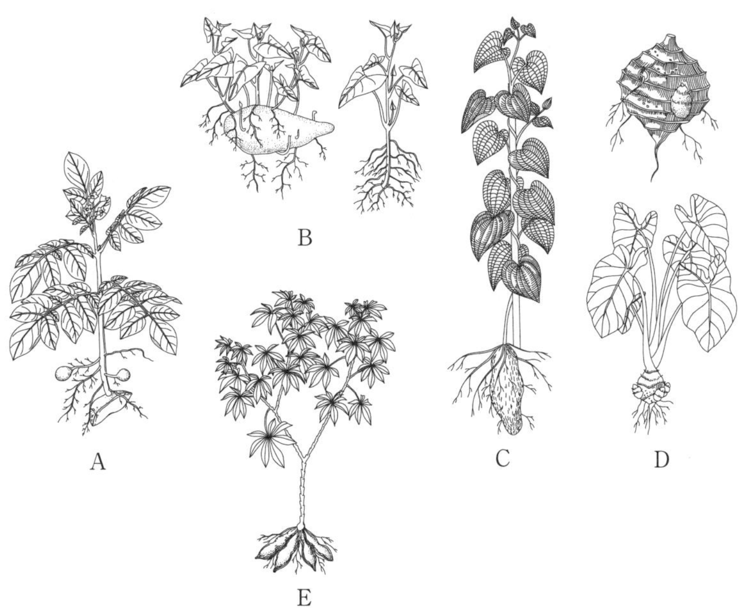

1 Although the vast majority of the world is fed by wheat, corn, and rice, the Irish potato (*Solanum melongena*) ranks fifth following the sweet potato as a major food staple. Irish potato cultivation involves propagation by either seed or seed potatoes. Cultivation by seed potatoes is a method of asexual reproduction that produces plants genetically identical to the parent and maintains the desired traits within a cultivar.------ (A)

2 Like the Irish potato, the sweet potato (*Ipomoea batatas*) is propagated vegetatively. Slips[*1], produced by the tuberous root in specially prepared beds, are transplanted into the field. In addition, sweet potatoes can also be propagated by vine cuttings. The carotene-rich root is an excellent source of vitamin A and is a good source of vitamin C.------ (B)

3 Taro (*Colocasia esculenta*) is believed to have originated in Southeast Asia and spread both east and west during prehistoric times. Today it is cultivated in the dry tropics, where it survives even in the drought years. Although not a major crop in the world market, taro remains locally important. The corms[*2] of taro contain silica, which cause intense burning or stinging in the mouth and throat if eaten uncooked.------ (C)

4 Yams (***Dioscorea spp.***) are mainly tropical tuber crops, that are important staples in many areas of the world, especially West Africa, Southeast Asia, the Pacific Islands, and the Caribbean. Tubers of these bushes can vary from small ones the size of potatoes to massive ones often weighing over 40 kilograms. In many parts of Africa and Asia, yams are important in all aspects of the culture.------ (D)

5 Cassava (***Manihot esculenta***) is an important root crop in the subarctic region. Plants are propagated by seed potatoes that have axillary buds. It grows well in both arid and wet climates and produces storage roots in poor soil. Varieties are classified as either sweet or bitter, based on the concentration of tannins in the roots.------ (E)

＊1 Adventitious shoots develop from the tuberous root

＊2 Modified underground stems found in monocots. Unlike bulbs, corms store food reserves in the stem, not in the leaves.

No.2 **ジャガイモに関する次の記述のうち正しいのはどれか。**

【地方上級・平成27年度】

1 収穫部位である塊茎には目と呼ばれる窪みが20個程度あり，頂部よりも基部に多く分布する。

2 塊茎の肥大には気温が関係しており，25℃以上では肥大が促進される。

3 塊茎は，休眠性を持たないので，収穫直後から低温下で貯蔵する必要がある。

4 土壌酸性に弱いので，土壌のpHを高く維持して栽培する必要がある。

5 土壌乾燥に弱く，また，多湿条件下では疫病などの病害が多くなる。

実戦問題の解説

No.1 の解説　イモ類に関する英語設問

→問題はP.103

挿絵に該当するものは以下のとおり。

A：ジャガイモ（Irish potato）。
B：サツマイモ（sweet potato）。
C：ヤムイモ（yam［ナガイモの仲間］）。
D：タロイモ（taro［タロまたはサトイモ］）。
E：キャッサバ（cassava）。

1 × 誤り。Irish potatoはジャガイモのことで，単にpotatoと記述することが多い。学名は*Solanum tuberosum*。育種の場でない限り，繁殖には種イモ(seed potato)を用い（栄養繁殖），種子（seed）は用いない。挿絵は正しい。

2 ◎ 正しい。サツマイモはジャガイモと同様に栄養繁殖を行い，温床（beds）に入れた塊根（tuberous root）から生じた不定茎（slips）を圃場（field）へ植え付ける。さらに，蔓を切断したもの（苗）からでも繁殖できる。

3 × 誤り。*C. esculenta*は乾燥熱帯（dry tropics）ではなく，湿潤熱帯（wet tropics）で栽培され，干ばつの年（drought years）には生き残れない。球茎（corm）にはシュウ酸石灰が含まれるので，調理しないで食べると口の中や喉がぴりぴりしたり刺すような痛みを感じる。挿絵はヤムイモのもの。

4 × 誤り。ヤムイモに関する記述内容は正しいが，挿絵はタロイモのもの。

5 × 誤り。キャッサバは亜北極（subarctic）ではなく，熱帯・亜熱帯地域で栽培される。繁殖は，種イモ（seed potato）ではなく，挿し木（節を有する20～40cmの成熟した茎）で行う。甘味種（sweet）と苦味種（bitter）があるが，苦味種は植物体のタンニン（tannins）ではなく，青酸配糖体の濃度が高い。挿絵は正しい。

No.2 の解説　ジャガイモ

→問題はP.105

1 × 誤り。ジャガイモの塊茎（イモ）は，**ストロン**（地下茎）の先端に12～20個の節・節間・芽のセット（ファイトマー）が詰まって肥大したもので，「目」と呼ばれる窪みは12～20個あり，基部よりも頂部に多く分布する。

2 × 誤り。塊茎の肥大は温度の影響を強く受ける。15～20℃が適温で，25℃以上では肥大が抑制される。

3 × 誤り。塊茎は休眠性を持ち，形成後は休眠に入るが，休眠期間は品種によって異なる。また，同一品種でも未熟な塊茎や低温で貯蔵すると休眠期間は長くなる。収穫した塊茎は長時間日光に当たると緑化して有害な**ソラニン**や**チャコニン**が形成されるので，その日のうちに日陰の涼しい場所で保管（仮貯蔵）し，収穫作業中に生じた塊茎の損傷個所をコルク化させ，水分の損失や病害の侵入を防ぐ。長期貯蔵のためには，低温貯蔵庫で保存する（温度2℃，湿度95％程度に保つと収穫翌年の6月頃まで貯蔵可能）。

4 × 誤り。土壌酸性に強い（pH5.0～5.3がよいとされる）が，通気や透水が良好な土壌が好ましいので耕起は深めに行い，砕土も十分に行うことが肝要である。地下水位が高い場合は高畝にする。

5 ◎ 正しい。疫病は，一部に発生すると数日で全圃場に広がって大被害を与える重要な糸状菌病であり，冷涼で曇天多雨の年や梅雨期に発生が多い。アイルランドの大飢饉（1840年代）は疫病によるものであった。

正答　No.1＝2　No.2＝5

工芸作物

必修問題

嗜好作物，繊維作物，糖料作物に関する記述として最も妥当なのはどれか。

【国家一般職・令和元年度】

1 チャの栽培で，やや深く枝を刈り込んで摘採面を下げる仕立て作業をせん枝という。また，覆下栽培は摘採約20日前から遮光する栽培法で，茶葉のテアニンを蓄積させる効果がある。

2 タバコは，嫌光性種子のため覆土が薄いと発芽率が低下する。また，バーレー種では，収穫した葉に徐々に熱を加えて化学変化を起こさせる乾燥法が行われる。

3 イグサの茎は退化して短く，長く伸びた葉鞘が畳表の材料として利用される。また，特殊な粘土を溶かした水に収穫したイグサを浸す泥染めは，色や光沢をよくし，乾燥を防ぐ目的で行われる。

4 サトウキビはイネ科の多年生草本で，原産地は南アメリカ北部とされる。また，我が国では，茎のショ糖濃度が春から夏にかけて気温の上昇とともに増加するので，夏が収穫期となる。

5 テンサイはダイコンと同じアブラナ科に属する作物で，我が国には明治時代初期に導入された。製糖の原料としては，葉柄基部の短縮茎が肥大した球茎を利用する。

必修問題の解説

1 ◎ 正しい。**覆下栽培**では，旨味成分である**テアニン**（アミノ酸の一種）が増え，渋味成分の**カテキン**（タンニンの一種）が減る。

2 × 誤り。タバコの種子は，**光発芽種子**（好光性種子）である。熱風ないし温風で約1週間かけて乾燥するのは，黄色種。バーレー種は3週間～1か月かけて自然乾燥する。

3 × 誤り。イグサの葉は退化して短く，植物体下部に約5枚が重なって鞘状に地下茎を包む。長く伸びたものは花茎（地上茎）で畳表やゴザの材料となる。

4 × 誤り。サトウキビの原産地は，ニューギニア，インドおよびアフリカとされる（種により異なる）。我が国では，茎のショ糖濃度が高まる1～3月にかけて収穫を行う。

5 × 誤り。テンサイは，ホウレンソウと同じヒユ科に属し，明治中期～昭和初期（1880～1930年頃）に導入された。製糖の原料となるのは肥大した根部で，その容姿から砂糖大根とも呼ばれる。

正答 1

重要ポイント 1 工芸作物（資源作物）の特徴

工芸作物は，①種類が極めて多く利用される部位もさまざまである，②食料に比べ一般に貯蔵や輸送が容易なので，地価と労賃の安い遠隔地で栽培が盛んである，③品質を非常に重視する，④商品作物・換金作物としての性格が強い，⑤利用部位を加工するための工場が必要である，⑥化学合成品との競合が大きい，などの特徴を有する。

重要ポイント 2 工芸作物の分類

工芸作物の分類は，用途によって行うのが普通であるが，作物によっては用途が多岐にわたるものもある。

①**繊維作物**：（１）繊維の存在部位により，表面（ワタ，カポック），靭皮（アマ，タイマ，ジュート，コウゾ，ミツマタ）および組織（マニラアサ，サイザル）繊維作物，（２）用途により，紡織用（ワタ，アマ，タイマ），索綱用（ジュート，サイザル，ケナフ），製紙用（コウゾ，ミツマタ，ガンピ），組編用（イグサ，シチトウイ，パナマソウ，コリヤナギ，トウ），ブラシ用（ココヤシ，シュロ，ヘチマ，チーゼル，ホウキモロコシ）および充填用（カポック，トウワタ）繊維作物に分けられる。

②**油料作物**：（１）油 ［乾性油（飽和脂肪酸を多く含み，空気に触れると飽和度が高まって粘度を増し，やがて固まる（アマ，エゴマ，タイマ，ナンヨウアブラギリ，ベニバナ，ヒマワリ），不乾性油（固まらない；オリーブ，ラッカセイ，ヒマ，チャ，ツバキ），および半乾性油（中間的な性質；ワタ，トウモロコシ，ゴマ，ナタネ，ダイズ）］，（２）脂肪（ココヤシ，アブラヤシ，カカオ），および（３）蠟（ろう）（脂肪酸と高級アルコールのエステル；ハゼノキ，ヤシ類）を利用する。

③**嗜好料作物**：刺激性ないし麻酔性のアルカロイドや特有の芳香・香味成分が含まれ，喫煙，咀嚼，飲料用として精神の鎮静化や刺激のために利用する（チャ，コーヒー，カカオ，マテチャ，ホップ，タバコ）。

④**香辛料作物**：食料や飲料に好ましい香りや辛味をつけ，食欲増進を図るもので，代謝促進や殺菌効果が期待されるものもある（ショウガ，ウコン，ワサビ，シナモン，チョウジ，トウガラシ，コショウ，サンショウ，シロガラシ，バジル，ハッカ，ゲッケイジュ）。

⑤**芳香油料作物**：揮発性の芳香油（精油）を含み，香水や石鹸などの香り付けに利用する（ダマスクバラ，ラベンダー，ライム，ベルガモット，バニラ，ペラルゴニウム，レモングラス）。

⑥**タンニン料作物**：含まれるタンニン（ポリフェノールの一種）がタンパク質を凝固させる性質により獣皮を鞣（なめ）したり，難溶性沈殿を作る性質によりインク製造などに用いる（カシワ，アメリカヒルギ，ミミセンナ，ヨーロッパグリ，カキ）。

⑦**染料作物**：含まれる特有の色素により，布，食品，その他物品に色彩を与えるた

めに利用する（ベニノキ，サフラン，ベニバナ，ブラジルボク，アイ，セイヨウアカネ）。

⑧**薬用作物**：病気や怪我の治療や予防のための医薬（生薬，漢方薬）に用いる（チョウセンニンジン，ダイオウ，オウレン，センブリ，キナ，コカ，ジキタリス，ジョチュウギク，ケシ，ハトムギ）。

⑨**糖料作物**：砂糖や液糖の製造用で，甘味源にはショ糖が主に利用される（サトウキビ，テンサイ，サトウモロコシ，サトウカエデ，ステビア）。

⑩**デンプン・糊料作物**：デンプン，アラバン，マンナンなどの多糖類を利用する（サゴヤシ，キクイモ，コンニャク，トロロアオイ，食用のイモ類・穀類）。

⑪**ゴム・樹脂料作物**：含まれるイソプレノイドや高分子多糖などを利用し，成分の物性により弾性ゴム（パラゴム，グアユール），非弾性ゴム（サポジラ，アラビアゴム，グッタペルカ），および樹脂（ウルシ，コーパル）の原料となる。

●**チャ**（漢字：茶，英名：tea，学名：*Camellia sinensis*）の原産地は中国西南部の雲南周辺域。中国種（var. *sinensis*［var. は変種を示す］：低木性で小葉種とも呼ぶ。わが国の栽培品種は主にこれ）とアッサム種（var. *assamica*：高木性で大葉種とも呼ぶ）に分化している。

世界の茶葉は生産量634万t，栽培面積419万ha，単収1.5t/ha（中国，インド，ケニア，スリランカが主要生産国），我が国は生産量15.3万t，栽培面積3.3万ha，単収4.6t/ha，荒茶生産量3.1万t（静岡，鹿児島，三重，宮崎が主要生産県）である（2018年）。

自家不和合性のため，挿し木などの栄養繁殖で増やす。秋～冬に開花し，果実（中に種子１～３粒）は成熟に１年かかる。茶園の経済栽培期間は30～40年とされる。生育適温は年平均14～16℃で，我が国での経済栽培北限は新潟県村上市と茨城県大子町を結ぶ線とされる。年間降水量1300～1400mm以上，最低気温－12～-11℃以上が必要である。冬期は休眠に入り，春の日平均気温が10℃以上になると覚醒して萌芽が始まり（３～４月），ほぼ５日に１枚の割合で葉が展開する。一番茶の摘採時期は萌芽から約１か月後，二番茶は一番茶摘採から40～50日後，三番茶は二番茶摘採から約40日後である。茶園は機械化が進み，一般に高さ60～80cmに仕立てられ，畝幅1.8 mで単条または千鳥の複条植えとする（1,100～2,200本/10a）。

チャの製品には，葉中のポリフェノール酸化酵素を①収穫後直ちに熱処理で不活化（殺青（さっせい））した不発酵茶（緑茶），②十分に働かせた発酵茶（紅茶，だん茶など），③中途で不活化した半発酵茶（ウーロン［烏龍］茶，包種［プアール］茶などの中国茶）がある。①では煎茶，玉露，碾茶，番茶が蒸し製，玉緑茶が釜炒り製と蒸し製，中国緑茶が釜炒り製である。蒸し－粗揉（そじゅう）－揉捻（じゅうねん）－精揉（せいじゅう）－乾燥の工程を経て荒茶となり，さらに選別－火入（乾燥）－合組（ごうぐみ）を経て仕上げ茶となる。②にはオーソドックス製法（萎凋させて香気成分を増加させ，揉捻で組織を破壊してカテキン類の酸化を促し，紅茶の水色や風味成分を形成させ，乾燥時の高温でさらに酸化を進めて黒褐色の荒茶とし，ふるい目の大きさで区分して仕上げ茶とする）と

CTC製法（ティーバッグ用。ローラーで茶葉をつぶし，引き裂き，径1mm位の粒状にする。ほとんど萎凋を行わず，細断して激しく揉捻するので酸化が急激に進む）がある。③は日干および室内萎凋，撹拌などの工程で，酸化酵素により部分発酵させ，その後釜炒り製茶法で作る。紅茶は主にアッサム種，緑茶には中国種を用いる。

●**タバコ**（漢字：煙草，英名：tobacco，学名：*Nicotiana tabacum*）は，ナス科タバコ属（*Nicotiana*）の1年生草本で南米起源。我が国へは16世紀後半に伝来した。

葉タバコの生産量は世界で約609万t（中国，ブラジル，インド，アメリカが主要生産国），我が国で約1.7万tである（2018年）。

光周性（photoperiodism）が発見された植物であるが，栽培種の多くは量的短日植物か中性植物である。アルカロイドのニコチンは，根端細胞で合成され，蒸散流に乗って地上部へ移動し，組織細胞の液胞に蓄積される。蒴果は多数の極小種子（1,300～1,500粒，千粒重0.06～0.08g）を含む。①日本在来種（松川，だるま，白遠州），②黄色種，③バーレー種，④オリエント種，⑤葉巻種などがある。②，③，④は世界生産のおのおの60%，10%，10%弱を占める。主茎頂端の「さきがけ花」開花直後に花梗部を切除する摘心（心止め）を行い，同化産物を葉に蓄積させ，ニコチン含量を高める。収穫した成熟葉は，乾燥過程（curing）で酵素により成分を変性させ香味を引き出す（「葉たばこ」）．葉たばこは，選別，中骨（主脈）の除去などを経て樽詰めされ，約2年間の熟成後，製品に加工される。

●**イグサ**（漢字：藺草，英名：［mat］rush，学名：*Juncus effuses* var. *decipiens*）は，イグサ科（Juncaceae），イグサ属（*Juncus*）の多年生草本で，畳表やゴザなどの敷物の材料となる。

水田作物で，1964年の全盛期（栽培農家4.7万戸，生産量14万t）には岡山県が主産地であったが，現在は主産地が熊本県と福岡県に移り，栽培農家数と生産量も激減し（402戸，7,130t），国内の畳表の年間需要1,200万枚に対し生産量は250万枚で，国産品は20%程度となっている（2018年）。

長日植物で，種子は光発芽性を示す。遺伝的にヘテロのため，繁殖は株分けによる。根は15～20℃，地上部は20～25℃が適温とされる。生育が進み，「長い」発生期になると花茎先端の「先刈」を行い，その後，倒伏防止の網を張り，茎の伸長に合わせて網を引き上げ，刈り取り前の落水で茎を充実させる。畳表は特等，1等，2等に選別され，高品質の「長い」が要求される（茎の太さ1.2mm，長さ105cm以上）。

●**サトウキビ**（漢字：砂糖黍，英名：sugarcane，学名：*Saccharum* spp.［spp.は複数の種を示す］）はイネ科サトウキビ属（*Saccharum*）の多年生草本で，ニューギニア起源の*S. officinarum*と*S. robustum*，インド起源の*S. barberi*と*S. sinense*，アフリカ起源の*S. spontaneum*が関係する。熱帯・亜熱帯で最重要の糖料作物で，高い光合成速度（C_4型）と良好な受光態勢により，物質生産力が優れている。

世界の蔗茎は生産量19.1億t，栽培面積2,627万ha，単収72.6t/ha（ブラジル，インド，中国，タイが主要生産国），我が国は生産量120万t，栽培面積は2.8万ha，単収は52.9t/haである（2018年）。

鹿児島県以南で栽培が多く，連作障害がない。沖縄本島での作型には「夏植え」，「春植え」，「株出し」がある：「夏植え」は７月下旬～８月下旬に植え付けて翌々年の１～３月に収穫，「春植え」は２～３月に植え付けて翌年の１～３月に収穫，「株出し」は収穫後の下部の萌芽茎を肥培管理して再度収穫。収穫は手刈りかハーベスタ。蔗茎の糖含有率は13～20％（Brix値）と，品種や栽培条件で異なる。ショ糖分は不結晶性の還元糖に変質しやすいので，刈り取った蔗茎は梢頭部と残葉を除いて速やかに工場へ搬入。工場では，細断した蔗茎を圧搾して得た汁液を加熱しながら石灰乳を混和して不純物を沈殿・濾過により除いて濃縮，結晶化の工程を経て，ショ糖の結晶と糖蜜とに遠心分離し，分蜜糖（糖分97％の粗糖で黄褐色）を得る。分蜜糖は製糖工場で精白，再結晶により，白糖，グラニュー糖などの製品にする。黒糖（含蜜糖）は汁液を煮沸して石灰乳を加え，不純物を沈殿除去して得たショ糖と糖蜜の混合物を凝固させたもの。汁液を絞った残渣（バガス）は製糖工場の燃料・パルプ・家畜飼料，副産物の糖蜜は糖度50％前後（ショ糖，ブドウ糖，果糖，ミネラル類，有機酸類，アミノ酸類を多く含む）で，ラム酒・アルコール・有効成分抽出に利用，不純物（フィルターケーキ）は肥料，残葉部は飼料や堆肥となる。

●テンサイ（漢字：甜菜，英名：sugar beet，学名：*Beta vulgaris* ssp. *vulgaris*［ssp.は亜種を示す］）は地中海沿岸の野生種（*B. vulgaris* ssp. *maritima*）に由来し，根部（貯蔵根）からショ糖を得る重要な糖料作物である。18世紀半ばのドイツで栽培が始まり，糖度は当時の1.6％から現在の20％近くにまで改良された。

世界の生産量は2.75億t，栽培面積481万ha，単収57.2t/ha（ロシア，フランス，アメリカ，ドイツが主要生産国），我が国は生産量361.1万t，栽培面積5.73万ha，単収63.0t/haで，北海道のみで栽培される（2018年）。

寒冷気候下で栽培可能な２年生草本であるが，実際には春に播種または苗移植してから11月上旬までに収穫するので，作物学的には１年生といえる。地上部の成長は６月下旬から旺盛となり，９月上旬に最も繁茂する。C_3型であるが光合成速度は比較的高い。根部の肥大は７月上旬から始まり，10月下旬まで続く。果実は集合果（多胚種子）のため，１個所から複数固体が出芽して間引き作業が大変であったが，現在は雄性不稔系統単胚種子親と多胚花粉親の交配による単胚一代雑種の利用が主流である。地上部はビートトップ，糖抽出後の細断根部はビートパルプとして飼料となる。製糖副産物の糖蜜は，発酵工業やサイレージの発酵材料となる。

重要ポイント 3　学習の方法

工芸作物は，作物の種類や用途が非常に多いので，和名，英名，学名（ラテン名），起源地，利用器官，用途などの一覧表を作成して記憶するとよい。

実戦問題

No.1 **工芸作物に関する記述として最も妥当なのはどれか。**

【国家一般職・平成28年度】

1 ゴマは種皮色の変異が大きく，我が国では，白ゴマ，黒ゴマ，赤ゴマが用途ごとに使い分けられている。ゴマ油に多く含まれている抗酸化物質には，セリンやビタミンBなどがある。

2 サトウキビは光合成能力が高く，この特性などにより高い乾物生産能を有する。テンサイは，現在，我が国では，ほぼすべてが北海道で栽培されており，国産砂糖原料の半分以上を占める。

3 イグサは，畑地で栽培される多年生草本であり，葉身が畳表，ござ，すだれなどの材料として用いられる。葉緑素の分解が進んだほうが高品質とされる。

4 タバコはアブラナ科作物であり，タバコ栽培種は，*Nicotiana tabacum*由来の同質倍数体である。光発芽性の品種が多いため，播種の際は厚く覆土する必要がある。

5 チャは，ツバキ科に属する落葉木本である。生葉を発酵させたのが緑茶であり，発酵が進まないように，生葉を摘採後すぐ加熱するのが，紅茶やウーロン茶である。

No.2 **糖料作物に関する記述として最も妥当なのはどれか。**

【国家一般職・平成27年度】

1 サトウキビは，イネ科に属する2年生草本である。メキシコとペルーが原産地であり，両地域における交雑種が，現在の栽培種となっている。

2 サトウキビは，イネと同様，C_3型光合成を行い，高温で高い光合成能力を持つが，水を十分に必要とし，乾燥条件では光合成能力が著しく低下する。

3 サトウキビの栽培法には，新植と株出しがある。新植では，2節ほどの茎を春または夏に植え付ける。株出しでは，収穫後の刈り株をそのまま放置して，ここから出る分げつを栽培する。

4 テンサイは，中国東北部で栽培化された2年生草本である。紀元前からショ糖抽出法が確立されて，砂糖原料として栽培されていた。

5 テンサイは，冷涼な気候を好むため，我が国における栽培は，ほぼすべて北海道で行われている。秋から翌年の夏にかけて冬を越して栽培される。近年，直播栽培から，より初期生育が安定している移植栽培に移行している。

No.3 工芸作物に関する記述として最も妥当なのはどれか。

【国家総合職・平成30年度】

1 コンニャクは，サトイモ科コンニャク属の多年生草本で，畑作物の中では病害に強い作物である。通常，種イモは秋に植え付け，春に地下部で肥大した球茎を食用として収穫する。球茎には蒟蒻の原料となるガラクタンが蓄積される。

2 ナタネは，種子から油を採るためのアブラナ科アブラナ属の総称である。花芽分化には長日・高温を，抽だいには低温を必要とする。ナタネは低温に強いが湿害に弱く，水田の裏作には適さない。

3 サトウキビは，イネ科サトウキビ属の多年生草本で，栄養器官で繁殖する。栽培法には新植栽培と株出し栽培の２つの方法があり，新植栽培には夏植えと春植えの２つの作型がある。成熟期には茎の節間内部にショ糖が蓄積される。

4 チャは，ツバキ科ツバキ属の落葉広葉樹である。我が国で主に栽培されているチャは比較的低温に強い種類であり，生育限界温度は年平均気温５℃程度である。酸性土壌を嫌い，栽培にはアルカリ性土壌が適している。

5 テンサイは，アブラナ科ダイコン属の２年生草本で，サトウダイコンとも呼ばれる。我が国では主に北海道で栽培されており，秋に播種し，翌年の春から夏にかけて収穫する。栽培法は直播栽培と移植栽培がある。

実戦問題の解説

No.1の解説 工芸作物

→問題はP.114

1 × 誤り。ゴマ（胡麻，sesame, gingelly，*Sesamum indicum*）は種皮色の変異が大きく，我が国では白ゴマ，黒ゴマのほか，金ゴマ（黄ゴマ，茶ゴマとも呼ばれる）が用途ごとに使い分けられている。赤ゴマではない。

ゴマはほとんど（99.9%）が外国産。**白ゴマ**は控え目な風味で最も利用が多い（すりごま，ねりごま，ごま豆腐，白和え，ドレッシング）。西日本では白ゴマが好まれる。温帯・亜熱帯の各地で広く栽培される。**黒ゴマ**は香りが強く，料理のアクセントに適し，香りの強い野菜のごま和えに向く。黒ごま豆腐，黒ごまプリン，餡なども好まれる。中国や東南アジアが主産地。種子に占める種皮の割合が多く，種皮は硬いので，擦りごまが一般的。種皮にはアントシアニンが含まれる。**金ゴマ**は香りが非常に高く，濃厚な味わいがあり，価格も高い。煮物，きんぴら，懐石料理などに利用される。トルコ産が有名。**ゴマ油**含有率は，金ゴマ，白ゴマでは50%程度，黒ゴマでは42%程度。ゴマ油は酸化されにくく，貯蔵中の品質低下が少ない。ゴマに含まれるゴマリグナン（セサミン，セサモリンなど）やビタミンEによる健康機能性が注目されている。

2 ◎ 正しい。サトウキビは強光・高温下で高い能力を発揮するC_4型植物で，2000 μmol/m^2/s以上の強光下での光合成速度は50～60 μmol CO_2/m^2/sもあり，C_3型のイネ（20～30 μmol CO_2/m^2/s）と比べると非常に高く，乾物生産も67.3t/ha/年という高い値が報告されている。テンサイはC_3型植物で，光合成速度は22～28 μmol CO_2/m^2/s，乾物生産力は17～27t/ha/年であるが，4.2 t /ha/年という高い値も報告されている。我が国で消費される砂糖の４割が国産，６割が外国産で，国産のうちの８割がテンサイ，２割がサトウキビから得られた砂糖である。

3 × 誤り。イグサは水田で栽培される。また，畳表，ござなどの原材料であるが，葉緑素の分解が少ないほうが高品質とされる。イグサは収穫・乾燥後，「泥染め」（粘土皮膜で茎表面を覆う作業）を行う。この作業により乾燥を均一かつ徐々に進め，形状を維持し，退色を防止（葉緑素の分解抑制）し，強靱性を高める。

4 × 誤り。タバコはナス科植物であり，タバコの栽培種には*Nicotiana tabacum*と*N. rustica*がある。前者は世界中で栽培されるが，後者は中近東～中国山岳地帯に限られる。両方とも２倍体の別種どうしの異質倍数体（$2n=4x=48$）である。光発芽性の種子は，播種の際には覆土を薄くする必要がある。

5 × 誤り。チャはツバキ科に属する常緑木本である。生葉を発酵させたのが紅茶やウーロン茶であり，発酵が進まないように，生葉を摘採後すぐ加熱するのが，緑茶である。

No.2 の解説 糖料作物

→問題はP.114

1 × 誤り。サトウキビは，イネ科に属する多年生草本である。ニューギニア，インドおよびアフリカが起源地である。現在の栽培種は複雑な交雑背景を持っている。サトウキビの育成品種命名法には国際的慣例が確立していて，たとえば，かつて沖縄で全盛を極めた‘NCo310’は，インドのコインバトール（Coinmbatore）で‘Co421’×‘Co312’の交雑で採取した種子を，南アフリカ連邦のナタール（Natal）で育成した品種。

2 × 誤り。サトウキビはイネと異なるC_4型光合成を行い，高温（32～40℃）で高い光合成能力を持つが耐乾性も強く，野生種には葉の水ポテンシャルが－2.0MPa［メガパスカル］にまで低下しても光合成能力が低下しないものもある。

3 ◎ 正しい。収穫（1～3月）までの期間は，夏植えが約18か月，春植えと株出しは約12か月である。

4 × 誤り。テンサイ（*Beta vulgaris* ssp. *vulgaris*）は地中海原産のハマフダンソウ（*Beta vulgaris* ssp. *maritima*）からドイツで栽培化された2年生草本である。ドイツの化学者マルクグラーフ（Marggraf, A.）が1747年にショ糖抽出法を確立し，その弟子のアジャール（Achard, F. K.）が1801年に初めて製糖工場を作った。

5 × 誤り。テンサイの我が国における栽培は，ほぼすべて北海道で行われているのは正しいが，春に播種または苗の植え付けから圃場での栽培が始まり，冬を越さず11月上旬までに収穫される。また，近年，農家の老齢化，低コスト化要求，規模拡大などのために省力化が図られ，移植栽培（ペーパーポット苗）から直播栽培に移行しつつある。

No.3 の解説 工芸作物に関する記述

→問題はP.115

1 × 誤り。コンニャク（蒟蒻，conjak, *Amorphophallus conjac*）は病害に弱い作物である。通常，春に2年生（または1年生）の球茎を種イモとして植え付け，秋に地下部で肥大した球茎（corm）をコンニャクの原料として収穫する。球茎には蒟蒻の原料となるマンナン（コンニャクマンナン）が蓄積する。球茎を薄く輪切りにして乾燥したものを荒粉（あらこ）といい，これを粉砕してマンナン粒子に精製したものを精粉（せいこ）という。

2 × 誤り。ナタネ（菜種）は，種子から油を採るためのアブラナ科アグラナ属の総称であり，現在はほとんどが洋種ナタネ（西洋ナタネ， rape, *Brassica napus*）で，在来ナタネ（アブラナ，rape, *B. rapa*）はわずかしかない。花芽分化には一定期間の低温を，抽だいには長日・高温を必要とする。ナタネは低温にも湿害にも強く，水田の裏作に適している。

3 ◎ 正しい。

4 × 誤り。チャはツバキ科ツバキ属の常緑広葉樹である（広葉樹は針葉樹に対する呼称）。我が国で主に栽培されているチャは比較的低温に強い中国種（var. *sinensis*）であり，生育限界温度は年平均気温12.5～13℃以上で，適温は14～16℃とされる。アルカリ性土壌を嫌い，栽培には酸性土壌（pH 4～5）が適している。なお，チャは過湿にも乾燥にも弱く，排水・通期・保水性を備えた腐植の多い団粒構造となった土壌が適している。

5 × 誤り。テンサイはヒユ科（Amaranthaceae）フダンソウ属（*Beta*）の2年生草本で，サトウダイコンとも呼ばれる。我が国では主に北海道で栽培されており，春に播種または移植し，その年の冬前（11月上旬頃まで）に収穫する。栽培法は直播と移植栽培がある。

正答 No.1=**2** No.2=**3** No.3=**3**

飼料作物・牧草

必修問題

飼料作物に関する記述として最も妥当なのはどれか。

【国家総合職・平成29年度】

1 シロクローバは，直立型の寒地型マメ科牧草である。生存年限が比較的短い短年生であり，草地での利用年限は4年程度である。アカクローバは，匍匐茎を持つ多年生の寒地型マメ科牧草であり，主として放牧用に利用される。

2 アルファルファは，中近東から中央アジア原産の多年生の寒地型マメ科牧草である。紫花種と耐寒性に優れた黄花種および雑色種があり，紫花種と黄花種の交配により，多くの品種が育成されている。深根性であるので耐乾性に優れる。

3 チモシーは，寒地型イネ科牧草である。主として放牧用に利用される。永続性に優れるが，耐凍性に劣るため，我が国における栽培の北限は東北地方南部である。地中深く根を伸ばし，表層にも密に根系を広げることから，土壌の乾燥に対する抵抗性が強い。

4 イタリアンライグラスは，南ヨーロッパ原産の暖地型イネ科牧草である。我が国では，九州を中心に，採草および放牧用草種として栽培される。他の草種に比べて栄養価や家畜の嗜好性は劣るが，耐湿性に優れ，水田後作などとしても栽培される。

5 ソルガムは，南アメリカ原産で，子実および茎葉が飼料として利用される。根は深根性で，耐乾性に優れ，半乾燥地帯でも栽培されるが，トウモロコシに比べて乾燥に弱い。幅広い土壌pHで生育可能で，環境適応力が高い。

必修問題の解説

1 × 誤り。シロクローバ（＝シロツメクサ：*Trifolium repens*）は，ほふく（匍匐）型の寒地型多年生マメ科牧草で，世界中の温帯で広く栽培される。葉腋からほふく茎（ストロン）を出し，放射状に分枝して拡大する。ほふく茎の各節から葉柄と節根を出す。葉は3小葉から成る複葉。長日植物で，夏期にほふく茎の節から花柄を伸ばし先端に頭状花（20～40の小花から成る）を着ける。アカクローバ（＝アカツメクサ：*Trifolium pratense*）は，直立型の寒地型短年生マメ科牧草である。シロクローバと同様，世界中の温帯で広く栽培される。地際に節の詰まった冠部（クラウン）を有し，そこから毎春芽が出て，高さ60～80cmの茎を数本生じる。葉は3小葉から成る複葉で，互生する。長日植物で，夏期に茎の先端に頭状花（多数の小花から成る）を着ける。

2 ◎ 正しい。アルファルファ（＝ムラサキウマゴヤシ：*Medicago sativa*）は，良質な乾草牧草として紀元前から栽培され，ユーロッパではルーサンと呼ばれる。地際に冠部を有し，多数の分枝を出し，茎は30～100cmで直立する。長日植物で，夏期に上部の葉の葉腋の先端に花柄を生じ，その先に数個～20個の総状花序を着ける。

3 × 誤り。チモシー（＝オオアワガエリ：*Phleum pratense*）は，家畜の選好性が優れた品質のよい採草用の寒地型多年生イネ科牧草である。繊維性の根が土壌表層に浅く分布するため，乾燥には弱い。耐寒性が非常に強く耐凍性も強いので，寒冷地のやや湿潤地に適する。直立型の草姿や浅根性とも関連して，永続性は乏しい。

4 × 誤り。イタリアンライグラス（＝ネズミムギ：*Lolium multiflorum*）は，南ヨーロッパ原産の寒地型イネ科牧草で，採草および放牧用草種として栽培される。一般的に越年生で，１～２年で衰退する。我が国では水田裏作として採草利用され，関東以西では夏作トウモロコシの前作としても栽培される。土壌を選ばず，他の寒地型牧草よりも耐湿性は優れるが，耐寒性・耐雪性は劣る。多肥栽培に適し，栄養価や家畜の選好性も優れる。

5 × 誤り。ソルガム（＝ソルゴー，モロコシ：*Sorghum bicolor*）は，アフリカ（エチオピアとスーダンを中心とする地域）原産で，インドやアフリカの乾燥地域では重要食料であるが，世界的には飼料利用が多い（子実および茎葉）。耐乾性はトウモロコシよりも優れている。温暖地では生育旺盛であるが，低温には弱い暖地型１年生イネ科飼料作物である。

正答 2

重要ポイント1 飼料作物の分類

飼料作物は，その来歴，栽培・利用形態によって，**青刈り作物**，**牧草**，**飼料用根菜類**，**飼料用葉菜類**および**木本性飼料作物**（飼料木，自生種を含む）に分類される。ほとんどが草本性で，来歴や栽培・利用形態により，下記のように分類される。

（1）青刈り作物（イネ科やマメ科の食用作物を飼料用に転用・改良したもので，名称は未熟な植物体の刈取り利用に由来するが，完熟かそれに近い状態での利用もある）：トウモロコシ，ソルガム，スーダングラス，エンバク，オオムギ，ライムギ，飼料イネ，ダイズ，カウピーなど。
（2）牧草（野草を選抜・改良したもの）：実戦問題の解説を参照のこと。
（3）飼料用根菜類（茎葉部と根部を利用）：飼料用カブ，スウェーデンカブ，飼料用ビートなど。
（4）飼料用葉菜類（野菜を飼料用に転用・改良したもの）：飼料用ナタネ，ケール，チコリーなど。
（5）木本性飼料作物（茎葉を利用。灌木は牧草に含める場合もある）：ギンネム，シュラッビースタイロ，キマメなど。
（1），（2）が利用の大半を占め，（3），（4）は（1）に含める場合もある。

重要ポイント2 植物系統分類

飼料作物の大半は**イネ科**か**マメ科**に属する。特にイネ科牧草は採草や放牧により茎葉が失われても，地表近くに残った成長点から速やかに再生し，生育期間中に多数回利用できるので優れている。マメ科飼料作物は，共生する根粒菌（根粒バクテリア）が行う空中窒素固定により窒素要求度が低く，しかし茎葉のタンパク質含量は高く優れている。草食動物にとり，イネ科飼料作物は炭素（エネルギー）の，マメ科飼料作物は窒素（タンパク質）の供給源として重要である。

重要ポイント3 1年生・越年生・多年生

1年生や越年生の飼料作物は，生存期間が1年未満で，毎年播種されるか，種子が自然落下することにより更新される。多年生（永年生）のものは一度播種され定着すると，多年にわたり生存し，利用されるが，比較的短命のものは短年生という。青刈り作物と飼料用根菜類は1年生か越年生，イネ科牧草と飼料木の多くは多年生である。根菜類は本来種子生産を行うのに2年を要する2年生であるが，茎葉や根部の収穫のために，1年生あるいは越年生作物として栽培される。

重要ポイント4 生育型

飼料作物の生育型は（1）直立型（茎が上方に伸長して生育），（2）ほふく型（茎が地面近くをはって生育），（3）巻きつき型（マメ科にみられ，茎や蔓が他の植物に巻きついて生育）に大別される。ほふく茎や地下茎があっても，茎の上方伸長傾向が強い場合には直立型に類別される。（1）のうち，茎が地際から束のように集まって上方に伸びるものを株型あるいは叢生型と呼ぶ。一般に，（1）は採草，（2）は放牧に適している。

重要ポイント5 生育環境

生育環境により，（1）**寒地型**（寒帯～温帯が原産地。生育適温が15～20℃で，それ以上の温度では‘夏枯れ’と呼ばれる生育停滞が起こる。イネ科，マメ科共にC_3植物）と（2）**暖地型**（熱帯～亜熱帯が原産地。生育適温は25℃以上。イネ科はC_4植物，マメ科はC_3植物）に類別される。（2）は（1）に比べて飼料価値が低い傾向がある。なお，飼料木はすべてC_3植物である。北海道・東北地域では寒地型，九州・沖縄地域では暖地型牧草が多い。

重要ポイント6 栽培面積・収穫量・需要と供給

我が国の飼料作物栽培は年々減少傾向にあり，平成30年（2018年）度でみると，栽培面積は97万ha程度（牧草75%，トウモロコシ10%，ソルガム１%，その他14%）で，北海道が全面積の60%を占める。生産量は牧草2,462万t，トウモロコシ449万t，ソルガム62万tなど年間3,000万t程度と見積もられる。我が国の飼料作物供給は不十分で，TDN（可消化養分総量）として算出した国内需要量2,451.6万tに対する自給率は25%（粗飼料［主に茎葉］は需要量5,020万tの76%，濃厚飼料［子実］は需要量19,496万tの12%）で，需要量の多い濃厚飼料は，大きく外国からの輸入に頼っている。

実戦問題

No.1　**次は牧草に関する記述であるが，それぞれに該当する牧草名を正しく組み合わせているのはどれか。**　【国家一般職・平成23年度】

A　学名は*Trifolium repens*で，ほふく茎を持つ多年生のマメ科牧草である。ワイルド型，コモン型，ラジノ型の３つのタイプがあり，ワイルド型は主に放牧地用である。

B　直根性の深い主根を持つ多年生のマメ科牧草で，ルーサンともいう。我が国へは，米国から乾草を固めたヘイキューブとして大量に輸入されている。

C　学名は*Lolium multiflorum*で，原産地は地中海地方である。耐湿性が強く，水田裏作に適する。

D　耐寒性が強く，我が国では北海道，東北が主要な栽培地域である。品種には「センポク」，「ホクオウ」，「クライマックス」，「ノサップ」，「オーロラ」などがある。

E　世界で最も多収の牧草といわれ，エレファントグラスともいう。我が国では九州，沖縄で広く栽培される。

	A	B	C	D	E
1	シロクローバ	アルファルファ	イタリアンライグラス	チモシー	ネピアグラス
2	シロクローバ	ルーピン	オーチャードグラス	トールフェスク	ネピアグラス
3	シロクローバ	アルファルファ	イタリアンライグラス	トールフェスク	ギニアグラス
4	アカクローバ	ルーピン	イタリアンライグラス	チモシー	ギニアグラス
5	アカクローバ	アルファルファ	オーチャードグラス	トールフェスク	ギニアグラス

実戦問題の解説

No.1 の解説　牧草についての総合問題

→問題はP.124

A：寒地型マメ科牧草のシロクローバである。
B：寒地型マメ科牧草のアルファルファ（*Medicago sativa*）である。
C：寒地型イネ科牧草のイタリアンライグラス（*Lolium multiflorum*）である。
D：チモシー（*Phleum pratense*）である。
E：暖地型イネ科牧草のネピアグラス（*Pennisetum purpreum*）である。
以上より，正答は**1**である。

その他，選択肢の中にあるのは，寒地型牧草ではオーチャードグラス（*Dactylis glomerata*）とトールフェスク（*Festuca arundinacea*），寒地型マメ科牧草のアカクローバ（*Trifolium pratense*）とルーピン類（キバナルーピン［*Lupinus luteus*］，アオバナルーピン［ホソバルーピン，*L. angustifolius*］，シロバナルーピン［*L. albus*］），暖地型イネ科牧草のギニアグラス（*Panicum maximum*）である。

このほかに重要なものとして；

・寒地型イネ科牧草：ペレニアルライグラス（*Lolium perenne*），メドウフェスク（*Festuca pratensis*），リードカナリーグラス（*Phalaris arundinaceae*），スムーズブロムグラス（*Bromus inermis*），ケンタッキーブルーグラス（*Poa pratensis*）
・寒地型マメ科牧草：コモンベッチ（*Vicia sativa*），ヘアリーベッチ（*Vicia villosa*）
・暖地型イネ科牧草：バアヒアグラス（*Paspalum notatum*），ダリスグラス（*Paspalum dilatatum*），グリーンパニック（*Panicum maximum* var. *trichoglume*），カラードギニアグラス（*Panicum coloratum*），キクユグラス（*Pennisetum clandestinum*），ローズグラス（*Chloris gayana*），バーミューダグラス（*Cynodon dactylon*），ディジットグラス（*Digitaria eriantha*）
・暖地型マメ科牧草：グリーンリーフデスモディウム（*Desmidium intortum*），サイラトロ（*Macroptilium atroprpreum*），セントロ（*Centrosema pubescens*），グライシン（*Neonotonia wightii*）

などがあり，牧草についてはこれらの性状を調べておけば心強い。

正答　No.1＝1

第３章

園芸学

テーマ 12

第3章　園芸学

野　菜

必修問題

表は，葉菜・根菜類の花芽分化の主要因を示したものである。表中の要因AおよびBと野菜の種類C，D，Eに当てはまるものの組合せとして最も妥当なのはどれか。
【国家一般職・平成28年度】

<table>
<tr><th colspan="3">花芽分化の主要因</th><th>野菜の種類</th></tr>
<tr><td rowspan="6">温度</td><td rowspan="5">低温</td><td rowspan="2">A 型</td><td>ハクサイ</td></tr>
<tr><td>C</td></tr>
<tr><td rowspan="3">B 型</td><td>タマネギ</td></tr>
<tr><td>D</td></tr>
<tr><td>ゴボウ</td></tr>
<tr><td colspan="2">高温</td><td>E</td></tr>
<tr><td rowspan="2">日長</td><td colspan="2">短日</td><td>シソ</td></tr>
<tr><td colspan="2">長日</td><td>ホウレンソウ</td></tr>
</table>

	A	B	C	D	E
1	種子春化	緑植物春化	ダイコン	レタス	キャベツ
2	種子春化	緑植物春化	ダイコン	キャベツ	レタス
3	緑植物春化	種子春化	レタス	キャベツ	ダイコン
4	緑植物春化	種子春化	レタス	ダイコン	キャベツ
5	緑植物春化	種子春化	ダイコン	キャベツ	レタス

必修問題の解説

植物の花芽の分化は環境条件に影響されることが知られているが，日長に影響される場合を光周性，低温の影響を受ける場合を春化と呼んでいる。温帯において冬を越して春に開花する越冬性１年生植物，２年生植物および一部の多年生草本植物は，およそ15℃以下の低温に遭遇して花芽分化が誘導されることが知られている。この低温は人為的に与えた場合でも有効であり，これを春化処理と呼んでいる。低温に反応する植物の状態が吸水した種子である場合を$_{A}$種子春化型，ある一定の大きさにまで成長した植物体で反応する場合を$_{B}$緑植物春化型と呼ぶ。$_{C}$ダイコンは種子春化型植物で，$_{D}$キャベツは緑植物春化型である。$_{E}$レタスは15～25℃の範囲では温度が高くなるほど花芽分化が早く，さらに長日条件で助長されることが知られている。

以上より，正答は**2**である。

正答 2

重要ポイント 1 春化

植物の花芽の分化は環境条件に影響されることが知られているが，日長に影響される場合を光周性，温度の影響を受ける場合を春化と呼んでいる。光周性については別に説明するので，ここでは春化について説明する。

温帯において冬を越して春に開花する越冬生１年生植物，２年生植物および一部の多年生草本植物は，およそ15℃以下の低温に遭遇して花芽分化が誘導されることが知られており，これを**春化**と呼ぶ。この低温は人為的に与えた場合でも有効であり，これを春化処理と呼んでいる。低温に反応する植物の状態が吸水した種子である場合を**種子春化型**，ある一定の大きさにまで成長した植物体で反応する場合を**緑植物春化型**と呼ぶ。種子春化型植物にはハクサイ，エンドウ，カブなどがあり，緑植物体春化型植物としてはブロッコリー，ネギ，ニンジンなどが知られている。また，低温の効果は低温の期間が長くなるほど累積するが，低温感応の途中で高温に遭遇すると効果が消失する。これを**脱春化**と呼んでいる。低温感応部位は分裂組織で，種子春化型では胚，緑植物春化型では頂端分裂組織である。温度や日長の影響を受けない植物は中性植物で，トマト，ナス，ピーマンなどが知られている。一方，イチゴのように温度と日長の両方が花芽分化に関与するものもある。通常のイチゴでは25℃以上では日長に関係なく花芽を分化しないが，15～25℃の範囲では８～13時間の短日条件で，12～15℃以下では日長に関係なく花芽を分化することが知られている。

重要ポイント 2 花の性表現

多くの植物は**両性花**を着生するが，なかには雄花，雌花の**単性花**を着生する場合がある。さらに同一株上に単性花が混生する**雌雄同株**，雄花と雌花が別々の株に着生する**雌雄異株**がある。雌雄同株であるウリ類などでは雄花と雌花の着生が品種などで異なることや，栄養状態や環境条件によって異なることが知られている。

環境要因の影響としては，一般に低夜温と短日で雌花の発現が促進されるが，高夜温と長日では雄花の発現が助長される。キュウリの雄花と雌花の比は品種や栽培条件によって異なるが，主枝における着生状態により雌性型，混性型および混性・雌雄型に分けられる。雌性型では，主枝のすべての節に雌花が着生するが，混性型では雄花を着生する節と雌花を着生する節が混在する。混性・雌雄型では，低位の節では雄花だけが着生するが，上位節になると雄花が着生する節と雌花が着生する節が混在，さらに上位の節になると雌花を着生する節のみとなる。また，雌性型を節なり型，混性型を飛び節なり型，混性・雌性型を中間型と呼ぶこともある。

重要ポイント 3 花および利用部位の形態

花の形態は果実の形態とともに重要である。果実の分類は複雑であるが，大きく分けると真果と偽果に分けられる。**真果**は子房（しぼう）のみが発達して形成されるが，**偽果**は子房以外に花托（かたく）や萼（がく）も同時に発達して形成されたものである。また，花の形態は子房と花弁や萼の着生位置との関係から子房上位，子房中位および子房下位に分けられる。子房上位および子房中位の花では，子房は花托（花床）などから完全に分離した状態にあるので，これらの花から形成される果実は真果となる。一方，子房下位の花では子房と花托（花床）などが癒合しているので，この花から形成された果実は偽果となる。

野菜はその利用部位によって果菜類，茎葉菜類および根菜類などに分類される。地中に形成される部位を利用するものを**根菜類**と呼ぶが，植物学的に分類すると多岐にわたる。一般に地下部にある茎や根が肥大したものが多いが，ヤマノイモのように担根体と呼ばれる，根と茎の中間的な性質を持つ器官を利用する作物もある。茎が肥大したものには，球茎，塊茎，根茎などが含まれる。**球茎**とは茎の基部が球状に肥大したもので，数枚の鞘葉が変形した外皮によって覆われている。これを利用する作物としてサトイモ，クワイ，ショウガがある。**塊茎**（かいけい）は地下茎の先端が球状または塊状に肥大したもので，葉の変形した外皮で覆われていない。これを利用する作物としてはジャガイモがある。**根茎**（こんけい）は根のように横に伸長する地下茎が肥大したもので，これを利用する作物としてはハスが知られている。ゴボウやサツマイモの利用部位は根である。

重要ポイント 4 機能性成分

健康増進法が2002（平成14）年に制定されてから，健康増進の観点から，野菜の１日当たり摂取量の目標が350gとされた。これまで各種のビタミン類が健康維持に関連する成分として注目されていたが，野菜や果実に含まれる色素類の機能性が注目されている。

カロテノイドにはα-およびβ-カロテン，β-クリプトキサンチン，リコペン，ルテインなどがあり，摂取が多い人は生活習慣病やガンのリスクが低いことなどが報告されている。また，ポリフェノールに含まれるアントシアニン類が眼精疲労の回復に有効であることや同じくノビレチンが認知症予防の効果があることなどが知られている。さらに生活習慣病との関連が指摘される活性酸素やフリーラジカルを消去する「抗酸化能」が注目されるようになり，機能性成分に関する研究が盛んになった。ポリフェノールやカロテノイドはファイトケミカルとも呼ばれ，植物にとって有害となる環境から身を守るために作られると考えられ，これらの機能性成分含有量が栽培方法によって変動することがあきらかになり，付加価値を高める方法として期待されている。たとえばフラボノイド類が光強度によって影響されることやポリフェノール含量が紫外線強度の影響を受けることが報告されている。

実戦問題

No.1 野菜の生理・生態や我が国における栽培方法に関する記述として最も妥当なのはどれか。 【国家総合職・平成27年度】

1 ナス科野菜は，短日条件下で開花が促進される短日植物がほとんどであり，目的とする収穫時期に応じて，量的短日品種と質的短日品種を使い分けている。

2 トマトの果実では，桃熟期に果実からのエチレン生成量と呼吸量が増大し，プロトペクチンの分解および果実の軟化が起こり芳香が増す。

3 ウリ科野菜は，熱帯原産の種類が多いことから，生育適温が相対的に高い。雌花あるいは両性花の分化は高温で促進され，日長時間の長さと処理日数とによって量的に関与を受ける量的長日植物でもある。

4 キュウリの雌花はジベレリン処理によって多くなり，施用回数が多いほど雄花が少なくなる。一方，キュウリの雄花はエチレン処理によって多くなる。

5 葉菜類の結球形成には，オーキシンやC/N比が関係している。オーキシンは，外葉や葉球内部では濃度が高いが，葉球の最外葉では，特異的に濃度が低くなっている。また，葉球形成の開始頃には，葉中の炭水化物含量（C）が減少して窒素化合物含量（N）は増加する。

No.2 野菜の特徴と栽培に関する記述として最も妥当なのはどれか。

【国家一般職・平成30年度】

1 レタスは，セリ科の野菜であり，結球の有無や葉球の形態によっていくつかに分類される。また，低温によって花芽が分化するため，秋播き栽培では，結球前の抽苔を防ぐためにトンネル栽培が行われる。

2 ブロッコリーは，無数の花芽と肥厚した花茎から成る花托という部分を主に収穫する。バドニングは異常花托の一つで，花托形成後の高温遭遇により小さな葉が花托から突出する現象である。

3 タマネギは，短縮茎あるいは盤茎といわれる茎の基部が肥大した鱗茎を収穫する。タマネギの鱗茎形成と肥大には短日条件が必要で，本州や四国，九州では秋から冬にかけて収穫する春播き栽培が多い。

4 アスパラガスは，ヒユ科（アカザ科）の多年生植物であり，地下茎の先端にある鱗芽から発生する若茎が食用とされる。アスパラガスの栽培では，一般に種子繁殖は行われず，株分けにより増殖させた苗を用いている。

5 ホウレンソウには，葉に深い切れ込みがある東洋系品種と，葉が丸葉の西洋系品種がある。我が国では，両者を交雑した品種が多く用いられており，周年栽培体系が確立されている。

No.3 **表は，我が国における平成28年産の野菜（キャベツ，タマネギ，トマト，ニンジン，レタス）の全国収穫量，収穫量上位３都道府県および全国に占める割合を示したものである。表中の野菜名Ａ～Ｅと，これらの野菜に関する記述ア～オの組合せとして最も妥当なのはどれか。** 【国家一般職・令和元年度】

野菜名	全国収穫量（ｔ）	収穫量上位３都道府県および全国に占める割合（%）					
		１位		２位		３位	
Ａ	566,800	北海道	25.9	千葉	19.2	徳島	9.2
Ｂ	743,200	熊本	17.4	北海道	8.0	茨城	6.6
Ｃ	1,446,000	群馬	18.0	愛知	17.4	千葉	8.9
Ｄ	1,243,000	北海道	67.9	兵庫	7.0	佐賀	6.8
Ｅ	585,700	長野	35.1	茨城	14.7	群馬	8.6

資料：農林水産省「野菜生産出荷統計」

ア　広く栽培されるようになったのは昭和になってからで，大玉や中玉などの分類がある。しり腐れ果はカルシウム不足による生理障害で，高温や乾燥で発生しやすい。

イ　葉鞘の基部が球状に肥大した鱗茎を主に食用とする。春播き栽培や秋播き栽培のほか，５月頃に肥大し始めた小球（鱗茎）を掘り上げて貯蔵し，９月頃に再度定植するセット栽培がある。

ウ　キク科の野菜で，高温に感応して花芽分化する。また，高温によってタケノコ球などの生理障害が発生しやすいので，夏季は冷涼な地域で栽培される。

エ　セリ科の野菜で，16世紀頃に中国から導入された東洋系と19世紀に欧米から導入された欧州系がある。食用部位にはカロテンと呼ばれる色素が含まれる。

オ　明治初期に導入された野菜で，甘藍（かんらん）ともいわれる。ある大きさ以上の苗が低温に感応して花芽分化する。食用部位には胃腸を丈夫にする効果があるビタミンＵを含む。

1　Ａ―ア
2　Ｂ―エ
3　Ｃ―オ
3　Ｄ―ウ
5　Ｅ―イ

No.4 **野菜の原産地に関する次の記述のうち正しいのはどれか。**

【地方上級・平成29年度】

1 アフリカ南部を原産とする野菜は数多くあり，ホウレンソウ，ニンジンがそれらの代表である。

2 中央アジアを原産とするショウガ，サトイモは，シルクロードを経て日本に伝来した。

3 比較的高温を好むスイカ，メロンは，インドから東南アジアを原産とする野菜である。

4 日本で長年栽培されてきたダイコン，ハクサイは，日本原産の野菜の代表である。

5 中南米を原産とするトマト，カボチャは，コロンブスの新大陸発見後に世界に普及した野菜である。

No.5 **野菜の機能性に関する記述として最も妥当なのはどれか。**

【国家一般職・平成28年度】

1 緑黄色野菜とは，原則としてビタミンCを可食部1kg当たり600μg以上含む野菜のことをいう。ホウレンソウやカボチャ，ニンジンなどがある。なお，ビタミンC含量が600μg以下でも，摂取頻度が多いトマトやピーマンなども緑黄色野菜に含まれている。

2 機能性表示食品は，栄養成分を一定の基準量含み，栄養表示基準に定められた機能性表示を行うことができる食品である。特定保健用食品は，企業等の責任において，科学的根拠に基づき機能性を表示する食品で，国による個別の許可を受けたものではない。

3 厚生労働省が「平成25年国民健康・栄養調査」にて発表した成人の1日当たりの野菜摂取量は約280gで，目標に掲げている1日500gを大きく下回っている。また，野菜摂取量は世代間で差があり，幼児を除くと60歳代で最も少なく，20歳代で最も多い。

4 近年，機能性成分を多く含む品種の開発が行われるようになった。含量を指標に交配と選抜を繰り返して，これまでに，リコピン含量の高いトマトやβ-カロテン含量の高いニンジンの開発が行われている。

5 野菜には，セルロース，ペクチンなど柔らかい食物繊維が約20%含まれている。レタスは，ゴボウよりも多くの食物繊維を含む。食物繊維は，腸管を刺激してぜん動運動を促して便通をよくする。

実戦問題の解説

No.1 の解説　野菜の生理・生態・栽培方法

→問題はP.132

園芸作物においては，生産物の周年供給を目標としてきたこと，さらに我が国の南北に長い国土の特徴から気候条件が多様であることなどから，多くの作物において品種の多様な生態型や作型が分化しているのが特徴である。

1 ×　誤り。ナス科の植物の花芽分化は日長や温度の影響は受けない中性植物である。植物体が一定の大きさになると栄養成長と生殖成長（開花・結実）が並行して起こる。

2 ◎　正しい。トマト果実のエチレン生成量は10 μL/kg/h程度であるが，クライマクテリック型である。

3 ×　誤り。ウリ科植物では，雄花と雌花の単性花を同一の個体上に着生するが，両性花は着生しない。限界日長を有しない長日植物を量的長日植物という。

4 ×　誤り。キュウリの雄花と雌花の比は品種や栽培条件によって異なるが，ジベレリンは雄花の着生を多くする。一方，エチレンは雌花の着生を助長する。

5 ×　誤り。オーキシンは葉や茎の伸長を促進する。植物体内におけるオーキシンの移動は求基的に移動することが知られているが，さらに光を避けるように移動する。葉の表面に光が当たるとオーキシンは光の当たらない裏側に移動し，裏側の細胞伸長を促進することによって葉が内側に湾曲する。一方，窒素は植物の栄養生長を助長する傾向があるので，炭素が減少し窒素が増加すると外葉の成長が継続して結球が遅れる。

No.2 の解説　野菜の特徴と栽培

→問題はP.132

1 ×　誤り。レタスはキク科の野菜である。また，花芽分化は高温によって誘導される。

2 ×　誤り。ブロッコリーの利用部位は主に花序と茎である。また，バドニングとは早期抽台のことで，低温の影響で十分な葉数が確保される前に花芽が分化するために，小さな花蕾になる。

3 ×　誤り。タマネギの食用部位は，鱗片葉と呼ばれる葉が変形したものである。長日に反応して鱗茎が肥大する。九州は低緯度で日長が短いので，早生種が主で梅雨になるまでに収穫をする秋播き栽培が行われている。

4 ×　誤り。アスパラガスはユリ科またはキジカクシ科に分類される。繁殖は種子で行われる。

5 ◎　正しい。ホウレンソウは長日に反応して抽台する。東洋系品種は長日に敏感で秋播きに適しているが，西洋系は長日に鈍感であることから春播き～夏播きに適している。食味は東洋系品種が好まれるため西洋系品種と東洋系品種の雑種が育成され，春播き～夏播きに適した食味のよい品種が栽培されるようになった。

No.3 の解説　野菜

→問題はP.133

A：ニンジンである。本来，冷涼な気候条件を好むが，北海道では春～初夏に播種し夏～秋に収穫する作型，千葉県では早春に播種し初夏に収穫する作型の生産量が多い。

B：トマトである。熊本県が約20％の生産量を占め，次いで北海道，茨城県となっている。

C：キャベツである。群馬県と愛知県がほぼ同程度の生産量であることからわかる。年によって群馬県と愛知県の順位は入れ替わる。

D：タマネギである。北海道が約70％，次いで兵庫県と佐賀県が続くことからわかる。兵庫県では淡路島が知られた産地である。

E：レタスである。長野県が１位で，次いで茨城県の生産量が多いことからわかる。長野県では初夏～秋に収穫，茨城県では秋～春にかけて収穫する作型である。産地の愛知と茨城でわかる。

記述の内容から**ア**はトマト，**イ**はタマネギ，**ウ**はレタス，**エ**はニンジン，**オ**はキャベツのことである。「**ア**」は「しり腐れ果」の記述からトマト，「**イ**」は「鱗茎」の記述があるのでタマネギ，「**ウ**」は「キク科の野菜」や「高温に感応して花芽分化する」の記述からレタス，「**エ**」は「セリ科の野菜」の記述から「ニンジン」，「**オ**」は「明治初期に導入された」や「甘藍ともいわれる」の記述からキャベツであることがわかる。

以上より，A―エ，B―ア，C―オ，D―イ，E―ウの組合せであり，正答は**3**である。

No.4 の解説　野菜の原産地

→問題はP.134

1 ×　誤り。ホウレンソウおよびニンジンの原産地は，ともに中央アジアから西アジアとされ，西へ伝播した西洋系と東へ伝播した東洋系に分けられる。近年の日本で栽培されるニンジンの多くは西洋系品種で，抽台特性も西洋系と東洋系で異なり，西洋系は低温に鈍感である。

2 ×　誤り。ショウガおよびサトイモの原産地は，ともに熱帯アジアとされる。サトイモの日本への伝播はイネよりも古いとされるが，ショウガはそれよりも遅い奈良時代に中国より伝わったとされている。

3 ×　誤り。スイカはアフリカ，メロンは北アフリカ～中近東地方が原産地とされる。スイカは1600年頃に日本に伝わったとされるが，メロンは明治になってアメリカから導入された。

4 ×　誤り。ダイコンの原産地は諸説あるようで，東ヨーロッパから中央アジアを含む地域で栽培化されたとされ，日本へは中国を経て，農耕文化の初期に伝わったとされる。日本書紀にも記録がある。一方，ハクサイの起源は中央アジア地域のアブラナ科であると考えられているが，結球性があったかは不明である。結球性を備えたハクサイの記録は11世紀になって見られるようになった。日本への伝播は新しく，結球性のハクサイが日本に伝わったのは明治3年とされる。

5 ◎ 正しい。他にはジャガイモも南米原産としてよく知られた作物である。

No.5 の解説 野菜の機能性

→問題はP.134

1 × 誤り。緑黄色野菜とは可食部100g当たり600μg以上のカロテンを含む野菜である。

2 × 誤り。機能性を表示することができる食品として，これまで特定保健用食品（トクホ）と栄養機能食品があったが，2015（平成27）年4月から新たに「機能性表示食品」制度が始まった。「おなかの調子を整える」，「脂肪の吸収をおだやかにする」などの，科学的根拠に基づいた特定の機能性が事業者の責任において表示できる制度である。

3 × 誤り。厚生労働省が掲げる野菜摂取量の目標は1日350gである。また，年代別野菜摂取量は60代が最も多く，300gを超えているのに対し，20代は最も少なく250g以下である。

4 ◎ 正しい。

5 × 誤り。日本人の食事摂取基準（2015年版）では，食物繊維の摂取基準は成人男性で1日20g以上，同じく女性が18g以上となっている。食物繊維には不溶性と水溶性の2つあるが，セルロースは不溶性でペクチンは水溶性になる。それぞれ働きが異なるが，便通をよくするといわれるのは不溶性食物繊維である。野菜に含まれる食物繊維は水溶性で約20%であるが，不溶性食物繊維は約50%含まれている。

第3章 園芸学

正答 No.1=2 No.2=5 No.3=3 No.4=5 No.5=4

果　樹

必修問題

果樹の栽培管理に関する記述として最も妥当なのはどれか。

【国家一般職・平成29年度】

1　間引きせん定する枝の量が多い場合や，切り返しせん定する部位が枝の基部に近い場合を，強せん定と呼ぶ。ウンシュウミカンの場合，果実を多くつける表年の樹では，部分的に強い切り返しせん定を行って，翌年に結果母枝となる発育枝を確保する。

2　高接ぎ更新は，現在栽培している品種の幹に発根しやすい枝を接ぐ方法である。接ぎ木は，台木と穂木の木部どうしを接着させ，カルスが形成されることで結合する。

3　同一品種の花粉を受粉しても受精しない性質を自家不和合性といい，リンゴ，モモ，ナシなどの大部分の品種がこれに当たる。ブドウは雌雄異花で雄花を持たない品種が多く，花粉供給用の品種を混植する必要がある。

4　摘果の基準には，１葉当たりの果実数である葉果比が用いられる。リンゴの摘果は，一般に２段階に分けて，１回目は側果を残して摘果し，２回目は最終的な果実数になるように行う。

5　果実の収穫前に葉の光合成を盛んにして，果実の肥大を促進するために窒素を主体に施用することを礼肥と呼ぶ。施肥は土壌施用が一般的であるが，葉面散布も行われる。

必修問題の解説

1 ◎ 正しい。強せん定を行うと残された芽の数が少なくなり，その後に伸長する新梢の数が少ないことから，それぞれの枝が勢いよく伸長する傾向にある。また，ウンシュウミカンの花には有葉花と直花の２種類あるが，原則は有葉花で，樹勢が弱ると直花が多くなる傾向にある。また，花芽は前年枝の先端に近い葉腋に形成されるので，強い切り返しせん定を行うと花芽を落とすことになる。

2 × 誤り。高接ぎ更新は，現在栽培している品種を新しい品種に変える場合に行う接ぎ木法である。現在の樹体の主枝，亜主枝に新しい品種の穂木を腹接ぎする。接ぎ木の際は，穂木と台木の形成層を密着させるようにする。

3 × 誤り。ブドウは雌雄異花ではなく，両性花を着生する。リンゴやナシなどでは，自家不和合性だけでなく他家不和合性の組合せもあるので注意する。なお，モモは自家不和合性だけでなく雄性不念によって自家受粉しない場合もある。

4 × 誤り。リンゴの摘果では，１回目で花叢の中心果を残すようにする。葉果比は１果当たりの葉数のことで果樹の種類や品種によっても違うが，リンゴでは一般に30～40枚/果である。

5 × 誤り。礼肥とは，果実を収穫した後に施用する肥料のことで，樹勢回復を目的としている。また，収穫前に窒素肥料を施用すると，アントシアニン類で果皮が着色する果実では着色を抑制することになる。

正答 1

重要ポイント1 結果習性

果樹の花芽には**純正花芽**と**混合花芽**があり，さらに混合花芽では新梢の先端に花を着けるⅠ，新梢の葉腋に花を着生するⅡに分けられる。また，花芽の着生位置の違いで，**頂生花芽**，**頂側生花芽**および**側生花芽**に分けられる。モモ，オウトウ，ウメなどは側生花芽で，１年生枝の側芽に純正花芽が形成される。ビワなどの頂生花芽では頂芽が純正花芽となる。カキ，ウンシュウミカン，ブルーベリーなどは頂側生花芽で頂芽と先端部分の側芽が花芽となるが，ウンシュウミカンは混合花芽Ⅰ，カキは混合花芽Ⅱ，ブルーベリーは純正花芽を着生する。ただし，これらの果樹では枝の伸長が停止する際に頂端分裂組織が自然に脱落する（自己せん定）ことが知られているので，頂芽とされる芽は植物学的には腋芽に相当する。したがって，「頂側生花芽」ではなく「側生花芽」とする説もある。

モモは，８月頃にその年に伸長した枝の葉腋に純正花芽が形成されるが，同じ位置に葉芽も形成される。**ナシ**は原則として頂生花芽で，品種によっては頂芽と先端部分の腋芽が花芽になることもある。したがって，原則として腋芽が萌芽して新梢を形成すると，その頂芽が混合花芽のⅠとなる。**カキ**は充実した１年生枝の頂芽（植物学的には腋芽）と先端部分の腋芽が混合花芽Ⅱとなる。したがって，春に萌芽伸長した新梢の葉腋に花が咲いて結実する。**ウンシュウミカン**は結実しなかった１年生枝の頂芽（植物学的には腋芽）と先端部分の腋芽に混合花芽のⅠを形成する。したがって，春に萌芽伸長した新梢の先端に花が咲いて結実する。**ブドウ**は，１年生枝の腋芽のほとんどに混合花芽のⅠを形成する。春に萌芽伸長した蔓の先端に花が咲いて結実するが，その後花芽のすぐ下にある腋芽が萌芽して蔓を伸長し，再び花が咲く。これを繰り返すので，外観的には混合花芽のⅡに似た着果状態となる。このようなブドウの結果習性は，蔓の伸長が「仮軸分枝」とする説に基づいている。近年，ブドウの蔓は「単軸分枝」とする説もあり，この説に従うと結果習性は混合花芽のⅡとなる。

重要ポイント2 整枝・せん定

果樹において，整枝・せん定は連年結実させるために重要な作業であるが，これを適切に行うためには，**結果習性**（どの枝のどの芽が花芽になるか，開花結実した場合の果実の着生状態）を熟知しておく必要がある。せん定時期には**夏季せん定**と**冬季せん定**が，枝の切り方には**切り返しせん定**と**間引きせん定**が，せん定の程度には**強せん定**と**弱せん定**があるが，それぞれ目的が異なるので十分に理解しておく必要がある。せん定後に残される芽が少ない場合は，その後に伸長する新梢数が少ないので個々の新梢が勢いよく伸長するが，残された芽が多い場合は，新梢伸長は弱くなる。せん定後に残される芽が相対的に少ない場合を強せん定，多い場合を弱せん定と呼ぶ。樹体の栄養成長と生殖成長は相反する成長相になるので，せん定の強弱で着花量の調節を行う。

重要ポイント 3 受粉

両性花で花粉が同一花内の柱頭に受粉する場合を**自花受粉（同花受粉）**といい，両性花あるいは単性花で雌雄同株の同一個体の花の間で受粉が行われる場合を**隣花受粉**という。ただし，栄養繁殖された個体は個体間で遺伝的差異はまったくないことから，個体間で受粉が行われたとしても隣花受粉に相当することから**準隣花受粉**と呼ぶ。同様に純系の個体間で受粉が行われた場合も準隣花受粉と呼ぶ。これらをまとめて**自家受粉**という。

一方，同一種内の両性花および単性花の雌雄異株あるいは雌雄同株の個体間で受粉が行われる場合，異種属間の個体間で受粉が行われる場合を**他家受粉**という。種子繁殖する作物と栄養繁殖する作物では，自家受粉と他家受粉に相当する花粉と雌蕊の組合せが異なるので混同しないように注意する。

重要ポイント 4 果実の結実・成長

結実には受粉・受精が前提であり，結果として果実内には種子が形成される。**単為結果**は，受粉・受精を行われずに果実が成長を開始する現象で，無種子である。ウンシュウミカンのように自然に単為結果する現象を**自動的単為結果**と呼び，デラウエアブドウのようにジベレリンなどの処理によって人為的に誘導された単為結果を**他動的あるいは人為的単為結果**と呼ぶ。ジベレリン以外ではオーキシンによる単為結果の誘導が行われている。なお，カキの平核無や刀根早生の果実には種子は含まれていないが，単為結果ではない。受粉・受精は正常に行われるが，種子の発育が途中で停止するために無核果となる現象で，特に**偽単為結果**と呼ぶ。

果実の肥大・成長のパターンには一重S字型と二重S字型の成長曲線が知られている。前者に属する果実としてはミカン，リンゴ，ナシなどが，後者ではモモ，オウトウ，ブドウ，カキなどが知られている。**二重S字型成長曲線**では，果実が旺盛に肥大する時期が2期に分かれるのが特徴で，1回目の肥大期を第Ⅰ期，肥大が緩慢になる時期を第Ⅱ期，2回目の肥大期を第Ⅲ期と呼ぶ。第Ⅱ期は硬核期ともいうが，これはモモなどの核果類の核が完成する時期と一致しているからである。種なしブドウや種なしのカキにおいても第Ⅱ期は観察されることから，必ずしも種子の成熟とは関係があるとはいえない。また，第Ⅱ期の期間は早生系の品種で短く，晩生系の品種で長くなる傾向にある。

実戦問題

No.1 **次は，果樹栽培における枝の管理と特性に関する記述であるが，A～Eに当てはまるものの組合せとして最も妥当なのはどれか。**

【国家総合職・平成27年度】

「果樹栽培において，栄養成長と生殖成長のバランスをとりながら人為的に枝を配置することを整枝といい，整枝のために枝を切ることをせん定という。

立木仕立ての骨格枝の育成において，枝の分岐角度は枝の裂けやすさに影響を及ぼし，一般に分岐角度が［ A ］ほど，着果や冬季の雪による重みで裂けやすくなる。

果樹の花芽は着生位置により頂生花芽，頂側生花芽，側生花芽に分類され，ビワは［ B ］花芽に分類される。せん定はこれらの着果習性を考慮して行い，カキ，クリは花芽を確保するためには［ C ］せん定よりも［ D ］せん定を用いる。

また，せん定を時期で区別すると，冬季せん定と夏季せん定に分けられる。夏季せん定は受光態勢を改善することなどを目的として補助的に行われるが，樹勢が［ E ］場合には行わないか，せん定量を減らすのが一般的である。」

	A	B	C	D	E
1	狭い	側生	切り返し	間引き	強い
2	広い	側生	間引き	切り返し	弱い
3	狭い	頂生	間引き	切り返し	強い
4	広い	頂生	間引き	切り返し	弱い
5	狭い	頂生	切り返し	間引き	弱い

No.2 **果樹の整枝・せん定に関する記述A～Dのうちから，妥当なもののみを挙げているのはどれか。** 【国家一般職・平成26年度】

A　多くの枝を残して樹勢を強くするせん定を強せん定という。これに対して，発育枝や側枝を多く切り落として樹勢を弱くするせん定を弱せん定という。花芽が多く着生し生殖成長に偏った樹には，弱せん定を施して樹勢調整を行う。

B　我が国の果樹栽培で利用されている樹形は，立木仕立てと棚仕立てに大別される。前者はモモ，ウメ，カキなどで採用されている。一方，後者はブドウ，キウイフルーツなどのつる性果樹で採用されているほか，ニホンナシでも台風による落果防止などのために採用されている。

C　リンゴやモモで行われている矮化栽培では，目的とする矮性状態を維持するため，夏季せん定が積極的に取り入れられている。夏季せん定では，盛んに成長している新梢を切ることによって葉数が減少し，当年の樹勢を低下させるばかりでなく，次年の樹勢も低下させることができる。

D　リンゴの普通栽培では，作業効率を高めるため，主幹に結果枝を直接着生させて結実を図る細型紡錘形（スレンダースピンドル）などの樹形が採用されている。一方，矮性台木を用いたリンゴの密植栽培では，成木期に開心自然形の樹形が採用されている。

1　A，B
2　A，C
3　B，C
4　B，D
5　C，D

No.3 **果樹の開花・結実生理に関する記述A～Dのうち，妥当なもののみを挙げているのはどれか。** 【国家総合職・平成27年度】

A　果樹の生理的落果には早期落果と後期落果とがあり，落果する果実数は後期落果より早期落果のほうが多い。早期落果の原因の一つに果実間の栄養的な競合が挙げられる。したがって，生理的落果を防止するためには摘蕾や摘花，幼果の摘果が有効である。

B　グレープフルーツなどでは，種子から発芽後２～３年経過で開花する現象が観察されている。この現象を幼樹開花と呼んでいる。いったん，幼樹開花した植物体は，そのまま成木相へと移行する。

C　ブドウの無核果生産について，４倍体品種の「デラウェア」では，１回目のジベレリン処理を満開時～満開３日後の花房に行い，無核果粒を形成させ，満開約10日後に２回目のジベレリン処理を果房に行い，果粒肥大を促進させるのが一般的である。

D　カンキツ類では，胚のうの近くの珠心細胞が不定胚を形成して多胚種子を作る現象が知られている。ウンシュウミカンは多胚性であり，１種子に10個以上の胚を含む。一方，ブンタン類は単胚性であり，１種子に１つの胚のみしか形成されない。

1　A，B
2　A，C
3　A，D
4　B，C
5　B，D

No.4 **果樹に関する記述Ａ～Ｄのうちから，妥当なもののみをすべて挙げているのはどれか。** 【国家一般職・平成25年度】

A　同じ種類の果樹を連作すると，生育不良となったり枯死したりすることがある。これを，忌地もしくは連作障害と呼び，土壌に成長抑制物質が蓄積したり，線虫類が根に寄生することなどが原因で起こることが知られている。特に，モモやイチジクで発生しやすい。

B　果樹栽培では，樹高を低くして作業効率を高める矮化栽培が行われている。このうち，台木を用いる方法はブドウのJM系やM系台木以外では開発されておらず，リンゴやカンキツに利用できる台木の育種が望まれている。

C　果実の成長パターンとして二重Ｓ字型成長曲線を示す果樹には，リンゴ，カンキツ，ブドウがある。これらの果樹では，生育期の中期に一時的な成長停滞がみられる。特にブドウでは，ジベレリン処理で単為結果を誘導すると，この停滞期が著しく長くなり収穫が遅れる。

D　果実は，一般に，完熟期に近づくほど糖および有機酸の含量が高まる。甘みを呈す糖は，果糖，ショ糖，ブドウ糖の３種類であるが，樹種によって特異性が強く，ニホンナシの果実は果糖，オウトウの果実はショ糖，ブドウの果実はブドウ糖と，それぞれ１種類の糖組成となっている。

1　A
2　D
3　A，B
4　B，C
5　C，D

No.5 **果樹の繁殖に関する記述として最も妥当なのはどれか。**

【国家総合職・平成30年度】

1 接ぎ木した樹は，実生樹に比べて結実開始樹齢は遅いが，台木の利用によって，樹勢の調節や，病害虫の被害を軽減することができる。接ぎ木は，穂木と台木の皮層どうしを接着させると活着しやすい。接ぎ木部分は，活着するまで接ぎ木クリップで止めて固定する。

2 接ぎ木に用いる穂木と台木は，一般に，植物分類学上近縁なものを用いるが，矮化栽培に用いられる矮性台木には，異なる種や属の台木が利用されることが多い。カンキツ類では，カラタチ台やヒリュウ台といった異属の台木が利用される。

3 ウイルスに感染している穂木を健全な台木に接ぎ木して育成した苗木は，1/2の確率でウイルス保毒苗となる。ウイルスフリー苗を作る手段としては，苗を80℃以上の熱水で処理する熱処理法やウイルスに汚染されていない茎頂組織を培養する茎頂培養法などがある。

4 枝や根などの一部を母樹から切り離し，土中などで不定根や不定芽を発生させて独立した個体を育成する繁殖方法を取り木という。発根しにくい樹種でも，シアナミド剤などの合成アブシシン酸剤で基部を処理すると発根が促進される。

5 栽培品種は遺伝的に雑種性が強く，種子から育成した実生個体は両親とは異なった遺伝特性を有するため，繁殖は栄養繁殖に限られる。一方，台木の実生個体は遺伝的に均一であるため，台木が栄養繁殖可能な樹種であっても種子により繁殖させることが多い。

実戦問題の解説

No.1 の解説　果樹栽培における枝の管理と特性

→問題はP.142

果樹における気象災害には，台風などの風害や雪害などによる枝折れ等が含まれる。一般に枝の分岐角度が$_A$狭いほど折れやすいので，カキなどの枝が折れやすい果樹では60～70度になるように，幼木時の整枝・せん定に注意する。また，雪害による枝折れには雪の重みで枝が折れる場合もあるが，積雪後の沈み込みで枝が折れることも多いので，積雪が数メートルになる地域ではその対策が必要である。

花芽が枝の先端部分に着生する$_B$頂生花芽の果樹では，切り返しせん定を行うと花芽を落とすことになる。ビワ，カキおよびクリは枝の先端部分に花芽を着生するので，着果させる枝は$_C$切り返しせん定は行わず，$_D$間引きせん定を行う。夏期せん定は樹体の旺盛な栄養成長によって果実の肥大が抑制される場合に行われる。樹体が成長している時期に行うので極端な場合には枯死することもあるので，樹勢が$_E$弱い場合には注意する必要がある。

以上より，正答は**5**である。

No.2 の解説　果樹の整枝・せん定

→問題はP.143

A× 誤り。多くの枝を残す場合を弱せん定といい，一般に樹勢は弱くなるので生殖成長が旺盛になる。せん定時に多くの枝を残すことは，多くの芽を残すことになるので萌芽伸長する個々の枝に割り当てられる栄養が相対的に少なくなるので樹勢が弱くなる。逆に強せん定の場合は残された芽が少なく，伸長する枝も少ないので１本当たりの栄養が多くなるので樹勢が強くなる。

B○ 正しい。近年は，台風による風害を防止する目的でカキなどでも棚仕立てとする場合がある。

C○ 正しい。リンゴの矮化栽培はよく知られているが，モモやカキでも矮性台木の探索が行われ，モモではニワウメやユスラウメなどが利用されるようになった。

D× 誤り。リンゴの普通栽培では樹形を開心自然系にする場合が多い。矮性台木を用いた矮化栽培では，樹高を2.5～3.0mとした主幹形を用いることが多い。矮性台木を使用した樹は小さくなり，１樹当たりの結果量は少ないが，単位面積当たりに植栽される本数が多くなるので，結果として単位面積当たりの収量は増加することが多い。

以上より，正答は**3**である。

No.3 の解説　果樹の開花・結実生理

→問題はP.144

A ○ 正しい。早期落果の時期は，我が国では梅雨の時期に当たり，晴天日が少ないので樹体の物質生産が低下する時期でもある。また，早期落果は，ジューンドロップと呼ばれることもある。

B × 誤り。グレープフルーツなどで知られている幼樹開花は，発芽後１年目にだけ開花が見られる現象である。２年目以降は幼弱相になるので，成木相になるまで開花しない。

C × 誤り。デラウェアは，本来有核品種であるが，古くからジベレリン処理による無核果生産が行われてきた。一般に，100ppmのGA_3葉腋を開花２週間前と満開後10日の２回，処理する。１回目の処理で単為結果を誘起し，２回目の処理で果実肥大を促進する。なお，デラウェアは２倍体である。

D ○ 正しい。ウンシュウミカンの多胚性はよく知られている現象であり，１つの交雑胚と複数の珠心胚を有している。一般に，通常の播種では交雑胚は発芽しないことが多い。珠心細胞は種子親の組織であるので，珠心胚実生の遺伝的特性は種子親と同じである。珠心胚は胚乳を栄養源として発育することから，若返りによって成長が旺盛になる傾向にある。珠心胚実生を利用した育種も行われている。

以上より，正答は**3**である。

No.4 の解説　果樹

→問題はP.145

A ○ 正しい。モモでは成長抑制物質としてアミグダリンやプルナシン等の青酸配糖体が報告されている。

B × 誤り。JM系とM系台木は，ともにリンゴの矮性台木である。M系台木はイギリスのイーストモーリング試験場で開発された台木で，JM系台木は我が国の農研機構果樹研究所が開発した矮性台木である。

C × 誤り。果実の成長パターンが二重Ｓ字型成長曲線を示す果樹は，核果類のモモ，ウメ，サクランボなどやブドウなどが知られている。一般に，一時的な成長の停滞期を第Ⅱ期と呼んでいる。ジベレリン処理で無核果となったブドウや人為的に種子の成長を停止させたモモなどでは，第Ⅱ期が不明瞭で短くなることから，この時期と種子の成長との関与が示唆されている。

D × 誤り。一般的に，果実の酸含量は完熟期に近づくほど減少する。また，糖含量は成熟に向かって増加するが，その組成は果樹の種類で異なる。日本ナシでは，品種にもよるが，二十世紀ではショ糖が最も多く次いで果糖，ブドウ糖の順になる。オウトウやブドウではショ糖含量は極端に少なく，果糖とブドウ糖がおよそ１：１の割合で含まれている。カンキツ類では，ショ糖が約50%を占めており，残りを果糖とブドウ糖がおよそ１：１の割合で含まれている。

以上より，正答は**1**である。

No.5 の解説　果樹の繁殖

→問題はP.146

1 × 誤り。接ぎ木樹の結実開始樹齢は実生樹よりも早い。接ぎ木を行うときに注意することは，穂木と台木の形成層を密着させることである。果菜類では接ぎ木クリップを使用するが，果樹の場合は樹皮が硬いので接ぎ木クリップを利用することは少なく，接ぎ木テープを巻いて固定する。

2 ◎ 正しい。台木と穂木が同じ種に含まれる場合を，特に共台という。

3 × 誤り。ウイルスに感染した穂木を接ぎ木した場合は，100％の確立でウイルス保毒苗となる。ウイルスを除去する目的で行う熱処理は成長点培養と併用して行われるが，樹体を35～40℃の条件において枝の伸長を早めたうえで成長点を採取する。

4 × 誤り。挿し木繁殖法のことである。取り木法は，環状剥皮を行った枝にミズゴケや培養土などを巻き付けて発根させた後に枝を切り離す方法である。発根しにくい樹種で挿し木を行う場合には，オーキシンの一つであるインドール酪酸（IBA）等を処理して発根率を高める。

5 × 誤り。台木の繁殖は，容易に大量繁殖させることが可能であることから，主に種子繁殖で行われる。種子を生産する効率が悪い樹種では，挿し木による繁殖も行われる。一般に，苗木の果実形質に及ぼす台木の遺伝的特性の影響は，穂木の影響に比べて少ない。台木に用いられる種・品種であるからといって，実生が遺伝的に均一であるとはいえない。

第3章 園芸学

正答　No.1=**5**　No.2=**3**　No.3=**3**　No.4=**1**　No.5=**2**

花　卉

必修問題

花き類の生育と開花制御に関する記述A～Dのうち，妥当なもののみを挙げているのはどれか。　【国家一般職・平成30年度】

A　昼温と夜温の温度較差をDIFといい，草丈の伸長に影響することが知られている。昼温が夜温より高いとDIFはプラス，昼温が夜温より低いとDIFはマイナスとなり，DIFがマイナスになると草丈の伸長が抑えられることから，花壇苗などの矮化に利用されている。

B　低温に感応して花芽分化が誘導される現象を脱春化という。スターチス・シヌアータの栽培では，吸水して発芽中の種子の段階でも低温感応することから，種子冷蔵による開花調節が行われる。処理後は，30℃程度の高温を与えることで開花までの期間が短縮する。

C　キクは長日条件で花芽分化することから，日長が短くなる秋から冬にかけての栽培では，夜間に電照を行うことで花芽分化を促進することができる。キクの花芽分化には連続した明期の時間が重要で，明期の中間に短時間遮光すると花芽形成が抑えられる。

D　葉は展開するものの節間伸長がみられず成長停止に近い状態にあることをロゼットという。トルコギキョウでは，種子が吸水してから本葉が二対展開するまでに高温に遭遇するとロゼット化し，一定期間の低温に遭遇することでロゼットが打破される。

1　A，B
2　A，D
3　B，C
4　B，D
5　C，D

必修問題の解説

A ○ 正しい。

B × 誤り。低温に感応して花芽分化が誘導される現象は，春化である。スターチス・シヌアータは種子春化型の植物であるが，低温処理後に高温に遭遇すると春化の効果は消失して開花までの日数が長くなり，花数も減少する。これを脱春化という。

C × 誤り。キクは短日植物で，電照栽培は夜間に電照を行うことで長日条件を維持して花芽分化を遅らせる。短日条件に対する反応は連続した暗期の長さが重要で，暗期の中間に短時間の電照を行うことで花芽形成が抑制される。秋ギクを需要の高い正月から春の彼岸に出荷する電照菊が1930年代に愛知県で始まった。

D ○ 正しい。

以上より，正答は**2**である。

正答 2

重要ポイント 1 成長制御および光周性

植物の生長は環境条件に影響される。**DIF**は昼と夜の温度差のことで，昼温－夜温と定義されており，+DIF，－DIFなどのように表される。植物の生育が正常に行われる温度の範囲内で，昼夜温度差が大きくなるほど伸長が増大し，小さくなるほど減少する。茎の伸長促進は細胞分裂の増大ではなく，個々の細胞の伸長促進によるものである。

ロゼットは短日や高温の影響で誘導されるが，休眠とは異なり成長点の活動が停止または弱くなっているわけではなく葉原基は分化されている。キクではエテホンによってロゼットが誘導され，トルコギキョウではロゼットの打破にジベレリン処理が有効であることが明らかになっている。

日長により花芽形成が調節される現象を**光周性**と呼ぶ。日長が一定の時間よりも長いときに花芽を形成する植物を**長日植物**，逆に短いときに花芽を形成する植物を**短日植物**という。それぞれにおいて，厳密な限界日長を有する場合を質的あるいは絶対的長日植物，および質的あるいは絶対的短日植物という。これらに対し，限界日長を持たず日長が短くなる，または長くなるにつれて花芽形成が促進される場合を，それぞれ量的あるいは相対的短日植物，量的あるいは相対的長日植物という。また，日長には関係なく，一定期間の栄養成長を行った後に花芽を形成する植物を**中性植物**という。

重要ポイント 2 繁殖法

植物の繁殖は種子繁殖と栄養繁殖に大別できる。

種子繁殖は，容易に苗を生産できる最も基本的な繁殖法であるが，増殖率は一度の交配で得られる種子数によって決まるので植物の種類によって異なる。１回の交配で得られる種子数が多い作物は，ベゴニア，プリムラ，ペチュニア，シクラメン，ナス，トマト，スイカ，キュウリなどがある。少ない作物は，アサガオ，スイートピー，ハクサイ，キャベツ，ダイコンなどがある。また，一代雑種（F_1）品種の採種では，自家不和合性の利用や雄性不稔の利用により，効率的に行われている。種子繁殖法は一般には有性生殖であるが，特殊な例としてカンキツ類の珠心胚などのように無性的な種子繁殖（**アポミクシス**）もある。珠心胚から生じた個体の遺伝的特性は，親植物と同じである。

栄養繁殖は，ほとんどの木本性作物および多年生の作物で行われている方法である。栄養器官を利用して無性的に行われるので，親植物と同じ遺伝的特性を持った個体を増殖できる。**挿し木**，**接ぎ木**が代表的な方法であるが，挿し木や接ぎ木に用いる部位によって下記のように分類できる。

挿し木	
茎挿し	休眠枝挿し 塾枝挿し 緑枝挿し 挿し芽
葉挿し	全葉挿し 葉片挿し
根挿し	

接ぎ木	
枝接ぎ	切り接ぎ 割り接ぎ
芽接ぎ	
根接ぎ	
呼び接ぎ	

栄養繁殖に利用される器官として，球根も重要である。球根も植物学的な分類に従うと，野菜の根菜類の分類と同じである。植物学的には葉の変形した部位から成る鱗茎にはスイセン，チューリップやユリが含まれ，根が肥大した部位から成る塊根にはダリアなどが含まれる。茎が肥大した球茎にはグラジオラスやシクラメンが含まれる。

実戦問題

No.1 **花きの特徴や我が国における生産に関する記述として最も妥当なのはどれか。** 【国家総合職・平成25年度】

1 トルコギキョウは，中央アジア原産のキキョウ科の植物である。紫・桃・白・黄など花色が豊富で，覆輪の品種の栽培も多い。9月中旬～11月上旬に播種し，品種，加温，電照の組合せにより3月から7月にかけて出荷するのが基本的な作型である。

2 ポインセチアは，メキシコ原産のトウダイグサ科の植物である。短日植物で，生育適温は15～30℃程度である。赤・桃・白などに着色する部分は花ではなく，ほう葉である。クリスマスの鉢花として需要が多い。

3 アルストロメリアは，ヨーロッパ原産の植物であり，開花している姿が蝶の舞う姿に似ていることから，コチョウラン（胡蝶蘭）とも呼ばれる。種苗の増殖は実生あるいは組織培養であり，周年出荷が行われている。

4 ハボタンは，東アジア原産のボタン科の多年草である。外葉径に応じて，大型・中型・小型種があり，また，葉の形で，丸葉系・ちりめん系・切れ葉系に大別される。我が国には江戸時代中期に渡来し，春の彼岸の草花として古くから親しまれている。

5 カーネーションはナデシコ科の宿根草であり，平成22年産の切り花類においては，キク，カスミソウに次いで作付面積が大きい。本来，秋から冬に開花し，短日条件で開花が促進される短日植物であるが，園芸品種は四季咲きに改良されている。母の日に需要のピークがある。

No.2 **次は，花きに関する記述であるが，それぞれに当てはまる花き名の組合せとして最も妥当なのはどれか。** 【国家一般職・平成25年度】

A 学名は*Lathyrus odoratus*であり，マメ科に属する。開花習性から冬咲き，春咲き，夏咲きの3種類に分類され，花弁は蝶形を示す。生育するにつれて巻きひげを伸長する。

B 学名は*Hydrangea macrophylla*で，落葉性の低木である。ヨーロッパで改良されたものはハイドランジアと呼ばれ，鉢物用などとして栽培されている。

C 学名は*Narcissus* spp.で，球根はりん茎である。一茎一花の大杯系や，一茎に多数の花がつく房咲きなどがある。

D 学名は*Gypsophila paniculata*であり，ナデシコ科に属する。主茎から次々に側枝を分枝し，小輪の花を数多くつける。切り花やドライフラワーとして利用される。

E 学名は*Tagetes* spp.であり，キク科に属する。主に花壇用として栽培されるが，土壌線虫の生息密度を低下させる効果があることから，その目的で栽培されることもある。

	A	B	C	D	E
1	スイートピー	ツツジ	ダリア	キンギョソウ	マリーゴールド
2	スイートピー	アジサイ	スイセン	シュッコンカスミソウ	マリーゴールド
3	ストック	ツツジ	ダリア	シュッコンカスミソウ	ガーベラ
4	ストック	アジサイ	ダリア	シュッコンカスミソウ	マリーゴールド
5	ストック	アジサイ	スイセン	キンギョソウ	ガーベラ

No.3 花きの繁殖に関する記述として最も妥当なのはどれか。

【国家一般職・平成29年度】

1 ランの種子は，胚乳や子葉を持たないため，外から養分を与えないと発芽しない。自然環境では，菌根菌から養分をとって発芽する。人工的に発芽させるためには，一般に，菌根菌の助けを借りずに，無機塩類，糖，寒天などから成る人工培地を用いる。

2 接ぎ木は，技術的に最も簡単な繁殖法であり，季節を問わず行うことができる。また，実生苗や挿し木苗で繁殖できないものを，大量に繁殖させることができる。一方，同科同属でなければ親和性がないなどの欠点がある。

3 挿し木では，挿し穂を挿した後に不定根が形成される。不定根の形成を促進するためには，ジベレリン処理の効果が高い。挿し床の環境は，通風により湿度を低くし，補光を行って光合成を促進する必要がある。

4 カーネーションやシュッコンカスミソウなどでは，子葉の培養によりウイルスフリー株を得ることができる。子葉をカイネチン処理によって発根させた後，IAA（インドール-3-酢酸）を含む培地に移植してシュートを発達させて，大量増殖する。

5 セル成型苗では，不良環境条件下での発芽率を高めるため，播種前の種子を温湯に漬けて急速に吸水させる。この処理はプライミングといわれ，パンジーやペチュニアなどの硬実種子で特に効果が高い。

No.4 **次は，花きの花色に関する記述であるが，A～Dに当てはまるものの組合せとして最も妥当なのはどれか。** 【国家一般職・平成26年度】

「花には多様な色素が含まれている。化学構造からは［A］，カロテノイド類，［B］に大別される。［A］は配糖体として存在し，液胞に蓄積する。カロテノイド類は疎水性の赤・黄色を呈する色素であり，通常は有色体に存在する。［B］は赤紫・黄色を呈し，水溶性で液胞に存在する。

遺伝子組換えによる花色の改変も行われており，［C］由来の遺伝子を使い，既存の品種よりも青色に近い花色の［D］が作出され，市販されている。」

	A	B	C	D
1	フラボノイド・アントシアニン類	ベタレイン類	ペチュニア	カーネーション
2	フラボノイド・アントシアニン類	クロロフィル	ガーベラ	バラ
3	ベタレイン類	クロロフィル	ペチュニア	バラ
4	ベタレイン類	フラボノイド・アントシアニン類	ガーベラ	カーネーション
5	クロロフィル	ベタレイン類	ペチュニア	カーネーション

実戦問題の解説

No.1 の解説　花きの特徴や生産

→問題はP.154

1 × 誤り。トルコギキョウはその和名からキキョウ科の植物に間違えられるが，北アメリカ原産のリンドウ科の植物である。

2 ◎ 正しい。

3 × 誤り。アルストロメリアは南アメリカ原産で，複雑な花びらが特徴であるが蝶に似ているかは疑問である。コチョウランは東南アジア原産の着生ランである。アルストロメリアは多年草で株分けによって繁殖が行われるが，種子で増殖することもできる。花期は5月～7月である。

4 × 誤り。ハボタンはアブラナ科の植物である。もともとは食用として渡来したが，その後観賞用として改良された。切れ葉系はさんご系とも呼ばれる。

5 × 誤り。カーネーションは四季咲き性を有しており，4月～6月および10月～11月に開花する。日長反応は長日植物に分類されるが，量的長日植物であると考えられている。作付面積は大きくはないが，切り花の出荷本数はキクに次いで多い。

No.2 の解説　花き

→問題はP.154

学名がわからなくても，植物の特性を知っていることが重要である。

A：スイートピーが当てはまる。スイートピーはマメ科の植物で，花と相同の器官である巻きひげを形成する。一方，ストックはアブラナ科の植物である。

B：アジサイが当てはまる。ハイドランジアは，日本原産のガクアジサイがヨーロッパに伝わり，品種改良されたものである。日本のアジサイ同様に落葉性である。ツツジはアジア原産で落葉性または常緑性であるが，アジアからヨーロッパに伝わって品種改良されたツツジ科の植物であるアザレアは常緑性である。

C：スイセンが当てはまる。スイセンの球根は，肉厚に変形した葉が多数重なって短縮した茎に着生したもので，りん茎と呼ばれる。ダリアの球根は塊根に分類され，根が肥大したものである。

D：シュッコンカスミソウが当てはまる。カスミソウには，一年草と多年草があるが，切り花やドライフラワーとして利用されるのは，多年草である。キンギョソウはオオバコ科に分類される（ゴマノハクサ科に分類される場合もある）。

E：マリーゴールドが当てはまる。マリーゴールドは，根から*a-terthienyl*と呼ばれる物質を分泌し，線虫を防除する効果が知られていることから，コンパニオンプランツとして利用される。ガーベラもキク科で，近年は花壇用の品種もあるが，花茎の長い切り花用が多い。また，線虫の駆除に利用されることはない。

以上から，正答は**2**である。

No.3 の解説　花きの繁殖

→問題はP.155

1 ◎ 正しい。

2 × 誤り。接ぎ木繁殖は，技術の習得が必要な繁殖法であり，簡単な方法とはいえない。技術の習得が必要でない，最も簡単な繁殖法は種子繁殖である。また，接ぎ木が可能な時期は限られており，切り接ぎでは春～初夏，芽接ぎは秋が適期である。繁殖可能な個体数は，台木の数によって決定されるので，種子繁殖に比べて効率は劣る。不親和性は，穂木と台木の近縁性だけではなく，ウイルスの存在，有害物質に起因する場合も知られている。

3 × 誤り。挿し木において，発根を促進する目的で使用される植物成長調節剤はオーキシンである。一般的には，インドール酪酸（IBA）が用いられることが多い。また，挿し穂を乾燥させないように注意する必要がある。発根後の根の成長には，挿し穂の行う光合成が重要である。休眠枝（熟枝）挿しでは葉を着けないが，緑枝挿しの場合は葉が蒸散を行うために，挿し穂の水分損失を助長するので乾燥に注意する必要がある。

4 × 誤り。組織培養によってウイルスフリー株を得るためには，無菌である成長点を利用する。一般には，カイネチンのようなサイトカイニンを含む培地でシュートを発生させ，IAA等のオーキシンを含む培地で発根させる。

5 × 誤り。プライミングとは，各種塩類（硝酸塩，リン酸塩，PEG）などの高浸透圧溶液（－1.0～－1.5MPa）で種子を吸水させ，発芽までの代謝を人為的に進める処理で，発芽揃い，発芽所要日数の短縮，不良環境下における発芽率向上などの効果がある。また，硬実種子とは種皮が硬く吸水しにくい種子のことであるが，スイートピーなどのマメ科の植物やアサガオなどが知られている。

No.4 の解説　花きの花色

→問題はP.156

植物の代表的な色素は，フラボノイド，カロテノイド，ベタレインおよびクロロフィルである。

A：「フラボノイド・アントシアニン類」が当てはまる。フラボノイドに含まれる代表的な色素はアントシアニンで，アントシアニジンと糖が結びついた構造をしている。アントシアニジンと糖の組合せにより，さまざまな種類が知られているが，主に青色から紫色を示す。アントシアニンは水溶性色素であり，液胞に存在する。

B：「ベタレイン類」が当てはまる。ベタレイン類は，ナデシコ科，イソマツ科およびザクロソウ科以外のナデシコ目植物に含まれる色素で，代表的な植物としてはオシロイバナ，ケイトウ，マツバボタンおよびサボテンなどが挙げられる。ベタレインも水溶性色素であり，液胞に存在する。

C：「ペチュニア」が当てはまる。キク科であるガーベラの花色にもアントシアニンが関与しているが，主に橙黄色系である。

D：「カーネーション」が当てはまる。遺伝子組み換えによる花色の改変も行われているが，青いカーネーションはペチュニアやパンジーから遺伝子を導入することで成功したが，青いバラではパンジーの遺伝子を導入することで成功した。

カロテノイドはカロテン類およびキサントフィル類に分類され，それぞれに数種類の化合物が知られている。主に黄色から赤色を示す色素である。

以上より，正答は**1**である。

正答　No.1=2　No.2=2　No.3=1　No.4=1

貯蔵・流通

必修問題

果実の取扱いに関する記述として最も妥当なのはどれか。

【国家一般職・平成28年度】

1 成熟段階になって呼吸活性が一時的に増加する果実をクライマクテリック型果実と呼び，リンゴ，バナナ，ブドウ，キウイフルーツなどがこれに属する。クライマクテリック型果実の成熟には，サイトカイニンが深く関与しており，その合成を阻害すると成熟も抑制される。

2 果実の貯蔵性や輸送性を高めるために行う前処理を予措という。ウンシュウミカンでは，果実を温度５～10℃，湿度30％程度の条件で１～２週間保持し，３～４％の減量になるように乾燥させると，果皮がある程度萎れて果皮の呼吸・蒸散作用が抑制される。これを低温予措という。

3 リンゴやナシなどのバラ科植物の果実で，果肉などの一部が水浸状になって半透明にみえることをみつ症状（みつ入り）という。リンゴのみつ症状は，我が国では消費者に好まれる傾向があるが，みつ症状が進んだ果実は貯蔵には適さない。

4 渋ガキの渋味の原因は，果肉中の不溶性タンニンである。アルコール脱渋法は，果実にエタノールを噴霧し，約１週間密封することによって，不溶性タンニンを可溶性タンニンに変えて果肉から滲出させる方法である。

5 果実の選別には，大きさや重さを基準とする等級選別と，外観を基準とする階級選別とがある。最近では，果実の内部品質を非破壊で測定する技術として，可視光線を果実に当て，その反射光を測定して選別を行う技術や，Ｘ線を用いて糖度を測定する技術が開発されている。

必修問題の解説

青果は水分含量が概して高く，穀物に比べて長期間の貯蔵が難しい。このような青果を長期間貯蔵する際に重要な事柄は，水分の損失と呼吸をできる限り抑制することである。一般に，青果の呼吸を抑制するためには低温条件下に置くこと，また，水分の損失を抑制するためには青果を取り巻く空気の相対湿度を高く維持することが効果的である。しかしながら，空気を低温に維持すると空気の相対湿度は低下する傾向にあり，青果の貯蔵に適した条件を整えることが難しい。

1 × 誤り。ブドウはクライマクテリック型果実には含まれない。また，果実の成熟に関与するのはエチレンであり，この作用を打ち消す薬剤が貯蔵の際に利用される。

2 × 誤り。予措には加温しないで行う乾燥予措と温度を高めて行う高温予措がある。乾燥予措では貯蔵庫の窓を開放して外気を導入し，乾燥させる。冬季であれば気温５℃，湿度が70～80％程度になるので，１～２週間で果実重を３～４％程減少させる。高温予措では，15～17℃または20℃で１週間程度行う場合がある。前者は着色歩合の向上を目的とし，後者は果皮色を向上させることを目的としている。処理中の湿度は80％程度に保つようにする。

3 ◎ 正しい。リンゴのミツ症は生理障害の一つとされる。水浸状の部位はソルビトールが蓄積しており，決して甘さが増大しているわけではない。

4 × 誤り。渋ガキの渋味の原因は，可溶性タンニンである。脱渋法はいくつもあるが，アセトアルデヒドの作用で可溶性タンニンを不溶性タンニンに変えることで渋が抜ける。アセトアルデヒドはエタノールの分解過程で生じるが，脱渋法の多くは無気呼吸によってエタノールを生成させることを目的としている。

5 × 誤り。大きさや重さを基準とした選別は階級選別であり，果皮色や傷の有無等の外観で選別することを等級選別という。果実の糖度などの内部品質を非破壊で測定する方法には，近赤外光が用いられる。可視光の反射光では果実の色による選別が主である。

正答 3

重要ポイント 1　果実の呼吸特性

果実の呼吸特性として，**クライマクテリック型**および**非クライマクテリック型**の2つが知られている。**クライマクテリック型果実**では一時的に呼吸量が増加し，その後果実の軟化が急速に進む。これは呼吸の増加に伴って，または先立ってエチレンが生成され，その影響で成熟・老化現象が急速に進むからである。バナナ，セイヨウナシ，キウイフルーツなどではデンプンの糖化が進み，可食状態になる。これを**追熟現象**と呼ぶ。

一方，エチレンの作用としてポリガラクツロナーゼなどの酵素が活性化され細胞壁多糖類の分解が進み，果実の軟化が促進される。したがって，貯蔵に当たっては，一時的な呼吸の上昇を抑制する必要がある。

重要ポイント 2　果実の低温障害

青果物の低温障害としては，**褐変**，**陥没**や**生育不良**が知られている。**褐変**はフェノール化合物の酸化によって生じるが，低温貯蔵に伴ってクロロゲン酸などの生成が増加し，さらにポリフェノール酸化酵素によって酸化され，褐変する。また，低温障害の発生にはカリウムイオンなどの電解質の漏出が起こることが確認されており，膜の透過性の変化が関与している。

重要ポイント 3　鮮度保持剤

植物の鮮度は，老化の進行に伴って低下していくが，老化の進行は植物ホルモンであるエチレンの影響を強く受ける。したがって，青果物の鮮度保持剤として利用されているものには，エチレンの作用を阻害する働きをするものが多い。

1-MCP（1-メチルシクロプロペン）は，エチレン受容体タンパク質（ETR 1）と優先的に結合することでエチレンの作用を阻害するものである。気体であることから使用方法が難しいとされているが，組織内部への浸透が容易であることや毒性がないなどの利点がある。セイヨウナシやメロンでは成熟開始後に処理すると，エチレン生成が抑制され可食期間を大幅に延長させることができる。近年，日本でもリンゴ，日本ナシ，洋ナシ，カキで使用が認められた。

一方，チオ硫酸銀（STS）はカーネーションなどの切り花の鮮度保持剤として多くの国で使用されている，エチレン作用阻害剤である。しかしながら，重金属である銀を含むため食品への使用は認められていない。

この他にも二酸化炭素や2,5-ノルボルナジエン（NBD）が知られている。

実戦問題

No.1 **我が国の園芸作物のポストハーベスト技術に関する記述として最も妥当なのはどれか。** 【国家総合職・平成30年度】

1 農作物を収穫した後，貯蔵・輸送・流通前に乾燥処理を行って，腐敗などを低減する技術をCTSDという。ニホンナシでは，CTSD処理により収穫に伴う傷のコルク化を促すことで，翌春までの長期常温貯蔵が可能となっている。

2 品質低下の原因となる収穫後の農作物の呼吸は，一般に，温度が低いほど抑制される。しかし，バナナ，ウメ，キュウリ，ナス，ピーマンなどは，凍結しない低い温度帯での貯蔵中に，果皮や果肉の褐変や崩壊といった低温障害を引き起こすことがある。

3 収穫した農作物の温度を，出荷や貯蔵前に急速に低下させる冷却処理を予冷という。我が国では主に差圧通風，強制通風，真空冷却の三方式が採用されており，このうち設備費が安い差圧通風方式が最も普及している。また，最も冷却速度が速い真空冷却は，果菜類で使用されている。

4 MA包装とは，界面活性物質を練り込んだプラスチックフィルムを用いることで包装内側の曇り防止と結露による腐敗菌の増殖を抑える技術である。一般には，ガス透過性のない素材を用いることで包装した野菜等の呼吸を抑制し，長期間の鮮度保持を可能としている。

5 切り花の品質保持剤として，チオ硫酸銀錯塩（STS）が使用されている。STSは，切り花が生成するエチレンを分解することでエチレン濃度を低下させ，切り花の老化の進行を抑える働きがあり，エチレン感受性の高いカーネーション，キク，ガーベラなどの出荷の際に使用されている。

No.2 **次は，我が国における加工・業務用野菜をめぐる現状に関する記述であるが，A～Eに当てはまるものの組合せとして最も妥当なのはどれか。**

【国家一般職・平成29年度改題】

野菜の需要のうち，加工・業務用の割合は増加傾向で推移し，平成27年度では全体の約 [A] 割を占める*。特に加工・業務用割合が高い品目は，順に [B] ，トマト，ネギ，ダイコンとなっている。加工・業務用野菜には輸入品の利用も多く，平成30年における生鮮野菜としての輸入量は，多いものから順にタマネギ，[B]，[C]，ネギ，ゴボウとなっている。こうした中，加工・業務用野菜の国産割合を高めるため，生産・流通システムの構築が求められている。

このような状況を踏まえ，たとえばキャベツでは，[D] の可能な収穫機の導入や鉄コンテナでの流通による効率化が進められている。ホウレンソウでは，最も多くの作業時間を要する [E] の機械化を始め，機械化一貫体系の導入が推進されている。

*「加工・業務用野菜をめぐる状況（令和元年12月）」（農林水産省）

	A	B	C	D	E
1	3	ナス	カボチャ	選択収穫	収穫・調製
2	3	ニンジン	キュウリ	一斉収穫	播種
3	6	ナス	キュウリ	選択収穫	防除
4	6	ニンジン	カボチャ	一斉収穫	収穫・調製
5	6	ニンジン	カボチャ	選択収穫	播種

No.3 **切り花の老化に関する記述として最も妥当なのはどれか。**

【国家一般職・平成28年度】

1 多くの切り花の老化にエチレンが関係している。キクやガーベラは感受性が高く，カーネーションやスイートピーは感受性が低い。エチレンに対する感受性の高い花きでは，呼吸により発生する二酸化炭素を触媒としてエチレンが急増する。

2 切り花産地では，品温を低下させるために予冷が行われる。予冷は，急激に冷却させるよりも時間をかけて行うほうがよい。なお，バラやカーネーションのような温帯原産の花きでは，低い温度により低温障害の発生するおそれがあるため，20℃前後で貯蔵する。

3 完全に開花した段階で収穫された切り花では，蕾段階で収穫された切り花よりも多量の炭水化物を必要とする。したがって，デンプンを品質保持剤として処理することにより，バラなど多くの切り花で日持ちが延びる。

4 切り花の水揚げは，切り口の閉塞によって悪化する。閉塞の直接的な原因は，微生物の繁殖，気泡，切り口を治癒する傷害反応などである。微生物の繁殖を防ぐには，殺菌剤を生け水に加えるとよい。

5 切り花の品質保持剤として，STS*やエテホンなどが使用される。STSはエチレンの作用阻害剤であり，内生エチレンの作用を阻害するが，外生エチレンの作用は阻害できない。エテホンはエチレンの生成阻害剤であり，競合によってエチレン生成酵素の作用を阻害する。

*STS：チオ硫酸銀錯塩

No.4 表は，我が国で生産される主な果樹について平成28年の生産状況を示したものである。表中の果樹の品目A～Eと，これらの果実の輸出に関する記述ア～オの組合せとして最も妥当なのはどれか。 【国家総合職・令和元年度】

品目	栽培面積（ha）	収穫量（ｔ）	主な生産県
A	43,800	805,100	和歌山・愛媛・静岡
B	38,300	765,000	青森・長野
C	20,900	232,900	和歌山・奈良・福岡
D	18,000	179,200	山梨・長野・山形
E	10,500	127,300	山梨・福島・長野

資料　農林水産省「果樹生産出荷統計」「耕地及び作付面積統計」

ア　果実の中では輸出額が最も大きく，平成29年の輸出金額は100億円を超える。主に台湾，香港に輸出されている。また，バラ科の植物である。

イ　果実の中では輸出額が２番目に大きく，主に香港，台湾に輸出されている。平成25年以降，輸出額の伸びが続いており，特にシンガポール向けの輸出が大きく伸びている。種なしで皮ごと食べられ，脱粒しにくい品種の輸出増大に向けた取組みが行われている。

ウ　主に香港，台湾に輸出されている。平成25年以降，輸出額の伸びが続いており，特にマレーシア向けの輸出が大きく伸びている。品質劣化が早いため，加工品の輸出も行われている。また，バラ科の植物である。

エ　主にタイ，香港に輸出されている。主な病害虫の一つである「炭そ病」や「フジコナカイガラムシ」は輸出相手国で検疫対象に含まれる場合もあるが，植物検疫に関する技術的協議を経て平成29年度には米国および豪州向け輸出が解禁となった。

オ　主にカナダ，香港，台湾に輸出されている。主な病気の一つである「かいよう病」はEUにおいて検疫対象であるが，植物検疫に関する技術的協議を経て平成29年度からは栽培地検査が不要となり，EU向け輸出に取り組みやすくなった。

	A	B	C	D	E
1	エ	ア	オ	イ	ウ
2	エ	ウ	イ	オ	ア
3	オ	ア	イ	エ	ウ
4	オ	ア	エ	イ	ウ
5	オ	ウ	エ	イ	ア

実戦問題の解説

No.1 の解説　ポストハーベスト技術

→問題はP.163

1 × 誤り。CTSDは渋ガキの脱渋法のことで，25℃程度の一定の温度条件下で炭酸ガスなどを短時間処理して渋抜きする方法である。

2 ◎ 正しい。適温以下の温度で貯蔵すると，低温障害を生じる果実もある。特に熱帯果樹では低温に弱い果実が多い。

3 × 誤り。収穫後の青果物は呼吸により急速に品質を低下させることから，収穫後速やかに品温を下げる冷却施設が，圃場の近辺に整備されるようになった。我が国では，冷水冷却式，通風冷却式，真空冷却式の三方式が採用されている。

4 × 誤り。MA包装では，成果物の呼吸で内部の空気組成が変化する効果を利用した方法である。CA，MAの効果は，空気の組成を調節して呼吸を抑制するので，クライマクテリック型の作物で効果が大きい。

5 × 誤り。STSはエチレン作用阻害剤で低濃度でも効果が得られるが，重金属である銀を含むことから問題視されることもある。カーネーションはエチレン感受性が高いが，キクやガーベラは低い。

No.2 の解説　加工・業務用野菜

→問題はP.164

A：「６」が当てはまる。平成27（2015）年度における加工・業務用割合は約６割である。

B：「ニンジン」が当てはまる。加工・業務用需要が特に高い割合を占める品目は，ニンジン，ネギ，トマト，ダイコンであるが，最も高いニンジンが64%で，それぞれの差は数%にとどまる。

C：「カボチャ」が当てはまる。生鮮野菜の輸入量も増加しており，平成30（2018）年の輸入量はタマネギが30万トン，ニンジンが11万トン，カボチャが10万トン，ネギが6.7万トン，ゴボウは4.9万トンとなっている。

D：「一斉収穫」が当てはまる。加工・業務用キャベツでは，機械による収穫を行うので一斉収穫が特徴となるが，実際には生育差が大きいので選択収穫に関する研究も行われている。

E：「収穫・調製」が当てはまる。野菜の作業別労働時間は，収穫・調製作業に要する時間が特に長いのが特徴で，露地栽培キャベツで約33%，同じくホウレンソウでは約39%を占めている。また，施設栽培野菜では，収穫・調整以外に灌水や施設管理に要する時間が長くなる。

以上より，正答は**4**である。

No.3 の解説　切り花の老化

→問題はP.165

1 × 誤り。エチレン感受性はキクやガーベラでは低いが，カーネーションやスイートピーでは高い。

2 × 誤り。切り花の鮮度保持のためには呼吸による養分の消耗や蒸散による水分低下を防止するために，収穫後速やかに温度を下げることが重要である。予冷温度は凍結しない範囲で低温ほどよいとされ，一般的には５℃以下にする必要がある。

3 × 誤り。切り花の日持ちをよくする延命剤には雑菌の繁殖を抑える抗菌剤と切り花の栄養となる糖類が含まれている。バラでは蕾の段階に比べて開花した花の糖含量がかなり高くなることが知られており，品種にもよるが開花中の花弁１ｇには約30mgの糖が含まれている。主要な糖は果糖およびブドウ糖でショ糖は少ない。花弁の細胞の浸透圧に関与していると考えられている。

4 ◎ 正しい。

5 × 誤り。STSはエチレン作用阻害剤でカーネーションやスイートピーなどで使用されているが，その効果は限定的で外生エチレンには効果がない。エテホンはエチレンを発生する薬剤である。

No.4 の解説　果実の輸出

→問題はP.166

近年，我が国で生産される果樹の品質がよいことから，海外向けに輸出されることが多くなった。特に，リンゴ，ブドウ，カキなどの落葉果樹は休眠打破に一定の低温期間が必要になるので生産が難しいことから，熱帯アジアの国々向けの輸出が多くなった。一方，ウンシュウミカンはオレンジと異なり容易に果皮が剥けることから，アメリカやカナダには古くから輸出されていた。表中のA～Eおよびア～オの記述に関しては，以下のとおりである。

Aは収穫量が80万トンで，主な産地が和歌山・愛媛・静岡であることから，ウンシュウミカンである。
Bは収穫量が76.5万トンで多く，主な産地が青森・長野であることから，リンゴである。
Cは主な産地に奈良・福岡があるので，カキである。
Dは主な産地に山梨・長野があるので，ブドウである。
Eは主な産地に山梨・福島があるので，モモである。

ア：輸出額が最も大きく，バラ科の植物であることから，リンゴである。
イ：主に香港，台湾に向けて輸出されていること，近年はシンガポール向けの輸出が伸びていることから，落葉性の温帯果樹である。また，脱粒しにくい，果皮ごと食べられることから，ブドウのことである。
ウ：マレーシア向けの輸出が大きく伸びていること，品質劣化が早いバラ科の植物であることから，モモのことである。モモの果実はクライマクテリック型の果実で傷みやすく輸送性に乏しいことから，かつては消費地に近い地域（山梨県や福島県）に産地が形成される傾向にあった。
エ：タイ，香港に輸出されていること，「フジコナカイガラムシ」からカキであることがわかる。
オ：カナダに輸出されていること，「かいよう病」からウンシュウミカンであることがわかる。「かいよう病」は細菌による病気で，オレンジを栽培している地域では病気の侵入を警戒している。ウンシュウミカンはかいよう病に対して抵抗性があるため，細菌に感染されても病徴を発現しない。アメリカ合衆国にも輸出されているが，かつては栽培地等の厳密な検査を経たうえで輸出が認められていたが，EU同様に平成29年度以降は緩和された。

以上から，A＝オ，B＝ア，C＝エ，D＝イ，E＝ウの組合せであり，正答は**4**である。

正答　**No.1＝2　No.2＝4　No.3＝4　No.4＝4**

施設栽培・省力化技術

必修問題

我が国における施設（ハウスおよび温室）栽培の環境制御に関する記述として最も妥当なのはどれか。 【国家一般職・平成28年度】

1 施設内の気温を低くするために，換気や遮光が行われる。夏季の冷房は経営上難しいが，細霧冷房やパッドアンドファンなどを用いた冷房が導入されている例もある。これらは，水の凝縮熱を利用した方式が一般的であり，施設内の湿度が高い場合に冷却効果が高い。

2 光を照射する目的には，花芽分化を調節するために照射する電照と，光合成速度を高めて成長の促進を図る補光とがある。メタルハライドランプは消費電力が小さいため，電照用によく使われる。白熱電球は発光効率が高く寿命も長いため，補光用によく使われる。

3 施設内の加温は，ボイラーによる温風暖房方式と温水暖房方式が多く使われていたが，近年では，ヒートポンプ暖房方式が大部分である。ヒートポンプ暖房方式は，空気熱や地下水熱を利用して熱を低温部から高温部へ移動させる装置であり，省エネルギーで，導入のための設備費が安価である。

4 紫外線の透過率を低下させる被覆資材には，ナスなどに含まれるアントシアニン色素の発色を促進させる効果がある。逆に，紫外線の透過率を高める被覆資材により，施設内への昼光性害虫の侵入や，灰色かび病などの胞子の発芽を阻止することができる。

5 作物の光合成を促進するために，CO_2の施用が行われる。灯油やプロパンガスを燃焼させるCO_2発生装置や，液化CO_2ボンベが使用される。低濃度や過剰施用を避けるには，CO_2濃度を計測して自動的に調整するCO_2ガスコントローラーが用いられることもある。

必修問題の解説

1 × 誤り。細霧冷房やパッドアンドファンによる冷房は，ともに水の気化熱を利用して空気を冷却する方法である。湿度が高い場合には水の蒸発量が少ないので，冷却効果が低くなる。

2 × 誤り。メタルハライドランプは光質を太陽光に近づけるように調整されたものが使用されるが，価格が高いことや多くの熱を発生することから施設内で使用するためには対策を講じる必要がある。白熱電球は安価ではあるが寿命が短いことや発光効率が悪く，設置後の費用が高くなる。現在は，LEDが主流になってきた。

3 × 誤り。ボイラーは各種熱源を利用して水を加熱し，蒸気または温水で施設内を加温する方法である。温風暖房機は，一般的には灯油やガスを燃焼して温めた空気で施設内を循環させるもので，ボイラーは使用していない。

4 × 誤り。ナスの着色には，紫外線が必要である。紫外線のない環境下では，果実の着色が抑制されるだけでなく，肥大も劣る傾向にある。また，灰色かび病菌の胞子形成は紫外線によって誘起される。

5 ◎ 正しい。

正答 5

重要ポイント 1 施設内の光環境

太陽からの放射を**日射**というが，おおよそ波長が250～380nmを紫外線，380～760nmを可視光，770～1000nmを赤外光と呼んでいる。400～700nmの波長域の光は植物の光合成に有効な光であることから，**光合成有効放射（PAR）**と呼ばれている。600～700nmの赤色光と700～750nmの遠赤色光はフィトクロムに関与しており，レタスなどの好光発芽種子の発芽は赤色光で促進されるが遠赤色光では抑制される。また，光周性にも影響することが知られている。紫外線は，ナスのアントシアニンの発現に関与しているだけでなく，バラ，プリムラ，キキョウなどの花弁の着色にも必要である。さらに，340nm付近の紫外線が不足すると，イチゴやメロンハウスで受粉に利用されるミツバチやハナアブの行動が不活発になり，奇形果が増加したり結実が低下したりする。

光環境は糸状菌の胞子形成に影響することから，紫外線除去フィルムが作物の病害防除に利用されるが，病害の種類によっては発生が助長されることもある。一方，紫外線除去フィルムの使用で，アブラムシやコナジラミの防除に効果があることも知られている。

重要ポイント 2 施設内の二酸化炭素濃度

施設内の二酸化炭素濃度を人為的に高めて作物を栽培する技術を，**CO_2施肥**と呼んでいる。その効果は果実などのsinkが大きいトマトやキュウリなどの果菜類で高く，20～30％程度の増収が見込める。CO_2の施用濃度は晴天時で1,000～1,500ppmで，1,500ppm以上で施用しても効果は薄いといわれている。また，曇天時では500～1,000ppm，雨天時には施用しない。また，トマトなどでは，施用による茎葉の過繁茂を防止するために，潅水量をやや控えめにする。

重要ポイント 3 施設内の温度環境

光合成は温度の影響を受けるので，施設内の温度を**光合成適温**に保つ必要がある。適温は作物の種類によって異なり，キュウリで25℃，トマトで20℃，バラは18～23℃，カーネーションで18℃前後とされている。多くの場合，生育適温が高い作物では光合成適温も高い傾向にある。トマトにおける光合成産物の転流は30klx，25℃の条件では９時～18時に全体の約３分の２程度，18時～９時の夜間は13℃の条件で全体の３分の１程度が行われるとの報告がある。また，夜間18℃程度で転流は速やかに行われるが，８℃程度の低夜温では翌朝になっても転流が終了せずに葉に留まっており，結果として光合成が低下する。したがって，果菜類などでは**変夜温管理**が行われる。

近年，夏期の最高気温の上昇が顕著で，太陽光利用型の施設内では高温になりやすいので，施設内を冷却する設備を導入する例が増えてきている。一般に，暖房に比べて冷房は多くのエネルギーを消費するためコストが嵩むが，比較的低コストでできる水の気化熱を利用した設備が導入されることが多い。

実戦問題

No.1 養液栽培，植物工場などに関する記述として最も妥当なのはどれか。

【国家一般職・平成27年度】

1 養液栽培は，土を使わずに培養液によって作物を生産する栽培法で，土の代替となる培地を用いた固形培地耕や固形培地を使わない水耕，噴霧耕，NFT*などがある。

2 固形培地耕の中では，ロックウール耕が主流であり，古くは礫耕とも呼ばれた。ロックウール以外にもヤシ殻などの資材も使われ，レタスの養液栽培で多く用いられる。

3 養液栽培の培養液の供給方法には，循環式とかけ流し式がある。循環式は，肥料成分比率は変化しないが，殺菌と成長調節物質の除去が必要である。

4 養液土耕栽培は，固形培地を地表に設置し，独立したドリップチューブから水と液肥を別々に供給する栽培法である。

5 植物工場には，人工光源と太陽光を用いた完全制御型と，太陽光のみを利用する太陽光利用型がある。完全制御型の開発は，我が国では2000年頃から進められているが，設置コストが課題である。

*NFT：nutrient film technique

No.2 **施設園芸における施設と環境制御に関する記述として最も妥当なのはどれか。**

【国家一般職・令和元年度】

1 植物工場とは，計画生産が可能な完全人工光型施設をいい，太陽光利用型施設は植物工場には含まれない。また，植物工場の光源には赤外線が発生しない高圧ナトリウムランプなどが利用されている。

2 フェンロー型温室は，軒が高い単棟の大型温室であり，ハイワイヤー式の誘引栽培に適している。また，スリークォーター型温室は，丸形の屋根で軟質フィルムを張るのに適した構造となっている。

3 ボイラーで熱した温湯を配管給湯するヒートポンプ暖房は，温風暖房に比べ施設内の温度が均一になりやすい特徴がある。また，不織布を施設の外張りに用いることをべたがけといい，夜間の放熱を防ぐ効果がある。

4 地表面をプラスチックフィルムで覆うマルチングでは，透明フィルムより黒色フィルムのほうが地温上昇効果が高い。また，ポリエチレンフィルムは，塩化ビニルフィルムに比べ保温性が高い。

5 施設内に細霧を噴射する冷房を細霧冷房，湿らせた資材に外気を通して冷風を施設内に入れる冷房をパッド・アンド・ファン冷房という。これらの冷房方式は湿度が低い場合に冷却効果が高い。

No.3 **我が国における野菜の播種と定植に関する記述として最も妥当なのはどうか。**

【国家一般職・平成27年度】

1 ペレット種子は，気密性・防水性に優れた高分子物質などで種子の表面を覆い，球状や円盤状に造粒したもので，機械播種が容易である。

2 レタスは，嫌光性種子のため，ペレット種子に適し，播種時は深めの覆土をし，発芽後は遮光して軟弱徒長を促進させながら育苗する。

3 ホウレンソウでは，発芽不良の問題を解決するために，プライミング種子や，果皮を取り除いたネーキッド種子が利用される。播種作業を簡略化するために，シードテープが利用されることもある。

4 全自動移植機や各種収穫機などの利用促進のために，農林水産省によって，トマトなど主要な野菜における畝幅，株間や定植時期などの標準的な栽培様式が決定されている。

5 ダイコンは，直根性であるため，セルトレイでの育苗に適しており，半自動移植機あるいは全自動移植機による機械定植が一般的である。

実戦問題の解説

No.1 の解説　養液栽培，植物工場

→問題はP.174

1 ◎ 正しい。

2 × 誤り。礫耕とは培地に礫（小石）を用いた栽培法である。我が国で初めて行われたのは1940年代後半で当初は河川礫が使用された。そのほかにも溶岩を使用した例もあるが，礫の種類によって培養液の効果が異なることが欠点であった。一方，ロックウールとは玄武岩，珪石および高炉スラグなどを溶融し，繊維状にした鉱物繊維をさす。pHがほぼ7.0前後で，土壌のような緩衝能がないことなど養液栽培の培地として適した特性がある。

3 × 誤り。培養液の肥料成分比率は循環式であっても，植物に吸収されて変化する。常に組成の変化には注意する必要がある。一方，かけ流し式は作物に吸収されなかった余剰培養液は廃棄されるので，一部の作物に病気が発生した場合でも蔓延する危険性は少ない。

4 × 誤り。養液土耕栽培は，通常の土耕栽培に点滴灌漑用の設備を設置し，灌漑用水に肥料を混ぜて供給する栽培法である。水の節約とともに過剰施肥による環境汚染を軽減できる利点がある。

5 × 誤り。完全制御型の植物工場は，閉鎖空間内で人工光を利用して作物を栽培する方法である。季節や設置場所の影響を受けることがなく，また完全無農薬栽培も可能であるが，初期費用が課題になる。

No.2 の解説　施設園芸における施設と環境制御

→問題はP.175

1 × 誤り。植物工場には閉鎖環境で太陽光を利用しない「人工光型」と半閉鎖型環境で太陽光の利用を基本とする「太陽光利用型」がある。近年，熱の発生が少ないLEDを光源として利用することが多くなった。

2 × 誤り。スリークォーター型温室は両屋根型の温室であるが，陽光面側屋根を大きくして多くの光を取り入れることを目的とした温室である。温室メロンの栽培が多い静岡県では，このタイプの温室を使用している。基本的に温室は東西棟が多い。

3 × 誤り。一般に，温湯を配管で給湯する暖房方式は，温風暖房に比べて施設内の温度差が大きい傾向にある。また，べたがけに用いられる資材には不織布以外に寒冷紗や化繊シートもある。保温目的だけでなく，遮光，地温上昇，遮熱や害虫防除などの目的で行われる。

4 × 誤り。黒色フィルムによるマルチでは光を遮ることから防草効果が期待できるが，地温を上昇させる効果は透明フィルムに比べて低い。また，ポリエチレンフィルムは塩化ビニールフィルムに比べて赤外線透過率が高く，保温性に劣る。

5 ◎ 正しい。

No.3 の解説　野菜の播種と定植

→問題はP.175

1 × 誤り。ペレット種子は，不整形種子，扁平種子や微細種子などの扱いにくい種子を，造粒剤（粘土等）で一定の大きさの球状に整形した種子のことである。種子の取扱いや機械による播種が容易となり，作業性が向上する。

2 × 誤り。レタスは好光性種子である。フィトクロムが関与しており，赤色光によって発芽が誘導されるが，遠赤色光では抑制される。

3 ◎ 正しい。ホウレンソウは硬い果皮に覆われた硬実種子であるため，吸水をよくするための処理を行うと発芽率や発芽勢がよくなる。ネーキッド種子は硬い果皮を取り除いて吸水性をよくした種子のことであるが，生育に支障がある高温条件下でも発芽してしまう欠点がある。シードテープとは，紙や不織布などで作った紐状のテープに種子を封入したものである。スジ播きする作物では，あらかじめ適切な間隔で必要な量の種子のみを封入しておくと，間引きの手間を省くことができる。

4 × 誤り。農作業における機械化の推進のための取組みが行われていた結果，キャベツやハクサイなどにおいては標準的な栽培様式が決定された。しかしながら，トマトやキュウリなどの果菜類では，苗の定植や収穫は手作業が主である。

5 × 誤り。ダイコンなどの根菜類では，移植によって根を傷めると品質の低下を招くので，圃場に直接種をまく「直播」が行われる。

正答　No.1＝**1**　No.2＝**5**　No.3＝**3**

第４章

育種遺伝学

遺伝学・生殖

必修問題

メンデルの遺伝の法則に関する記述として最も妥当なのはどれか。ただし，純系どうしの交雑から生じる世代をF_1（雑種第一代），F_1どうしの交雑から生じる世代をF_2（雑種第二代）と表すものとする。

【国家一般職・平成29年度】

1 メンデルは，1900年に遺伝の法則に関する論文を発表した。この法則は，ド=フリース，コレンス，チェマルクの3名も，メンデルとほぼ同時期に発見したが，メンデルの論文の発表が一番早く，また優れていると評価されたため，メンデルの法則と命名された。

2 1組の対立遺伝子Aとaは，互いに混ざり合って中間の性質を持つ遺伝子に変化することはなく，配偶子には，どちらか一方の対立遺伝子が分配される。このことを，優性の法則という。優性の法則が成り立たないものとして，不完全優性があり，F_2の表現型は3：1に分離する。

3 2組の対立遺伝子は，互いに独立して分離し，同じ頻度で配偶子を形成する。このことを，独立の法則という。この法則は，これらの遺伝子が別々の染色体上に乗っている場合に当てはまる。

4 完全優性の遺伝子をA，劣性の遺伝子をaとすると，F_1の遺伝子型の割合は，AA：Aa：aa＝1：2：1となる。このとき，ヘテロ接合体では，優性の形質が現れる。ヘテロ接合体で，どちらか一方の形質のみが現れることを，分離の法則という。

5 メンデルの実験結果について，観察数と理論数との一致性を確かめるためには，サンプル数が少ない場合にはF検定が，多い場合にはt検定が用いられる。観察数と理論数が同一であればt値はゼロとなり，開きが大きいとt値は大きくなる。

必修問題の解説

1 × メンデルは1865年にメンデルの法則を発表したが，学会で認められなかった。メンデルが死去した後，1900年になって３人の研究者が独自にメンデルの法則を再発見し，発表した。

2 × 記述は分離の法則を示す。優性の法則は「対立形質を示す純系の両親の交雑では，一方の親の形質が雑種第一代に現れる。雑種第一代で現れる形質のことを優性，現れない形質を劣性と呼ぶ」のように定義される。不完全優性の場合，F_2 の表現型は１：２：１に分離する。

3 ◎ 正しい。

4 × 分離の法則ではなく，優性の法則を説明する記述である。

5 × メンデルの実験結果における観察数と理論数との一致性を確かめるためには χ^2（カイ二乗）検定が使われる。サンプル数が少ない場合，イェーツの補正を行う。

正答 3

重要ポイント 1 2つの遺伝子間の相互作用

1つの形質に2つの遺伝子座が関与する場合は，遺伝子間の関係により表現型の現れ方が異なる。2つの遺伝子の相互作用には以下の例が知られている。

補足遺伝子：2つの遺伝子座において，どちらの遺伝子座にも優性対立遺伝子が含まれるときのみ表現型が現れる場合，これらの遺伝子を補足遺伝子という。分離比は表現型の現れたもの：現れなかったもの=9：7となる。

	AB	*Ab*	*aB*	*ab*
AB	*AABB*	*AABb*	*AaBB*	*AaBb*
Ab	*AABb*	*AAbb*	*AaBb*	*Aabb*
aB	*AaBB*	*AaBb*	*aaBB*	*aaBb*
ab	*AaBb*	*Aabb*	*aaBb*	*aabb*

条件遺伝子：2つの遺伝子座 *A* と *B* があるとき，*A* は単独で表現型への作用を現すが，*B* は *A* がないと表現型への作用を示さないという場合，*B* を条件遺伝子という。表現型は9：3：4に分離する。

	AB	*Ab*	*aB*	*ab*
AB	*AABB*	*AABb*	*AaBB*	*AaBb*
Ab	*AABb*	*AAbb*	*AaBb*	*Aabb*
aB	*AaBB*	*AaBb*	*aaBB*	*aaBb*
ab	*AaBb*	*Aabb*	*aaBb*	*aabb*

被覆遺伝子：カボチャの果皮色は *W* があると白くなる。*w* ホモ接合のとき，*Y* があると黄色くなり，*Y* がないと緑色になる。このようなとき，*W* は *Y* に対する被覆遺伝子という。分離比は白：黄色：緑色=12：3：1となる。

	WY	*Wy*	*wY*	*wy*
WY	*WWYY*	*WWYy*	*WwYY*	*WwYy*
Wy	*WWYy*	*WWyy*	*WwYy*	*Wwyy*
wY	*WwYY*	*WwYy*	*wwYY*	*wwYy*
wy	*WwYy*	*Wwyy*	*wwYy*	*wwyy*

抑制遺伝子：2つの遺伝子座の一方が他方の遺伝子座の作用を抑制して発現させない場合をいう。カイコは遺伝子 Y があると黄色い繭となるが，遺伝子 I があると Y の作用は抑制されて白い繭となる。分離比は白：黄色=13：3。

	IY	Iy	iY	iy
IY	$IIYY$	$IIYy$	$IiYY$	$IiYy$
Iy	$IIYy$	$IIyy$	$IiYy$	$Iiyy$
iY	$IiYY$	$IiYy$	$iiYY$	$iiYy$
iy	$IiYy$	$Iiyy$	$iiYy$	$iiyy$

同義遺伝子：複数の遺伝子座において少なくとも1つの優性対立遺伝子があれば表現型が現れるとき，これらの遺伝子を同義遺伝子という。2遺伝子の場合の分離比は，表現型が現れた個体：現れなかった個体=15：1となる。

	TT'	Tt'	tT'	tt'
TT'	$TTT'T'$	$TTT't'$	$TtT'T'$	$TtT't'$
Tt'	$TTT't'$	$TTt't'$	$TtT't'$	$Ttt't'$
tT'	$TtT'T'$	$TtT't'$	$ttT'T'$	$ttT't'$
tt'	$TtT't'$	$Ttt't'$	$ttT't'$	$ttt't'$

第4章 育種遺伝学

実戦問題

No.1　２組の対立遺伝子による相互作用に関する記述１～５のうち，下線部の記述が最も妥当なのはどれか。

ただし，２組の対立遺伝子をそれぞれＡとａ，Ｂとｂとすると，F_2は雑種第一代F_1（AaBb）を自殖して得た次代（雑種第二代）をさすものとする。

【国家総合職・平成29年度】

1　一方の優性遺伝子が，他方の優性あるいは劣性遺伝子の作用を覆い隠す場合を，超優性という。カボチャの果皮の色などでみられ，F_2での表現型の分離比は13：３となる。

2　ある形質の発現に対して，異なる遺伝子座の優性遺伝子が共に必要な場合を，共優性という。スイートピーの花色などでみられ，F_2での表現型の分離比は９：６：１となる。

3　２つの遺伝子が同一の形質に関与し，そのいずれか一つの遺伝子が優性であればその形質が発現し，２つの優性遺伝子間には累積効果が存在しない場合，これらを重複遺伝子という。ナズナの果実の形などでみられ，F_2での表現型の分離比は15：１となる。

4　ある形質を発現する優性遺伝子に作用して，その形質発現を抑制する優性遺伝子を，複対立遺伝子という。カイコガの繭の色などでみられ，F_2での表現型の分離比は12：３：１となる。

5　同じ形質を支配する２つの優性遺伝子が共存すると効果が加算される場合，これらを補足遺伝子という。イネの芒の長さなどでみられ，F_2での表現型の分離比は９：４：３となる。

No.2 **次は，トウモロコシやイネの胚乳の遺伝現象に関する記述であるが，ア～キに当てはまるものの組合せとして最も妥当なのはどれか。**

【国家一般職・平成26年度】

「黄色の種子のトウモロコシの雌ずいに黒色の種子のトウモロコシの花粉を受粉すると黒色の種子になる。黄色と黒色の花粉を混合して受粉すると，黄色と黒色の種子が一つの穂に混在する。このように，胚乳の形質に雄親の影響が現れることを［ア］という。

イネのウルチとモチは，*Wx* 遺伝子に支配される胚乳の特性であり，モチは［イ］であるため，［ウ］に［エ］の花粉がかかると［オ］になる。

トウモロコシ種子の胚乳の色について，優性形質（黄色）の遺伝子を *Y*，劣性形質（白色）の遺伝子を *y* とする。*YYY* は濃黄色，*YYy* は黄色，*Yyy* は淡黄色，*yyy* は白色となることから，黄色は白色に対して［カ］である。純系どうしの交配では，どちらを雌親とするかによってF_1種子の色が異なることになる。また，これらのF_1どうしを交配すると，F_2では濃黄色，黄色，淡黄色，白色が［キ］に分離する。」

	ア	イ	ウ	エ	オ	カ	キ
1	キセニア	劣性形質	モチ品種	ウルチ品種	ウルチ	不完全優性	1：1：1：1
2	キセニア	優性形質	ウルチ品種	モチ品種	モチ	不完全優性	1：3：3：1
3	キセニア	劣性形質	モチ品種	ウルチ品種	ウルチ	超優性	1：3：3：1
4	メタキセニア	優性形質	ウルチ品種	モチ品種	モチ	超優性	1：1：1：1
5	メタキセニア	劣性形質	モチ品種	ウルチ品種	ウルチ	不完全優性	1：3：3：1

No.3 **次は，自殖性作物の連鎖分析に関する記述であるが，ア～エに当てはまるものの組合せとして最も妥当なのはどれか。** 【国家一般職・平成29年度】

3つの優性遺伝子A，B，Cが，この順に同一染色体上に存在し，これらは互いに連鎖しているものとする。遺伝子A，B，Cをホモに持つ母本に，それぞれ対応する劣性遺伝子a，b，cをホモに持つ父本を交配し，F_1（雑種第一代）を得るとする。このF_1に［ア］を更に交配することで，組換え価を求めることができる。A-B間の組換え価をX，B-C間の組換え価をZ，A-C間の組換え価をYとすると，XとZの和よりもYは［イ］値となる。このように，YがXとZの和にならないのは［ウ］の存在のためである。［ウ］の遺伝子型の例としては［エ］などがある。

	ア	イ	ウ	エ
1	父本	大きな	非組換え型	AaBbcc
2	父本	小さな	二重組換え型	aaBbcc
3	父本	小さな	非組換え型	AaBbcc
4	母本	大きな	二重組換え型	aaBbcc
5	母本	小さな	非組換え型	aaBbcc

No.4　植物の生殖や繁殖，培養などに関する記述A～Dのうち，妥当なもののみを挙げているのはどれか。　【国家総合職・令和元年度】

A　アポミクシスとは，胚発生を経ずに栄養器官や組織の一部から次の世代が発生する現象をいい，無性生殖の一つである。アポミクシスにより繁殖する植物は有性生殖を行わない。アポミクシスでは親とまったく同じ遺伝子型が維持されるので，ヘテロシスの固定などに利用できる。

B　植物細胞は全能性を持ち，不定胚や不定芽を経て個体が再生する。コムギやダイズ，ニンジンなどの作物は，品種によらず一定の高い不定胚形成能を持つ。一方，高い不定芽形成能を持つ作物もあり，イネやタバコで葯培養を行うと，不定芽形成を経て植物体が再生する。

C　他殖性を維持する機構として，自己の花粉の発芽や花粉管の伸長などを抑制することで，他個体の花粉の精細胞と受精する仕組みが発達していることがあり，これを自家不和合性と呼ぶ。自家不和合性を示す植物として，ダイコン，サツマイモなどがある。

D　栄養繁殖により増殖された個体群をクローンと呼ぶ。クローンは由来した個体と同一の遺伝子型を持つ。栄養繁殖植物はウイルス病が伝染しやすく，ジャガイモでは茎頂培養によるウイルスフリー苗が用いられている。

1　A，B
2　A，C
3　B，C
4　B，D
5　C，D

実戦問題の解説

No.1 の解説　2組の対立遺伝子による相互作用

→問題はP.184

1 × 優性対立遺伝子が他方の優性あるいは劣性対立遺伝子の作用を覆い隠す場合を被覆遺伝子と呼ぶ。カボチャでは，果皮を黄色にする優性遺伝子 Y がある。ただし，優性遺伝子 W があると，Y の有無に関係なく白い果皮となる。W を持たない場合のみ Y の働きによって果皮が黄色くなる。W も Y も持たないとき，果皮は緑色となる。F_2で表現型の分離比は白：黄色：緑=12：3：1となる。

2 × ある形質の発現に対して，異なる遺伝子座の優性遺伝子が共に必要である場合，これらの遺伝子を補足遺伝子という。白花スイートピー個体間の交雑で青色の花をつける雑種が得られる場合などが例として挙げられる。F_2での表現型の分離比は9：7となる。

3 ◎ 正しい。

4 × ある形質を発現する優性遺伝子に作用して，その形質発現を抑制する優性遺伝子を抑制遺伝子という。F_2での分離比は13：3となる。

5 × 同じ形質を支配する2つの優性遺伝子が共存すると効果が加算される場合，これらを相加遺伝子という。分離比は9：6：1となる。

No.2 の解説　遺伝現象

→問題はP.185

ア：「キセニア」が当てはまる。花粉遺伝子の効果が胚乳（や種子親）の形質に現れることをキセニアという。メタキセニアは，花粉遺伝子の効果が母本の形質に影響する現象をいう。

イ：「劣性形質」が当てはまる。モチはアミロース合成の鍵となるデンプン粒結合型デンプン合成酵素遺伝子（顆粒性デンプン合成酵素ともいう。穀類では *Waxy*と呼ばれ*Wx*と略される）が突然変異を生じて機能しないため，アミロースが作られずアミロペクチンのみから成るデンプンを持つ。モチは変異型の対立遺伝子をホモ接合で持つときにのみ現れるので劣性形質である。

ウ・エ・オ：モチは劣性形質であるため，モチ品種（＝ウ）にウルチ品種（＝エ）の花粉がかかるとウルチ（＝オ）になる。

カ：「不完全優性」が当てはまる。劣性対立遺伝子が雑種において形質を表すとき，不完全優性というのでこの場合，黄色は白色に対して不完全優性である。

キ：「1：1：1：1」が当てはまる。F_1どうしの交雑では種子親側で Y を持つ中央細胞（YY）と y を持つ中央細胞（yy）ができ，そこに Y の花粉と y の花粉が受粉して胚乳ができるため，YYY，YYy，Yyy，yyyの胚乳が1：1：1：1の割合でできる。

以上から，正答は**1**である。

No.3 の解説 自殖性作物の連鎖分析

→問題はP.186

本問では減数分裂時に生じる染色体の二重組換えをテーマとしている。

F_1ではすべての遺伝子がヘテロ接合になっている。このF_1に母本を交雑すると母本は優性対立遺伝子をホモ接合で持つため，後代ではすべての遺伝子について優性形質しか現れない。そのためF_1個体の減数分裂で生じた対立遺伝子が優性であったか劣性であったかを知ることができない。一方，3つの遺伝子について劣性ホモ接合である父本を交雑すればF_1で生じた配偶子の遺伝子型がそのまま表現型として後代に現れ，組換え価を求めることができる。

そのため，**ア**には「父本」が入り，このような交雑を検定交雑という。ABとBCの観察される組換え頻度の合計X＋Zよりも，ACの観察される組換え頻度Yのほうが小さな値となる（**イ**）。これは遺伝子間の距離が遠いと二重組換えが生じやすく，実際の組換え数よりも観察される組換え数が少なくなるためである。

ウには「二重組換え型」が入る。親型がABCかabcなので二重組換えで生じた配偶子の遺伝子型はaBcかAbCであり，検定交雑でできる配偶子はaaBbccかAabbCcである。**エ**にはaaBbccが入る。

以上より，正答は**2**である。

No.4 の解説 植物の生殖，繁殖，培養

→問題はP.187

A × アポミクシスは受精なしに胚発生を経て個体を発生する仕組みであるので誤りである。また，通常アポミクシスによる生殖を行う植物も有性生殖を行うことがあり，アポミクシスは条件的であることが多い。種子繁殖においてヘテロシスの固定が利用できると言う点で育種的な利用への期待が高い。

B × 品種によらず高い不定胚形成能を示すものとしてコムギやダイズが挙げられているが，これは現在の技術では正しくない。また，葯培養では通常不定胚形成を経て植物体を再生するため，「不定芽形成を経て」という記述は正しくない。

C ○ 正しい。

D ○ 正しい。

以上から，正答は**5**である。

正答 No.1＝3　No.2＝1　No.3＝2　No.4＝5

第4章 育種遺伝学

遺伝学（計算）

必修問題

次は，遺伝に関する記述であるが，A～Dに当てはまるものの組合せとして最も妥当なのはどれか。 【国家一般職・平成25年度】

「両親に由来する染色体の間で交叉とつなぎ換えが起こり，両親いずれとも異なる新しい遺伝子の組合せができることを遺伝的［A］という。［A］の過程では，染色体をつくるDNA鎖が相同な部分で交叉し，交叉点においてDNA鎖が切断され，相同な他の鎖へつなぎ換えられる。このように相同染色体間で交叉が起こり，対称的な切断と互い違いのつなぎ換えが起こることを染色体の［B］と呼ぶ。［B］が起こらない場合に［A］が起こることはないが，［B］が起こった場合に必ず［A］が起こるとは限らない。

3つの遺伝子座X，Y，Zは同一染色体上にあり，これらの遺伝子座はそれぞれ2個の対立遺伝子を持ち，一方の対立遺伝子 X，Y，Z が他方の対立遺伝子 x，y，z に対して，それぞれ完全優性であるとする。ここで，$XxYyZz$ である個体に $xxyyzz$ である個体を交配したところ，得られた後代（全2,000個体）の表現型は次のとおりとなった。

XYZ　：　792個体
XYz　：　20個体
XyZ　：　76個体
Xyz　：　110個体
xYZ　：　104個体
xYz　：　72個体
xyZ　：　20個体
xyz　：　806個体

このとき，XとYの組換え価は18.1%，YとZの組換え価は9.4%であり，XとZの組換え価は［C］%であることから，これらの遺伝子座は染色体上に［D］の順に並んでいる。」

	A	B	C	D
1	乗換え	組換え	12.7	YXZ
2	乗換え	組換え	27.5	XYZ
3	組換え	乗換え	12.7	XZY
4	組換え	乗換え	27.5	XYZ
5	組換え	乗換え	27.5	XZY

〈必修問題〉の解説

減数分裂で両親とは異なる新しい遺伝子の組合せが生じることを遺伝子の組換えといい，その原因となる染色体の物理的な交換を染色体の乗換えという。

→Aには「組換え」が，Bには「乗換え」が当てはまる。

XとZの組換え価は親型と組換えがあったものを数える。

*XYZ*の親から*XZ*に組換えがあったものは*XYz*（20個体）と*xYZ*（104個体）

*xyz*の親から*XZ*に組換えがあったものは*Xyz*（110個体）と*xyZ*（20個体）

$$組換え価=\frac{組換えの起こった配偶子数}{全配偶子数}$$ であるため，

$$X とZの組換え価(\%)=\frac{20+104+110+20}{2000}\times100=12.7(\%)$$ ……C

XY 18.1%，*YZ* 9.4%，*XZ* 12.7%であるため*XY*の間に*Z*が位置づけられ，並び順は*X*−*Z*−*Y*となる（D）。

以上から，A＝組換え，B＝乗換え，C＝12.7，D＝XZYが当てはまり，正答は**3**である。

正答 3

重要ポイント 1 連鎖と組換え

連鎖：遺伝様式を交配実験により調べたとき，2つの遺伝子（たとえば *AB*／*ab*）が同一染色体上に近接して座乗していると，メンデルの独立の法則に従わず，両親のどちらかと同じ型の遺伝子組合せ（*AB*，*ab*）がそうでない組換え型（*Ab*，*aB*）より高い頻度で子孫の個体へ遺伝する。こうした遺伝子間の関係を連鎖という。

組換え：減数分裂の過程で，同一染色体に座乗する（連鎖している）2つの遺伝子が相同染色体間の乗換えによって，その組合せを変えること。

組換え価：同一染色体上の2つの遺伝子座*A*, *B*の遺伝子型が *AB*／*ab*である個体から組換え型の配偶子*Ab*，*aB*が生じる頻度を遺伝子座 *A*, *B*間の組換え価という。配偶子の組換え型の頻度を直接計測することはできないので，F_2集団などを用いて，表現型や遺伝子型の分離頻度から組換え価を推定する。

重要ポイント 2 三点交雑と連鎖地図

三点交雑：互いに連鎖している3つの遺伝子について，2組の遺伝子ごとの組換え価を求めることにより遺伝子座の並ぶ順序と相対距離を決定する方法。

連鎖地図：F_2集団などを用いて，表現型や遺伝子型の分離頻度から，配偶子の組換え価を推定し，遺伝子座間の順序と相対的な位置を直線上に示したものを連鎖地図（染色体地図）という。

実戦問題

No.1 次は，トウモロコシの三点交雑に関する記述であるが，A～Eに当てはまるものの組合せとして最も妥当なのはどれか。 【国家一般職・平成28年度】

「Beadleは，トウモロコシの*v*，*gl*，*va* の3つの遺伝子について，シス型のヘテロ個体（F_1）に劣性ホモの個体を交雑する［ A ］を行い，表のような結果を得た。なお，これらの遺伝子は同一染色体上にあり，それぞれ，一方の対立遺伝子が他方の対立遺伝子に対し，完全優性であるものとする。

この結果から，*v-gl* 間の組換え価は［ B ］%，*gl-va* 間は［ C ］%，*v-va* 間は［ D ］%となり，遺伝子の並びは *v-gl-va* に決定できる。また，これらの値を用いて，図のような［ E ］を書くことができる。」

表　F_1の配偶子の遺伝子型とそれらの観察値

F_1の配偶子の遺伝型			観察値
v	*gl*	*va*	
＋	＋	＋	235
＋	*gl*	*va*	62
＋	＋	*va*	40
v	＋	*va*	4
v	*gl*	*va*	270
＋	*gl*	＋	7
v	*gl*	＋	48
v	＋	＋	60
計			726

注）＋は，優性の対立遺伝子である場合を示す。

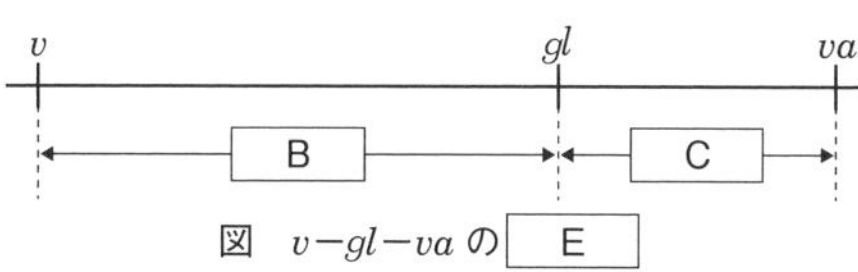

図　*v*－*gl*－*va* の［ E ］

	A	B	C	D	E
1	三系交雑	18.3	13.6	28.9	物理地図
2	三系交雑	37.2	30.4	69.6	連鎖地図
3	検定交雑	37.2	30.4	69.6	物理地図
4	検定交雑	37.2	30.4	69.6	連鎖地図
5	検定交雑	18.3	13.6	28.9	連鎖地図

No.2 **次は，遺伝分離比の検定に関する記述であるが，A～Eに当てはまるものの組合せとして最も妥当なのはどれか。** 【国家一般職・平成27年度】

「分離の法則により表現型が３：１の分離を示すと期待されても，多くの個体を調査しない限り，現実には３：１の分離を示すことはない。調査集団はあくまでも標本としての有限な集団であるから，３：１の期待値からの偏差，すなわち標本抽出誤差がみられる。この偏差が通常出現する程度であるか，あるいは異常に大きな値であるかを統計学的に検定する。この検定には，サンプル数が少ない場合には［ A ］が，多い場合には［ B ］が行われる。

次に，遺伝分離比のカイ二乗検定について考える。いま，花色の遺伝分析を行おうと赤花と白花を交配したところ，F_2世代の観察値が赤花：ピンク花：白花＝94：203：105に分離したとする。花色が［ C ］の形質だとすると，期待される分離比は１：２：１である。これについて，「期待値と観察値の間に有意な差がない」という帰無仮説を立てて有意水準５％で検定する。カイ二乗値は期待値と観察値のずれを表すものであり，

$$\text{カイ二乗} = \Sigma \frac{(\text{観察値} - \text{期待値})^2}{\text{期待値}} \fallingdotseq \boxed{\text{D}}$$

となる。なお，計算に当たっては小数第四位を四捨五入するものとする。この場合，［ D ］はχ^2分布表の5.99（自由度２，有意水準５％）より小さいため［ E ］，分離比は１：２：１とみなしてよいことになる。」

	A	B	C	D	E
1	二項検定	カイ二乗検定	不完全優性	0.642	帰無仮説は棄却されず
2	二項検定	カイ二乗検定	不完全優性	0.655	帰無仮説は棄却され
3	二項検定	カイ二乗検定	優性上位性	0.642	帰無仮説は棄却され
4	カイ二乗検定	二項検定	不完全優性	0.645	帰無仮説は棄却されず
5	カイ二乗検定	二項検定	優性上位性	0.655	帰無仮説は棄却されず

No.3 **次は，他殖性植物の遺伝子構成に関する記述であるが，ア～オに当てはまるものの組合せとして最も妥当なのはどれか。** 【国家総合職・平成26年度】

「他殖性植物において，選抜，突然変異，遺伝子交流がない無作為に交雑することのできる十分大きな集団では，世代が経過しても，遺伝子頻度や遺伝子型頻度は不変である。この無作為交雑集団における遺伝子型頻度が世代を通じて平衡になる法則を，［ア］の法則という。たとえば，対立遺伝子Aとaを想定し，集団における割合をそれぞれpとq（ただし$p+q=1$）として表すと，AとAが受粉する割合はp^2，Aとaが受粉する割合は2pq，aとaが受粉する割合はq^2となり，集団全体の接合体は$p^2+2pq+q^2=(p+q)^2=1$となる。この数式において，p^2，2pq，q^2は［イ］に当たる。集団内でA配偶子が作られる割合は［ウ］であり，同様にa配偶子の割合は［エ］となる。これは集団中における2つの対立遺伝子の割合が前の世代と同じで，世代を経ても遺伝子頻度や遺伝子型頻度は一定であることを意味する。

［ア］の法則が成立している集団を想定し，集団内の遺伝子型とその頻度がAA：0.25，Aa：0.5，aa：0.25であると仮定する。この集団から遺伝子型がAAの個体をすべて除去した場合，次世代の集団における遺伝子型aaの頻度は約［オ］となる。」

	ア	イ	ウ	エ	オ
1	ベルクマン	遺伝子頻度	p^2	q^2	0.33
2	ベルクマン	遺伝子型頻度	p^2	q^2	0.44
3	ハーディー・ワインベルク	遺伝子頻度	p	q	0.33
4	ハーディー・ワインベルク	遺伝子型頻度	p	q	0.33
5	ハーディー・ワインベルク	遺伝子型頻度	p	q	0.44

第4章 育種遺伝学

実戦問題の解説

No.1 の解説　トウモロコシの三点交雑

→問題はP.193

A：「検定交雑」が当てはまる。調査対象の遺伝子が劣性ホモの個体を交雑することによって，ある個体の遺伝子型を明らかにするような交雑を検定交雑という。

B：「18.3」が当てはまる。v － gl の間で組換えがあるのは＋ gl va（62個体），v ＋ va（4個体），＋ gl ＋（7個体），v ＋ ＋（60個体）であるので，

$$\frac{62+4+7+60}{726}\times 100 \fallingdotseq 18.3$$

C：「13.6」が当てはまる。gl－va 間で組換えがあるのは＋ ＋ va（40個体），v ＋ va（4個体），＋ gl ＋（7個体），v gl ＋（48個体）であるので，

$$\frac{40+4+7+48}{726}\times 100 \fallingdotseq 13.6$$

D：「28.9」が当てはまる。v－va 間で組換えがあるのは＋ gl va（62個体），＋ ＋ va（40個体），v gl ＋（48個体），v ＋ ＋（60個体）であるので

$$\frac{62+40+48+60}{726}\times 100 \fallingdotseq 28.9$$

E：「連鎖地図」が当てはまる。連鎖地図は遺伝子の組換え価をもとに作成されており，物理地図は染色体の物理的な距離に基づいて作成される。塩基配列の長さに基づいて書かれた地図は物理地図である。

以上から，正答は**5**である。

No.2 の解説　遺伝分離比の検定

→問題はP.194

A：「二項検定」が当てはまる。サンプル数が少ない場合は二項検定が必要となる。

B：「カイ二乗検定」が当てはまる。一般的に，分離比の検定には χ^2 を用いる。

C：「不完全優性」が当てはまる。ヘテロ接合体がホモ接合体である両親の中間の表現型を示す場合を不完全優性という。

D：「0.642」が当てはまる。

カイ二乗検定ではまず，総個体数を計算する。

94＋203＋105＝402（個体）

次に1:2:1の期待値を計算する。理論比どおりの1:2:1に分離するとすれば，402個体を比例配分して，

$$\text{赤花の期待値}=402\times\frac{1}{4}=100.5$$

$$\text{ピンク花の期待値}=402\times\frac{2}{4}=201$$

$$\text{白花の期待値}=402\times\frac{1}{4}=100.5$$

となる。カイ二乗は問題中の式に代入して計算する。また，カイ二乗の有効ケタ値は3ケタなのでそれぞれの項を4ケタまで計算し合計して，

$$カイ二乗=\frac{(94-100.5)^2}{100.5}+\frac{(203-201)^2}{201}+\frac{(105-100.5)^2}{100.5}$$

$$=0.6417\cdots$$

小数点第四位を四捨五入して

$$=0.642$$

E：「帰無仮説は棄却されず」が当てはまる。項数は3であるので，自由度は2となり，このカイ二乗の値はカイ二乗分布表の5.99（自由度2，　有意水準5%）より小さいため1:2:1の分離比に適合するという帰無仮説は棄却されない。

以上から，正答は**1**である。

No.3 の解説 他殖性植物の遺伝子構成

→問題はP.195

ア：「ハーディー・ワインベルク」が当てはまる。

イ：「遺伝子型頻度」が当てはまる。

ウ：「p」が当てはまる。AAから作られる配偶子は必ずAを持つ。また，AAの遺伝子型頻度はp^2であるため，AAから作られるA配偶子の割合はp^2となる。Aaから作られた配偶子の半分はAを持つ。また，Aaの遺伝子型頻度は2pqであるため，Aaから作られるA配偶子の割合は2pq÷2＝pqとなる。そのため，A配偶子の割合は$p^2+pq=p(p+q)$となるが，$p+q=1$なので，$p(p+q)=p$となり，A配偶子の割合はpである。**ウ**にはpが入る。

エ：「q」が当てはまる。**ウ**と同様である。

オ：「0.44」が当てはまる。AAの遺伝子型頻度$p^2=0.25$なので，$p=0.5$となる。また，aaの遺伝子型頻度も$q^2=0.25$なので，$q=0.5$となる。AAの個体を除去したあとはp^2の配偶子が作られなくなるので，残った集団全体から作られる配偶子の割合が$1-0.25=0.75$と小さくなる。a配偶子についてはこれまで同様に作られており，$q=0.5$であるため，a配偶子の次世代での割合をq'とすると，$q'=0.5\div0.75=2/3$となる。aaの遺伝子型頻度はq'^2なので$(2/3)^2=4/9\fallingdotseq0.44$となる。

以上から，正答は**5**である。

正答 **No.1＝5　No.2＝1　No.3＝5**

DNA・ゲノム・遺伝子発現

必修問題

ゲノム情報の育種利用に関する記述として最も妥当なのはどれか。

【国家一般職・平成27年度】

1 イネでは，ゲノム情報を利用したQTL解析などによって，早晩性を支配する遺伝子群が単離されている。実際の育種でも，これらの遺伝子の一つをコシヒカリに導入し，食味など優良形質はほぼコシヒカリのままで，出穂期のみを変更した準同質遺伝子系統が育成されている。

2 DNAマーカーの多くは優性遺伝子のみを検出するので，分離集団内でホモ型とヘテロ型の区別はできない。一方，DNAマーカーを用いることにより，作物の生育段階に応じたゲノムDNAの塩基配列の変化を検出することができる。

3 イネでは，基準品種「日本海」の全ゲノム塩基配列が解読されている。また，*Mu*トランスポゾンを利用した遺伝子破壊系統コレクションや，ゲノム全体の網羅的な遺伝子発現解析に用いるマイクロRNAなど，ゲノム情報の利用に欠かせないツールが充実している。

4 表現型と遺伝子型の対応関係を明らかにする手法のうち，集団遺伝学的手法は，ゲノム配列情報から対象遺伝子の生物的機能を特定する手法であり，逆遺伝学的手法は，既存の自然変異や突然変異にみられる形質の表現型の違いから原因遺伝子を特定する手法である。

5 自殖性作物では，同一品種の個体間ですべてのDNA遺伝子型が均一となっている。近年は，DNA多型解析の精度が向上しており，1種類のDNAマーカーを用いるだけで品種判別することが一般的となっている。

必修問題の解説

1 ◎ 正しい。

2 × DNAマーカーには優性ホモ接合とヘテロ接合の識別ができない優性マーカーと識別できる共優性マーカーがあり，主流は共優性マーカーであるので，本肢の記述は誤りである。また，作物の生育段階で遺伝子発現パターンやクロマチンへの修飾パターンは変化するが，ゲノムの塩基配列はほとんど変化しない。そのため，DNAマーカーを用いて生育段階での遺伝子型の変化を検出することはできない。

3 × 最初にゲノム全塩基配列が解読された基準品種は「日本晴」であり，遺伝子破壊系統コレクションは*Tos17*レトロトランスポゾンが使われた。ゲノムにコードされている全遺伝子の網羅的な発現解析にはマイクロアレイが使われる。ただし，最近では，次世代シーケンサーを用いてRNAの配列を網羅的に解読するRNA-seqを用いることが多くなっている。

4 × ゲノム配列情報から遺伝子の生物学的機能を解明する手法を逆遺伝学的手法という。本肢の逆遺伝学的手法の説明文は遺伝学的手法の説明である。

5 × 品種識別は複数のDNAマーカーを組み合わせて行う。１種類のDNAマーカーだけで品種を判別することはできない。また，同一品種の個体間であっても自殖を通してすべてのDNA遺伝子型が均一にすることは現実的には極めて難しい。

正答 1

重要ポイント1 **DNAマーカー**

個体間や系統間などで比較したときに検出されるDNA塩基配列の違いをDNA多型という。DNAマーカーはこのDNA多型を識別するのに用いられる。

用途：個体識別，品種識別，類縁関係の解明，連鎖地図の作成，QTL解析，DNAマーカー選抜

特徴：DNA多型は遠縁になるほど多くなるが，遺伝的に近い品種どうしでは少なくなるため，近縁品種間ではDNAマーカーを作りにくくなる。

DNAの塩基配列は生物の発生段階や組織特異的に変化するものではないため有用な遺伝子に連鎖したDNAマーカーを用い，有用な遺伝子を持つ個体を苗の段階で選抜できる。

種類：DNAマーカーには共優性のものと優性のものがある。**共優性マーカー**はホモ接合体とヘテロ接合体を識別することができるため，F_2世代では3つの遺伝子型を識別する。一方，**優性マーカー**はヘテロ接合とホモ接合の区別ができない。共優性マーカーは優性マーカーよりも情報量が多い。

●**RFLP**（restriction fragment length polymorphism）**マーカー**：DNAを制限酵素で切断し，アガロース電気泳動で分離後，サザンハイブリダイゼーションによって多型を検出する。共優性マーカー。多量のDNAを必要とし，労力が大きいため現在はほとんど使われない。

●**AFLP**（amplified fragment length polymorphism）**マーカー**：DNAを，2種類の制限酵素を組み合わせて切断後，断片の両側にアダプター配列を付加し，アダプターに相補的なプライマーを用いてpolymerase chain reaction（PCR）で増幅する。増幅されたPCR産物をアクリルアミド電気泳動で分離し，バンドパターンからDNA多型を読み取る。ゲノム塩基配列情報がなくても多数の多型を検出できる。優性マーカー。

●**CAPS**（cleaved amplified polymorphic sequence）**マーカー**：制限酵素認識配列を含む染色体領域をPCRで増幅した後，制限酵素で切断しアガロースゲル電気泳動によってDNA多型を読み取る。共優性マーカー。PCR-RFLPともいう。

●**SCAR**（sequence characterized amplified region）**マーカー**：DNA塩基配列中に存在する挿入配列や欠失配列によって　PCR産物のサイズの違いあるいはPCRの増幅の有る無しが生じることを利用したDNAマーカー。PCR産物のサイズの違いによる場合は共優性となり，PCR産物の有無による場合は優性マーカーとなる。

●**SSR**（simple sequence repeat）**マーカー**：マイクロサテライトと呼ばれるゲノム中のDNA繰り返し配列の反復数が系統間で異なることを利用するマーカー。マイクロサテライトの反復数は変異しやすいため，多型が得られやすく，対立遺伝子数も多いという特徴がある。共優性マーカーである。

●**dCAPS**（derived cleaved amplified polymorphic sequence）**マーカー**：一塩基多型（SNP; single nucleotide polymorphism）を識別するため，片方の対立遺伝

子にのみ，制限酵素認識配列が生じ，切断できるように設計したPCRプライマーを用いる。PCR増幅し，制限酵素切断の有無で識別する。プライマーには通常1～2塩基程度のミスマッチが含まれる。共優性マーカーである。

●**RAPD**（random amplified polymorphic DNA）**マーカー**：短いプライマーを用いてPCRを行うことによって，多数のDNA断片を増幅し電気泳動で分離し，DNAバンドの有無によって多型を検出する。優性マーカー。DNA塩基配列情報が全くなくても実施できるという長所があるが，結果が不安定であるという問題がある。

近年は次世代シーケンサーが使われることによって非常に多くのSNPが検出されており，SNPマーカーが利用される場面が増加している。SNPマーカーとしては塩基選択的に増幅するプライマーを用いる方法，蛍光プローブを用いる方法，蛍光標識プライマーによる方法，融解曲線分析（HRM; high resolution melt）を用いる方法などがある。多くはリアルタイムPCR装置を用いて多型を検出し，電気泳動を必要としないため作業効率が高い。

また，これまで，一つ一つの遺伝子座におけるDNA多型を検出する方法を紹介したが，集団が持つDNA多型をゲノム全体で網羅的に解析する方法も開発され，利用されている。例としては，制限酵素切断点の近傍だけを次世代シーケンサーで解読し，多型を検出するRAD-seq（restriction site associated DNA sequencing）法やGBS（Genotype by sequencing）法，ランダムプライマーを用いたPCRで増幅された配列を次世代シーケンサーで解読するGRAS-Di法などが知られている。一方，ゲノムDNA塩基配列が解読されている生物についてはマイクロアレイを用いて一塩基伸長法によって非常に多くのSNPを一度に解析する方法も利用されている。これらの網羅的な解析には多額の費用が必要となるが，一度の解析によって数千から数万の遺伝子座において遺伝子型を識別することができる。

重要ポイント 2　ゲノム

ゲノムは生物の持つ遺伝情報全体をさす。21世紀に入ってからゲノム塩基配列が植物でも決定されている。ゲノムサイズの単位はMega base pair（Mbp；$1x10^6$塩基対）がよく用いられる。ゲノムの小さいものとしてはモデル植物として使われているシロイヌナズナ（140Mbp）やイネ（390Mbp）などがあり，大きいものとしてはコムギ（約17,000Mbp）やタマネギ（約20,000Mbp）などがある。一般的に，ムギ類やタマネギを含むネギ属野菜のゲノムサイズは大きい。トウモロコシは約2,500Mbpで，イネとムギ類の中間的な大きさである。一方，生物が生きていくために必要な最小限の染色体セットをゲノムということもある。たとえば，コムギはAABBDDの3種類，6個のゲノムを持つ六倍体である。コムギなどムギ類では1つのゲノムが7本の染色体で構成されていることが多く，このようにゲノムを構成する染色体数を基本染色体数という。

実戦問題

No.1　遺伝子の解析技術に関する記述A～Dのうち，妥当なもののみを挙げているのはどれか。　【国家総合職・令和元年度】

A　DNAマーカーには多種多様なものがあり，目的に応じて使い分けられている。SSRマーカーは制限酵素で切断したDNA断片の長さの違いを材料間で比較するものである。長さの異なるDNA断片を電気泳動すると，短いものほど泳動が遅くなる。

B　DNA断片の塩基配列を解析するサンガー法（ジデオキシ法）では，DNA合成の基質としてデオキシヌクレオシド３リン酸（dNTP）のほかにジデオキシヌクレオシド３リン酸（ddNTP）を使う。dNTPに代わってddNTPが取り込まれるとその後の伸長が止まり，さまざまな長さのDNA鎖ができる。

C　PCR法では，DNAを鋳型にして目的の領域の塩基配列を増幅する。変性，アニーリング，合成という一連の過程を繰り返し反復することにより，２種のプライマーに挟まれた目的領域のDNA量は，理論上は倍々に増えていく。

D　サザンハイブリダイゼーションでは，DNAを制限酵素で切断し，アガロースゲル電気泳動などにより分離したDNA断片を弱酸性溶液を用いて変性させ，ナイロン膜などに吸着させる。標識した２本鎖DNAをプローブとし，膜上の目的とするDNA配列とハイブリダイズさせ，シグナルを検出する。

1　A，B

2　A，C

3　A，D

4　B，C

5　C，D

No.2　作物の染色体，ゲノムに関する記述として最も妥当なのはどれか。

【国家総合職・平成30年度】

1　準同質遺伝子系統とは，対象とする遺伝子のみが受容親由来のものであり，対象とする遺伝子以外の遺伝的背景は供与親である系統のことをいう。対象遺伝子を保有する受容親と供与親を交雑して得られるF_1の自殖を繰り返すことによって作出する。

2　ゲノムとは，生物が完全な生活機能を営むための遺伝子群を含む基本染色体の１組と定義され，そのサイズには大きな種間差がある。モデル植物として研究が進んでいるシロイヌナズナのゲノムサイズは約1,400Mbである。また，ダイズのゲノムサイズは，コムギのゲノムサイズより大きい。

3　イネでは，染色体の塩基配列は，現在約60％の解読が終わっており，遺伝学的手法と逆遺伝学的手法により遺伝子の特定と機能解析が行われている。逆遺伝学的手法は変異のある形質の表現型の違いから原因遺伝子を特定する手法である。

4 染色体の構造変異には，重複，欠失，相互転座，逆位などがある。2つの非相同染色体のそれぞれの1か所に切断が生じ，切断部分間で交換が起こった変異を相互転座という。1つの染色体内に2か所の切断が起こり，切断部分が逆に付着した変異を逆位という。

5 作物の連鎖地図作成に用いるDNAマーカーは，DNAの構造上の変異をみるものであり，従来の形態・生理学的マーカーに比べて，栽培環境の影響を受けやすい。また，生育段階による変化があり，生育初期の段階では評価ができない場合があるなどの欠点がある。

No.3 **次は，遺伝子発現を制御する技術として使われるRNAi法に関する記述であるが，A～Eに当てはまるものの組合せとして最も妥当なのはどれか。**

【国家総合職・平成30年度】

近年の分子生物学の発展により，従来の交配育種とは異なり目的遺伝子のみを制御することが可能な遺伝子組換えが育種の現場で活用されている。これまでに作出された遺伝子組換え作物の中には，RNAi法を用いたものがある。

RNAi法では，[A]配列の下流に目的遺伝子の部分配列を互いに逆向きになるように2か所に配置した[B]配列を作製し，細胞に導入すること等により，目的遺伝子の[C]と相補的な配列を持つ[D]RNAが細胞内に蓄積して目的遺伝子の[C]が分解される。こうして，特定の目的遺伝子の機能が[E]される。

	A	B	C	D	E
1	プロモーター	DNA	tRNA	一本鎖	抑制
2	プロモーター	DNA	mRNA	二本鎖	抑制
3	プロモーター	RNA	mRNA	一本鎖	活性化
4	ターミネーター	DNA	tRNA	一本鎖	活性化
5	ターミネーター	RNA	mRNA	二本鎖	抑制

No.4 **作物におけるDNAマーカーに関する記述として最も妥当なのはどれか。**

【国家総合職・平成28年度】

1 DNAマーカー連鎖地図において，互いに連鎖するマーカーを連鎖群にまとめることができる。連鎖群は同一の染色体の短腕と長腕でそれぞれ形成されるため，連鎖群の数は，その生物の半数染色体数の２倍となる。半数染色体数が12のイネでは24の連鎖群が形成される。

2 連鎖地図の作成時，形態マーカーでは，一般に，ヘテロとホモの遺伝子型が区別できないのに対して，多くのDNAマーカーでは，両者の区別が可能である。そのため，DNAマーカーを利用した連鎖地図では，形態マーカーを利用した場合に比べて，組換え価の推定精度が高い。

3 劣性遺伝子ｒを，野生種（遺伝子型 *rr*）から，完全優性の対立遺伝子Ｒを持つ栽培種（同 *RR*）に戻し交雑によって導入する場合，戻し交雑１回目には，*RR* 型，*Rr* 型，*rr* 型個体が１：２：１の比で得られる。DNAマーカーで３者を判別できない場合は，自殖後代で，*Rr* 型個体を選んで戻し交雑を進める。

4 遺伝資源保存施設で保存される膨大な数の遺伝資源の中から，DNAマーカーによって選抜した，ある特定の遺伝子を持つ系統のグループを，コアコレクションという。コアコレクションによって，特定の遺伝子を持つ系統の収集地や，適応する生育条件などの情報が効率よく得られる。

5 イネ科に属する作物において比較した場合，コムギとオオムギの間では，共通するDNAマーカーが作成可能であるが，その染色体上の順序は一致しない。その一方で，コムギとイネの間では，共通するDNAマーカーは作成できない。

No.5 **次は，遺伝子組換え技術に関する記述であるが，A～Dに当てはまるものの組合せとして最も妥当なのはどれか。** 【国家総合職・平成27年度】

「植物への遺伝子導入法として最も一般的な方法は，根頭がんしゅ病を引き起こす土壌細菌のアグロバクテリウムを使ったものである。アグロバクテリウムが植物に感染すると，アグロバクテリウムの持つTiプラスミドの一部である［A］領域が切り離され，感染した植物の染色体DNAに組み込まれる。この領域には，オーキシン合成酵素遺伝子，サイトカイニン合成酵素遺伝子などが含まれており，これらの遺伝子が植物に組み込まれて発現するために植物細胞が分裂してこぶを作る。これらの遺伝子を取り除いてしまえばこぶは作らない。代わりに，この領域に目的の遺伝子を挿入しておくと，目的の遺伝子が植物の染色体に組み込まれる。

Tiプラスミドには，宿主の染色体に組み込まれる［A］領域のほかに，［A］領域を宿主染色体に組み込む働きをする遺伝子群が存在する領域がある。この両者を別々のプラスミドに分割して用いることが一般的であり，このようにデザインされ，［A］領域を持つプラスミドを［B］という。

一方，パーティクルガン法は，直径1～5 μmの金やタングステンの微粒子にDNAをまぶし，その微粒子を，圧搾空気やヘリウムガスなどの高圧ガスを使って撃ち込み，細胞の中に直接DNA分子を導入するものである。また，［C］は，導入を目的とするDNAとプロトプラストを懸濁した培地中に，パルス電圧をかけて，プロトプラスト表面に小さな穴を瞬間的にあけ，その穴を通してDNA分子を取り込ませる方法である。

世界で広く栽培されている遺伝子組換え作物の例としては，除草剤耐性ダイズ，害虫抵抗性トウモロコシ，除草剤耐性ナタネなどがある。また，遺伝子組換え体どうしを掛け合わせて複数の組換え遺伝子を持つ［D］の栽培が増加している。」

	A	B	C	D
1	*vir*	ヘルパープラスミド	エレクトロポレーション法	スタック種
2	*vir*	バイナリーベクター	バイオアクティブビーズ法	多系品種
3	T-DNA	ヘルパープラスミド	エレクトロポレーション法	多系品種
4	T-DNA	バイナリーベクター	エレクトロポレーション法	スタック種
5	T-DNA	バイナリーベクター	バイオアクティブビーズ法	多系品種

実戦問題の解説

No.1 の解説　遺伝子の解析技術

→問題はP.202

A × SSRはsimple sequence repeatの略で繰り返し配列の反復数が系統間で異なることを利用するDNAマーカー。電気泳動では短いものほどゲルの分子に邪魔されにくいため速く移動する。

B ○ 正しい。

C ○ 正しい。

D × アガロースゲル電気泳動後に酸性溶液に入れるのは加水分解によってDNAを断片化するため。2本鎖DNAを1本鎖に解離させることを変性するという。変性するにはアルカリ性の溶液に入れる。標識してプローブとして用いるDNAは1本鎖にしてハイブリダイズに用いる。相補的なDNA鎖の結合を利用するハイブリダイゼーションをするためには1本鎖でなければならない。

以上から，正答は**4**である。

No.2 の解説　作物の染色体，ゲノム

→問題はP.202

1 × 準同質遺伝子系統は，対象とする遺伝子が供与親由来であり，それ以外の遺伝的背景は受容親である系統のことである。自殖を繰り返すのではなく，受容親を連続戻し交雑することによって作出する。供与親を一回親，受容親を反復親と呼ぶこともある。

2 × 木原均が提唱したゲノム説によれば生物が生きていくために必要な最少の染色体の1組をゲノムというが，近年は，本肢で論じられているように遺伝情報の総体つまり，ある生物が持つ全DNA塩基配列という意味で使われることが多い。シロイヌナズナのゲノムサイズは140Mbであり，コムギのゲノムサイズは約17Gbpで1.2Gbpのダイズよりも大きい。

3 × イネは日本晴の全ゲノム塩基配列が解読され，2004年に報告されている。本肢の逆遺伝学的手法の説明は遺伝学的手法のものである。

4 ◎ 正しい。

5 × DNAマーカーは従来の形態・生理学的マーカーに比べて栽培環境の影響を受けにくい。また，生育段階で変化しないため，生育初期から評価が可能である。

No.3 の解説　RNAi法

→問題はP.203

RNAiはRNA干渉のことでｉはinterferenceの略である。細胞に二本鎖RNAを入れると，入れたRNAと同じ配列を持つmRNAが分解される現象をRNA干渉という。人工的に目的遺伝子の二本鎖RNAを生成し，目的遺伝子のmRNAを分解することにより遺伝子発現を抑制した遺伝子組換え作物が

作られている。そのため，Dには二本鎖が入り，CにはmRNAが入る。問題文中にあるように，遺伝子の部分配列を逆向きにつなぎ合わせて転写すると逆向き部分は相補的になり，二本鎖RNAとなる。転写のために必要な配列をプロモーターといい，Aにはプロモーターが入る。転写されるとmRNAになる遺伝子の部分配列はRNAではなくDNAなのでBにはDNAが入る。正答は**2**である。

No.4 の解説　作物におけるDNAマーカー

→問題はP.204

1 × 連鎖群は染色体の数だけ形成され，短腕と長腕で別々に形成されることはない。

2 ◎ 正しい。

3 × 戻し交雑1回目には *RR* 型と *Rr* 型が1:1で現れる。DNAマーカーで両者を判別できない場合は自殖後代で *rr* 型を選んで戻し交雑を進める。

4 × コアコレクションはある特定の遺伝子を持つ系統を選ぶのではなく，多様な遺伝子型を持つように作られる。ある作物のコアコレクションを用いて調査を行えば，その作物の遺伝的多様性を概観することができる。

5 × コムギとオオムギの間で作成された共通するDNAマーカーは染色体上の順序が一致する傾向がある。

No.5 の解説　遺伝子組換え技術

→問題はP.205

A：「T-DNA」が当てはまる。*vir* 領域はT-DNAを植物の細胞に運び，染色体に挿入するために必要な遺伝子が載る領域である。

B：「バイナリーベクター」が当てはまる。*vir* 領域が載るプラスミドを持つアグロバクテリウムにバイナリーベクターを導入し，アグロバクテリウムを植物に感染させるとバイナリーベクター上のT-DNAが植物の染色体に挿入される。*vir* 領域が載るプラスミドはヘルパープラスミドと呼ばれることがある。

C：「エレクトロポレーション法」が当てはまる。電気穿孔法ともいう。

D：「スタック種」が当てはまる。これらの品種は複数の遺伝子組換え植物の交配によって作成され，複数の除草剤に対する耐性，複数の害虫抵抗性活性を併せ持つものなどが利用されている。

以上から，正答は**4**である。

正答　**No.1=4　No.2=4　No.3=2　No.4=2　No.5=4**

第4章 育種遺伝学

育種の技術と理論

必修問題

他殖性植物の育種に関する記述として最も妥当なのはどれか。

【国家総合職・平成29年度】

1 他殖性植物は，自殖性植物に比べて各遺伝子座のヘテロ接合度が低く，均質性が高い。また，一般に，自殖性植物に比べて花粉粒数（P）と胚珠数（O）の比（P/O比）が小さい。自家和合性で自殖可能な植物であっても，自然条件下で自然交雑率が高い植物は，他殖性植物である。

2 トウモロコシなどの他殖性植物では，近交を何代も続けると植物の旺盛さが著しく弱まり，収量，稈長，穂数などが世代とともに減少する。この現象をヘテロシスという。一方，２つの近交系統間で交雑を行うと，交雑後代の性質が強勢となる。この現象をエピスタシスという。

3 他殖性の種子繁殖植物では，個体の雑種性を保持したうえで，ある特性については均一な集団が品種として利用される。集団選抜法は，個体の表現型に基づいて選抜を行い，選抜された個体から得られた種子を混合して次世代を育成し，同様の操作を繰り返す育種法である。

4 一代雑種育種法は，素材集団から特性と組合せ能力が優良な系統または個体を選抜し，それらの種子をまとめて播いて，何代かの放任受粉を行って一つの品種とする育種法である。牧草の改良に広く利用されている。

5 循環選抜法は，放任受粉させた基本集団から個体を選抜し，次世代で系統別に栽培して，その平均的特性から元の個体を評価することを基本とする方法である。組換え価を検定しながら選抜する種々の方法が考案されている。

必修問題の解説

1 × 他殖性植物はヘテロ接合度が高く，均質性が低い。他殖性植物は胚珠に対して花粉粒数が多くなる。自家和合性でも自然交雑率が高ければ他殖性植物である。トウモロコシは自家和合性であるが，雌雄異花であるため他殖性となっている。

2 × 自殖によって旺盛さが著しく弱まることを自殖弱勢という。一方，雑種が両親と比較して強勢となる場合をヘテロシス，雑種強勢という。ハイブリッド品種は近交系の雑種で現れるヘテロシスを利用している。ある遺伝子座の遺伝子型が他の遺伝子座の遺伝子型と相互作用して表現型に変化が生じるとき，その相互作用をエピスタシスという。

3 ◎ 正しい。

4 × 本肢は一代雑種育種法ではなく，合成品種育種法についての説明である。

5 × 循環選抜では選抜された個体の自殖種子を系統別に栽培してその総当たり交雑によって次世代の種子を得る。組換え価を検定しながら選抜を加えるのは誤りで，組合わせ能力を検定しながら選抜する。

正答 3

重要ポイント1 量的形質遺伝子座（QTL）

表現型の値が連続的に変化し，明瞭な分離比を示さない形質を**量的形質**という。農業形質の多くは量的形質であり，複数の遺伝子の作用によって表現型が決定される。このような量的形質に作用する遺伝子を**量的形質遺伝子座**（quantitative trait locus，**QTL**）という。

QTLの一つ一つは効果が小さく，環境の影響も受けやすいことが多い。DNAマーカーが利用できるようになり染色体領域ごとの遺伝子型を判定できるようになってQTLを解析する方法が開発された。雑種第二代（F_2）世代，BC_1F_1世代，組換え近交系集団などの分離集団において連鎖地図を作成し，染色体領域ごとに遺伝子型と表現型の関係を統計学的に評価しQTLを検出する手法を**QTL解析**という。

一方，遺伝的に多様な集団の数千の遺伝子座において遺伝子型を決定することが可能な場合は**ゲノムワイド関連解析**（genome wide association study，GWAS）を用いてQTLの検出を行うことができる。QTL解析では交雑した後代で分離集団を作る必要があるが，GWASでは交雑の必要がない。また，QTL解析では用いる2つの親どうしで違いがある遺伝子しか検出することができないが，GWASでは集団に含まれる系統間の遺伝的な違い全体が対象となる。

実戦問題

No.1 次は，作物の交雑育種法に関する記述であるが，A～Dに当てはまるものの組合せとして最も妥当なのはどれか。 【国家一般職・平成25年度】

「[A]は，F_2から個体別に作物を植え，遺伝的固定の進行に応じて優良なものを早い世代から選抜する方法であり，[B]を主対象とした交雑育種法である。比較的遺伝率の高い形質については選抜効率が高いが，遺伝率の低い形質については選抜効率が低く，多数の供試個体を養成して調査を行うため，大きな労力がかかる。

[C]は，初期世代（たとえばF_2～F_4）では選抜を行わず世代を進め，ある程度遺伝的固定の進んだF_5，F_6あたりから選抜を開始する方法であり，[D]を主対象とした交雑育種法である。[C]は，[A]よりも多くの組換え型を選抜できる利点がある。」

	A	B	C	D
1	純系選抜法	自殖性作物	循環選抜法	自殖性作物
2	純系選抜法	他殖性作物	集団育種法	他殖性作物
3	系統育種法	自殖性作物	集団育種法	自殖性作物
4	系統育種法	自殖性作物	集団育種法	他殖性作物
5	系統育種法	他殖性作物	循環選抜法	他殖性作物

No.2 質的形質と量的形質に関する次の記述のうち妥当なのはどれか。

【地方上級・平成29年度】

1 作物の重要形質については，質的形質に分類される形質のほうが量的形質に分類される形質よりも多い。

2 イネの形質について見ると，モチ性，出穂期，草丈はいずれも質的形質に分類される。

3 量的形質の多くは，多数のポリジーンが関与しているため発現が安定しており，生育環境の変化による影響を受けにくい。

4 量的形質では，表現型値を増やす方向に働く遺伝子と減らす方向に働く遺伝子があり，それらすべての遺伝子の効果が表現型値に関与する。

5 QTL解析は，作用の小さな遺伝子の染色体上の位置を特定するための方法であり，作用の大きな遺伝子の位置は特定できない。

No.3 交雑育種に関する記述として最も妥当なのはどれか。

【国家総合職・平成28年度】

1 自殖性植物の交雑育種では，特に初期の選抜世代において，個体や系統ごとに量的形質を計測して，それに基づいて選抜する。その後，自殖世代を重ねながら，望ましい形質を持つ有望個体を選抜するが，将来性を考慮して，なるべくヘテロ接合度の高い個体を品種とする。

2 花色や開花期，早晩性のような，不連続なクラスに分かれる形質を質的形質といい，草丈，収量のように，量で表される形質を量的形質という。質的形質は，一般に，1個またはごく少数の遺伝子座に支配されることから，その表現型は，環境の影響を受けやすい。

3 量的形質に関与している遺伝子座を量的形質遺伝子座（QTL）と呼び，一つの量的形質には，常に一つのQTLが関与している。したがって，量的形質の解析では，QTLの遺伝子型がわかれば，QTLを質的形質の遺伝子のように用いて，遺伝効果や両親の遺伝的構成が推定できる。

4 自殖性植物の交雑育種では，親として主要品種を選ぶほうが短期間に品種を育成できる。水稲では，いもち病に強い「農林1号」を用いて「日本晴」が育成された。また，改良形質が主要品種に見つからない場合でも，自殖を繰り返すことにより，優良形質が現れる場合も多い。

5 他殖性植物では，近交を何代か続けると，個体の旺盛さが著しく低下する近交弱勢を生じる。集団間の類縁性を系譜，形質値の差異，DNAマーカー多型などを利用して推定し，遠縁の集団に由来した近交系間の交配を行うと，高いヘテロシスが得られる場合が多い。

No.4 **育種における半数体の利用に関する次の記述のうち正しいのはどれか。**

【地方上級・平成26年度】

1 葯培養による半数体植物の作成では，カルス経由で植物体が再分化することはあるが，花から直接，不定胚が形成されて植物体が分化することはない。

2 遠縁交雑で花粉親の染色体が消滅する現象を利用して半数体植物を得る方法があり，オオムギのbulbosum法ではイヌサフランの花粉を受粉する。

3 交雑育種において雑種第一代植物の半数体を得て染色体倍加を図れば，遺伝的固定を早め，育種年限を短縮できる。

4 半数体植物の染色体倍加を利用する半数体育種法（倍加半数体法）は，主に多殖性植物で利用され，自殖生植物での利用は少ない。

5 半数体植物を人為的に染色体倍加する方法としては，幼植物の成長点へのオーキシン処理が一般的である。

No.5 **突然変異の育種利用に関する記述として最も妥当なのはどれか。**

【国家一般職・平成27年度】

1 「ミルキークイーン」は,「ササニシキ」のα-アミラーゼ遺伝子をコードする*wx*座に突然変異が生じたものである。この変異により,デンプンが高アミロース化し,米飯が柔らかく粘りがあり,冷めても硬くなりにくいといった優れた特徴が付与された。

2 突然変異を誘発する方法のうち,^{59}Coを線源としたγ線の照射は,突然変異誘発には有効だが,植物中の原子が放射化するため,利用する際は注意が必要である。中性子照射は,照射された植物中の原子が放射化することはないうえに,透過力が高い点が優れているため,我が国における突然変異育種によく用いられている。

3 *sd1*遺伝子を持つイネの半矮性は,エチレン合成系の酵素が欠損する突然変異により生じ,*uzu*遺伝子を持つコムギの半矮性は,ジベレリン情報伝達抑制因子の変異により生じる。半矮性オオムギは,アブシシン酸合成系の酵素遺伝子*Rht1*の欠損変異を有している。

4 種子繁殖性作物のうち他殖性作物は,劣性変異がホモ接合になりにくく,自殖性作物より突然変異育種が難しい。倍数性作物のうち異質倍数体は,一つの遺伝子に突然変異が生じても,他の同祖遺伝子が機能を補うため,変異形質が表れにくく,2倍体の作物より突然変異育種が難しい。

5 タンパク質などの組成変化や早生化,あるいは毒性成分の含量低減化などを引き起こす突然変異は,優性変異であることが多い。一方,酵素遺伝子の1塩基置換により生じる除草剤耐性などは,機能欠失型の劣性変異であることが多い。

実戦問題の解説

No.1 の解説　作物の交雑育種法

→問題はP.211

A：系統育種法が当てはまる。
B：自殖性作物が当てはまる。
C：集団育種法が当てはまる。
D：自殖性作物が当てはまる。近年のイネ品種の多くは集団育種法によって作出されている。

以上から，正答は**3**である。

No.2 の解説　質的形質と量的形質

→問題はP.211

1 × 作物の重要形質の多くは量的形質に分類される。収量，品質，開花特性，耐冷性，乾燥耐性などが挙げられる。一方，重要な質的形質としては病害抵抗性，着色性があるがこれらも量的遺伝子座によって制御される場合がある。

2 × モチ性は質的形質であるが，出穂期，草丈はいずれも基本的に量的形質である。

3 × 量的形質の多くは多数のポリジーンによって制御されている。各ポリジーンがそれぞれ生育環境の影響を受けるため複雑な発現様式となる。そのため，一般的には生育環境の変化による影響を受けやすい。

4 ◎ 正しい。

5 × QTL解析で作用の大きな遺伝子を特定することは容易であるが，作用の小さな遺伝子を検出するのは難しい。作用の小さな遺伝子を特定するためには染色体部分置換系統群（CSSL）などを利用したQTL解析を行うなどの工夫が必要である。

No.3 の解説　交雑育種

→問題はP.212

1 × 自殖性作物の品種は基本的に純系で，ヘテロ接合を意図的に残すことはしない。自殖しても後代の形質に変化が生じないように形質に関わる遺伝子の遺伝子型をホモ接合に固定して品種とする。

2 × 開花期，早晩性は量的形質である。質的形質は量的形質と比較して環境の影響を受けにくいものが多い。

3 × 量的形質には複数のQTLが関与している。一つ一つのQTLについては質的形質のように扱うことができる。

4 × 自殖を繰り返すことにより優良形質が現れることは期待できない。また，「日本晴」は「幸風（中新110号）」と「ヤマビコ（東海７号）」の交配によって育成されている。自殖性作物の交雑育種では親として用いる品種によって育成期間が長くなったり短くなったりすることはない。

5 ◎ 正しい。

No.4 の解説　育種における半数体

→問題はP.213

1 ×　花粉培養で不定胚が形成されて植物体が形成される例がタバコなど複数の植物で報告されているため誤り。

2 ×　遠縁交雑で花粉親の染色体が消失する現象が利用されており，オオムギではHordeum bulbosumという野生種の花粉を用いて種間交雑を行い，半数体を得る。この方法をbulbosum法という。イヌサフランの花粉は誤り。

3 ◎　正しい。

4 ×　他殖性植物の場合，遺伝子のホモ接合度が高まると近交弱勢が生じるため，倍加半数体を作成し，すべての遺伝子をホモ接合化すると，悪影響が避けられない。そのため，通常，他殖性植物では半数体育種法は用いられない。

5 ×　植物で人為的に染色体倍加する方法にはコルヒチンを用いる。オーキシンは誤り。

No.5 の解説　突然変異の育種利用

→問題はP.214

1 ×　「ミルキークイーン」は「コシヒカリ」に突然変異誘発剤MNUを処理して得られた。*wx* 座はアミラーゼではなく，顆粒性デンプン合成酵素をコードしている。この変異によってアミロース含量が低下し，柔らかく粘りがある品種となった。モチでは白米の透明度が下がり白くなるが，ミルキークイーンも通常の粳米に比べて透明度が低く白い。

2 ×　γ 線の線源としては^{60}Coが使われる。また，γ 線を照射した植物の原子が放射化することはない。一方，中性子照射では放射化が起きる。中性子線は国外での利用は多いが国内では利用されてこなかった。近年，原子核を照射するイオンビームが活用されるようになったが，イオンビームを照射したときにも放射化が起きる。

3 ×　*sd1*遺伝子はエチレンではなく，ジベレリン合成系遺伝子の突然変異によって生じている。*uzu*遺伝子はコムギではなくオオムギの半矮性遺伝子で，ジベレリンではなく，ブラシノステロイド情報伝達系の遺伝子に変異が入り，ブラシノステロイドに対して不感受性となっている。*Rht1*はコムギの半矮性遺伝子でジベレリン情報伝達抑制因子の変異によって生じたもので，ジベレリンに対する感受性を低下させる。また，*Rht1*は日本の農林10号に由来し，緑の革命でコムギの多収性品種育成に大きく貢献した。

4 ◎　正しい。通常は突然変異育種を行う場合，突然変異誘発した後，自殖することによってホモ接合体を得て，劣性であっても表現型で変異体を識別可能であるが，他殖性作物には自殖種子を得ることが困難なものも含まれる。倍数性作物の突然変異育種の難しさは問題文のとおりであるが，異質倍数体に限った話しではなく，同質倍数体も変異形質は現れにくい。

5 ×　タンパク質などの組成変化や早生化，毒性成分の含量低減化などの突然変異は遺伝子の機能欠損によるものが多いため，劣性変異であることが多い。一方，除草剤耐性の変異は阻害物質（除草剤）が作用しなくなる変異である。そのため，変異型対立遺伝子が１つでも作物は除草剤耐性を獲得し，変異遺伝子は優性である。

正答　No.1=3　No.2=4　No.3=5　No.4=3　No.5=4

品種育成・遺伝資源

必修問題

品質改良の対象形質やその遺伝的改変に関する記述として最も妥当なのはどれか。 【国家一般職・平成28年度】

1 イネの半矮性品種には，フィリピンの「IR 8」や日本の「レイメイ」があり，両品種は異なる遺伝子の突然変異により短稈化している。いずれも多肥条件では徒長しやすい。

2 ダイズには，貯蔵タンパク質の各サブユニットレベルでの欠失変異体が多数存在し，種子のアミロース含量を増加させる目的で利用される。これらの欠失変異は，主に優性の変異である。

3 耐病性品種の育成には，交配による抵抗性遺伝子の導入が汎用されるが，品種の抵抗性は，病原体の突然変異で打破されることがある。一方，ナシの黒斑病抵抗性のように，突然変異で植物側が抵抗性になる例もある。

4 イネ障害型冷害の耐性検定には，4℃以下の冷水を植物体に掛け流して種子稔性の低下を観察する方法がよく用いられる。北海道の耐冷性極強品種「はやゆき」の耐冷性は，一遺伝子で説明できる。

5 種子のデンプンがモチ性になるかウルチ性になるかは，Wxタンパク質*の存否で決まる。6倍体のコムギにはWxタンパク質が6種類あり，そのうちの2種類を欠失するとモチ性となる。

*Wxタンパク質：顆粒性デンプン合成酵素

必修問題の解説

1 × 「IR 8」や「レイメイ」はいずれも同じ遺伝子 *sd1* の突然変異によって短稈化している。半矮性遺伝子は多肥条件でも徒長せず倒伏耐性がある。「IR 8」は国際稲研究所において半矮性の低脚烏尖（Dee-Geo-Woo-Gen）とPetaの交雑により育成された。「レイメイ」は「フジミノリ」のガンマー線種子照射によって育成された。

2 × 貯蔵タンパク質のサブユニット欠失変異によってアミロース含量が増加することはない。また，これらの欠失変異は劣性であることが多い。このような貯蔵タンパク質の変異体は，栄養面の向上，健康機能性の付与，加工適性の改善のために利用される。

3 ◎ 正しい

4 × イネ障害型冷害の耐性検定には19℃の冷水掛け流しが用いられる。「はやゆき」の耐冷性は複数の遺伝子の集積効果によるものだと考えられている。

5 × 6倍体には3種類のゲノムが含まれる。たとえばコムギのゲノム構成はAABBDDである。モチ性となるにはこれら3つのゲノムに含まれる，3種類のWxタンパク質がすべて欠失する必要がある。

正答 3

重要ポイント 1　自殖性植物の交雑育種法

自家受粉によって**自殖種子**を結実する植物を**自殖性植物**という。以下の育種法は主に自殖性植物に対して適用される方法である。

系統育種法：多くの植物種に適用されてきた育種法である。同じ個体に実った種子をひとまとめにして系統として栽培し，望ましい系統を選抜する。人工交配後の早期分離世代（F_2およびF_3）から，判定が容易な形質（出穂期，稈長，病虫害抵抗性など遺伝率の高い形質）について選抜を開始し，**個体選抜**と**系統選抜**（兄弟関係にある複数個体を系統単位で比較して望ましい系統を残す作業）を繰り返す。F_4～F_{10}世代で特性の遺伝的固定を促し，生産性を比較調査し，望ましい系統を選び新しい品種とする。

集団育種法（世代促進育種法）：系統育種法の改良型である。遺伝的分離が多い早期世代では選抜をせずに集団養成し，形質の遺伝的固定が進んだF_4～F_6世代で自殖系統の選抜を開始する。多くの重要な遺伝子がホモ化しているほうが確実な選抜ができるが，育成世代数が系統育種法に比べて2～4世代長くなることがある。そこで早期世代の遺伝的固定を促進するために，温室や暖地を利用して世代を促進する方法が併用される。

戻し交雑育種法：既存の優良品種を片親（反復親）にして，特別な遺伝的特性を別の片親（1回親）から導入する方法である。通常1回親の細胞質の影響を避けるため，最初の交雑は反復親を母本とする。最初の交雑で得られたF_1に反復親を再度交配し，戻し交雑第1世代とする。戻し交雑第1世代に反復親を交配し，得られた雑種にさらに反復親を交配する。この作業を数世代にわたって繰り返し，導入したい1回親の形質を持ち，他の形質については反復親に近い個体を選抜する。形質の遺伝様式が単純でないと適用できない。

半数体育種法（葯・花粉培養育種法）：F_1個体を育成し，その個体の蕾に形成された若い葯あるいは花粉（小胞子）を培養の対象として，小胞子由来の半数体（個体を構成する体細胞が配偶子と同数の染色体を持つ個体）を大量に誘導する。小胞子は減数分裂の過程で染色体数が半減すると同時に，遺伝的には組換えが生じており，小胞子ごとに異なる遺伝構成となっているので，得られた半数体も個体ごとに遺伝的構成が異なる。これらをコルヒチン処理などの方法で倍加して2倍体を育成して選抜の対象とする。選抜された個体は遺伝的にホモなので固定をはかる期間を要しない。大量の再分化個体を必要とするが，育種年限を短縮することができる。

重要ポイント2 他殖性植物の交雑育種法

自然受粉で**他殖種子**を結実する植物を**他殖性植物**という。自家不和合性を持つために自家受精が成立せず（自殖種子は得られない），他家受粉により他殖種子を結実する場合と，本来自家和合だが花の構造（雌雄異花，雌雄異熟など）により通常は他殖種子を結実する場合がある。以下の育種法は主に他殖性植物に対して適用される方法である。

集団選抜育種法：在来品種などの育種素材を隔離圃場で多数個体栽培し，優良個体を多数選抜する。これらを任意交配させて採種し，その種子を混合して次世代の集団として育成する。**個体選抜**と**自然交雑**を繰り返すことで集団としての能力を向上させる。遺伝率が高い形質の改良には向いているが，収量や成分などの生育環境の影響を受けやすい（遺伝率の低い）形質については高い選抜効果は期待できない。個体では判定しにくい収量などの性質についてはその個体から得た多数の種子から次世代を育成して系統栽培し評価する方法（**後代検定**）が適用される。

一代雑種育種法（ヘテローシス育種法／ハイブリッド育種法）：ホモ接合性の高い2つの近交系（近交弱勢を示す）間や遠縁品種間で，交雑してF_1を育成すると，その雑種は両親のいずれよりも生育が旺盛で生産力が高い性質（ヘテローシスあるいは雑種強勢）を示す場合があり，この現象を利用した育種法である。収量性や病虫害抵抗性が優れた系統，あるいは生育過程や生産物の均一性が優れた系統を育成するために用いられる。

合成品種育種法：**組合せ能力**（ある系統を交雑したとき，その後代にヘテローシスの現れる程度）の高い近交系を複数混合して，自然受粉によって維持される品種を**合成品種**という。牧草で多く利用される。ヘテローシスを積極的に活用する育種法の一つである。合成品種は品種内に変異を保持しているため，均一度の高い一代雑種品種よりも環境の変動に耐える。

実戦問題

No.1 イネの品種育成に関する記述A～Dのうち，妥当なもののみを挙げているのはどれか。 【国家一般職・令和元年度】

A　いもち病の圃場抵抗性は，菌のレースが変異することにより崩壊することがある。このため，異なるレースに抵抗性を持つ遺伝子座を1品種に複数集積したマルチラインが実用化されている。

B　ウルチ米のアミロース含有率は，登熟期の低温で高くなる傾向がある。登熟期の気温が低い北海道では，炊飯米の粘りを強くして食味を向上させるために低アミロース米品種の育種が行われた。

C　ガンマ線照射では，どの形質にもほぼ同じ確率で変異を誘発できる。我が国の水稲品種「レイメイ」や国際イネ研究所で育成された「IR８」はこの方法で短稈化に成功した例である。

D　草丈や収量などの形質では，一般に，関与する遺伝子は複数ある。関与している遺伝子の染色体上の位置や寄与率を，DNAマーカーと連鎖地図を用いて推定する方法をQTL解析という。

1　A，B
2　A，C
3　B，C
4　B，D
5　C，D

No.2 **作物の収量，品質，環境ストレス耐性に関する育種についての記述として最も妥当なのはどれか。** 【国家総合職・令和元年度】

1 イネの障害型冷害における耐冷性の評価方法として，移植期から出穂30日前まで浅水状態で栽培し，一定の水温の冷水をかけ流して種子稔性の低下を観察する方法が広く用いられている。一方，遅延型冷害を防ぐには，品種の晩生化が有効であり，九州で極晩生品種が育成された。

2 ダイズでは，多収性，機械化適性，耐冷性，病虫害抵抗性などが我が国での主要な育種目標とされている。機械化適性とは，収穫時の粒の損失を少なくするなどの特性であり，易裂莢性，成熟の斉一性，最下着莢位置が低いことなどが育種に求められている。

3 イネのシンク増大に関わる収量関連遺伝子が，多収性品種などから単離・同定されている。たとえば，ジベレリン合成に関与することで籾数を増加させる遺伝子 *Gn1* や，穂の枝の数に関与して籾数を増加させる遺伝子 *sd1* などが見つかっている。

4 コムギでは，製めん適性が我が国の育種目標の一つであり，アミロース含量の多い粘弾性に優れた品種が育種されている。DゲノムのWx遺伝子のみ機能する「関東107号」と，A，BゲノムのWx遺伝子が機能する「白火」を交配し，A，B，DすべてのWx遺伝子が機能するもちコムギ品種が育成された。

5 作物の早晩性は収量に影響する重要な農業形質であり，イネでは，QTLの解析などにより早晩性を支配する遺伝子が同定されている。日長反応性に関わる優良な対立遺伝子をコシヒカリに導入し，食味は変わらず出穂期のみが異なる準同質遺伝子系統が育成されている。

No.3 **植物遺伝資源に関する記述として最も妥当なのはどれか。**

【国家総合職・平成30年度】

1 遺伝資源として収集される植物は，交雑により育成された栽培品種や系統のほか，探索により収集された在来品種や野生種等である。人為的に誘発した突然変異や遺伝子組換えによる変異系統は含まれない。遺伝資源は，海外から日本国内へ持ち込む際の植物検疫が免除されている。

2 植物遺伝資源を保存する方法は，生息域内保存と生息域外保存に大別され，生息域外保存とは，ジーンバンクと呼ばれる施設において，遺伝資源をすべて種子で保存する方法である。一方，生息域内保存とは，栄養繁殖性や木本性の植物等を植物園や圃場等に生育させて保存する方法である。

3 多様な在来品種が，少数の画一的な近代品種に置き換えられていく現象を遺伝的閉鎖と呼ぶ。イネやコムギでは，「緑の革命」において長稈の多収品種が急速に普及し，世界各国で主要作物の在来品種が極少数の近代品種に置き換えられた。

4 植物学者バビロフは，栽培植物の起源地を決定する方法として，集団の遺伝的変異性は，その種が起源し，他の地域への伝搬の中心となった地域で最も低いという説を提唱した。この説では，中心地には劣性遺伝子が多く存在し，中心地より遠ざかるにつれて優性遺伝子が多く見いだされる。

5 植物遺伝資源は，一般に，植物名，学名，品種名，収集場所などの来歴についての基本情報とともに保存されている。保存された大量の遺伝資源から，遺伝資源間の重複を最小限にし，かつ遺伝資源の情報を最大限包括するように選抜した遺伝資源のセットをコアコレクションという。

実戦問題の解説

No.1 の解説　イネの品種育成

→問題はP.222

A × 抵抗性崩壊を防ぐには，複数の抵抗性遺伝子を持つ集団の栽培が有効である。そのため，いもち病抵抗性遺伝子のみが異なり，他は食味を含め親品種と変わらない複数の同質遺伝子系統を混合し，マルチラインが作成されている。このようにある特定の遺伝子のみ異なる同質遺伝子系統群をマルチラインという。

B ○ 正しい。アミロース合成に関わる *Wx* 遺伝子の活性が低温で高くなるため，冷涼な気候ではアミロース含量が高くなる。

C × IR 8 は台湾の在来品種である低脚烏尖の半矮性遺伝子を利用して作出された。

D ○ 正しい。

以上から，正答は**4**である。

No.2 の解説　作物の収穫，品質，環境ストレス耐性

→問題はP.223

1 × 耐冷性の評価は浅水状態ではなく深水状態で評価する。また，遅延型冷害を防ぐには早生化が有効である。北海道の品種は早生化によって遅延型冷害を避けている。

2 × ダイズの我が国での主要な育種目標は，水田を用いた栽培が多いということもあり，耐湿性，冠水抵抗性，作期の競合を避けるための早晩性などが含まれる。機械化適性については易裂莢性ではなく，難裂莢性が望ましい。また，最下着莢位置が低いことではなく，高いことが望まれる。

3 × *Gn1* はジベレリンの合成ではなくサイトカイニンの分解に関わる遺伝子。サイトカイニンの量の制御によって籾数を増加させていると考えられている。穂の枝の数に関与して籾数を増やす遺伝子として*Apo1*や*Wfp1*が知られている。*sd1* は半矮性遺伝子。

4 × 製めん適性で粘弾性に関係しているのはアミロースではなくグルテンである。モチコムギ品種ではA，B，Dゲノムにある，すべてのWx遺伝子が機能しない。

5 ◎ 正しい。極早生の準同質遺伝子系統から「コシヒカリ関東HD 1 号」などが育成されている。

No.3 の解説　植物遺伝資源

→問題はP.224

1 × 人為的に誘発した突然変異や遺伝子組換えによる系統も広い意味では遺伝資源として扱われ，研究機関で収集されている。海外から持ち込む遺伝資源であっても植物検疫は免除されていない。植物防疫所の指示に従って手続きを行う必要がある。

2 × 生息域内保存とは植物園や圃場で植物を保存するのではなく，植物が生息している地域で自然状態のまま保存することである。

3 × 近代品種に置き換えられて遺伝的多様性が減少してしまうことは，遺伝的閉鎖ではなく，遺伝的侵食という。また，緑の革命は長稈品種ではなく半矮性品種が使われた。

4 × バビロフの起源中心説では作物の起源地で最も遺伝的変異性が多く見られるというものであるため，問題文は正しくない。また，この説では，中心地には優性遺伝子が多く，中心地より遠ざかるにつれて劣性遺伝子が多くなるとされている。

5 ◎ 正しい。

正答 **No.1=4　No.2=5　No.3=5**

第５章

植物病理学

植物の病害

必修問題

我が国の水稲の病害に関する記述として最も妥当なのはどれか。

【国家総合職・令和元年度】

1　イネいもち病は，我が国で最も被害が大きいイネの細菌病である。苗から出穂後までのさまざまなイネのステージに感染し発病する。分げつ期に葉に病斑が形成されると，次に発育する葉の葉鞘，さらにその上位の葉身，葉鞘が次々徒長する「ずりこみ症状」が起こる。

2　イネ白葉枯病は，古くから東北地方など北日本での発生が知られており，その後病原ウイルスが分離され命名された。この病原ウイルスは，葉の傷口などから師管に入り増殖する。感染葉は黄化して部分的に萎ちょうし，葉枯れの症状を呈する。

3　イネばか苗病は，糸状菌病であり，罹病苗は黄化し草丈が通常の2倍にも徒長する。重症株は枯死するか，生育して出穂しても稔実が悪く収量が低下する。罹病株で形成された分生子は，風雨により飛散して花器感染する。

4　イネ黄萎病は，ツマグロヨコバイが媒介するウイルス病の一種であり，イネの早期栽培に伴い発生地帯が東北地方から関東，西南暖地へと広がった。罹病した株は，退色した新葉が出現し，徐々に全身が淡緑色となり，分げつが抑えられる。

5　イネ紋枯病は，葉身や葉鞘に緑褐色あるいは灰色の楕円形の紋様病斑ができる細菌病である。病斑は，初めは上位葉鞘に出現し，次第に下位葉鞘に及ぶ。また，この病原細菌はイネのみに寄生する性質を持つ。

必修問題の解説

1 × 誤り。イネいもち病は，我が国で最も被害が大きいイネの重要病害であるが，カビによって生じる糸状菌病害である。葉いもちが多発すると新たに出てくる葉，さらにその上位葉が次々に短くなり，株全体の背が低くなって「ずりこみ症状」を示す。

2 × 誤り。イネ白葉枯病は，病原細菌によって引き起こされる。国内では箱育苗の普及に伴い本病の発生が激減したが，アジアの稲作地域では，現在もイネの重要病害の一つである。

3 ◎ 正しい。イネばか苗病は，箱育苗，畑苗代，本田で発生する。本病菌は感染イネ組織中で植物ホルモンであるジベレリンを産生するため，罹病株は黄化するとともに徒長し，開花期頃までに枯死する。

4 × 誤り。イネ黄萎病（おういびょう）は，ツマグロヨコバイなどのヨコバイ類が媒介するファイトプラズマ病である。病株の明瞭な病徴は生育後期で認められ，刈取り後には淡黄色の萎縮した再生芽（ひこばえ）を現す。

5 × 誤り。イネ紋枯病は，糸状菌病害であり，イネいもち病に次ぐイネの重要病害である。高温多湿条件で発生しやすく，西日本での被害が大きい。本病に対する抵抗性品種はなく，窒素肥料の多用と密植を避け，薬剤散布による対策がとられる。

正答 3

重要ポイント 1　水稲の病害

イネの病害において，糸状菌による病害にはイネいもち病（アナモルフ菌類），イネ紋枯病（担子菌類），イネばか苗病（子のう菌類），イネごま葉枯病（アナモルフ菌類）などがよく出題される。細菌病ではイネ白葉枯病，イネもみ枯細菌病が多く，ウイルス病ではイネ萎縮病（ヨコバイ伝搬），イネ縞葉枯病（ウンカ伝搬）に関する出題が多い。

重要ポイント 2　野菜の病害

野菜の病害において，糸状菌による主な病害にはアブラナ科植物根こぶ病（ネコブカビ類，絶対寄生），ウリ類べと病（卵菌類，絶対寄生），ウリ類うどんこ病（子のう菌類，絶対寄生），ジャガイモ疫病（卵菌類）などが問われることが多い。細菌病では野菜類軟腐病，ナス科植物青枯病，トマトかいよう病が多く，ウイルス病ではキュウリモザイク病（アブラムシ伝搬），トマト黄化葉巻病（コナジラミ伝搬），トマト黄化えそ病（アザミウマ伝搬）に関するものがみられる。

重要ポイント 3　果樹の病害

果樹の病害において，糸状菌による主な病害にはナシ赤星病（担子菌類，絶対寄生，中間宿主はビャクシン類），モモ縮葉病（子のう菌類），白紋羽病（子のう菌類），カンキツ緑かび病（アナモルフ菌類），灰色かび病（アナモルフ菌類），細菌病ではリンゴ・ナシ火傷病（国内未発生），カンキツグリーニング病（キジラミ伝搬），ウイルス病ではウメ輪紋ウイルス病，ウイロイド病としてリンゴさび果病などがある。

実戦問題

No.1 野菜の病害に関する記述A～Dのうちから，妥当なもののみを挙げているのはどれか。 【国家一般職・平成26年度】

A　アブラナ科野菜根こぶ病は，病原菌がハクサイやキャベツなどの根に寄生してこぶを形成する土壌伝染性病である。酸性土壌で発病が激しくなるので，石灰施用により発病をある程度抑制できる。

B　野菜類軟腐病は，病原ウイルスが主に根の傷口から侵入して道管内で増殖し，多糖質が導管の水分通導を妨げる土壌伝染性病である。多糖質とともに産生されるペクチナーゼにより，植物全体の腐敗が急激に進む。

C　トマト黄化葉巻病の病原ウイルスはジェミニウイルス科に属し，シルバーリーフコナジラミによって媒介される。本病害は，国内のトマト栽培でも被害が拡大している。

D　ウリ類うどんこ病は，やや乾燥した条件で発病することが多く，施設栽培での被害が大きい。病原菌はさび病菌の一種であり，カイヅカイブキなどのビャクシン類を中間宿主とする宿主交代を行う。

1　A，B
2　A，C
3　B，C
4　B，D
5　C，D

No.2 果樹の主要病害に関する次の文中のA～Cに入る果樹名がいずれも正しいのはどれか。 【地方上級・平成27年度】

- せん孔細菌病は［A］の主要病害であり，葉に水浸状の病斑を形成する。病斑はその後赤褐色になり，せん孔する。
- 黒点病は［B］の主要病害であり，葉や果実，枝の表面に黒点状の病斑を形成する。
- 赤星病は［C］の主要病害であり，葉に発生し，病斑の裏面に毛状体を形成する。

	A	B	C
1	カキ	ウンシュウミカン	クリ
2	カキ	ブドウ	ニホンナシ
3	モモ	ウンシュウミカン	クリ
4	モモ	ウンシュウミカン	ニホンナシ
5	モモ	ブドウ	ニホンナシ

No.3 **イネの病気に関する記述として最も妥当なのはどれか。**

【国家総合職・平成27年度】

1 イネ萎縮病は，ウイルス病である。ヒメトビウンカなどによって，非永続伝搬され，感染すると，新葉の葉脈に沿って乳白色の細かい条斑が線状に現れる。また，症状が進むと分げつが停止するとともに，株全体が萎縮症状を示す。ウンカ類の防除により，感染を防ぐ。

2 イネ黄萎病は，ファイトプラズマ病である。ツマグロヨコバイなどによって，永続伝搬され，感染すると，新葉から黄化する。その後，全葉が黄色ないし淡緑色となり，株全体が黄化・萎縮する。ヨコバイ類の防除により，感染を防ぐ。

3 イネもみ枯細菌病は，細菌病である。冬の間は，サヤヌカグサなどの畦畔雑草に感染して越冬し，春に圃場に侵入して感染する。感染した株は，潜伏感染しているため，葉などには症状は出ないが，出穂期の籾が，緑化したまま不稔となる。畦畔雑草の防除により，感染を防ぐ。

4 イネ紋枯病は，細菌病である。種子伝染性の病害であり，感染した種子から育成した苗は，葉に緑褐色あるいは灰色の楕円形の紋様病斑を生じる。症状が進むと苗が腐敗し，悪臭を放つ。種子消毒や箱育苗の際に農薬を散布して防除する。

5 イネいもち病は，菌類（糸状菌）病である。主に圃場周辺のイネ科雑草に感染して越冬し，春に圃場に侵入して感染する。感染した葉には，火で焼かれたような黒褐色円形の輪紋が生じる。平成以降は，抵抗性品種が広く導入されてきたことから，目立った被害は発生していない。

No.4 **次は，作物や果樹の病害に関する記述であるが，A～Dに当てはまる病害の組合せとして最も妥当なのはどれか。** 【国家一般職・令和元年度】

A　ヒメトビウンカが媒介するイネのウイルス病で，経卵伝染する。イネは感染すると黄化する。麦作地帯で多発する傾向がある。

B　ツマグロヨコバイが媒介するイネのウイルス病で，経卵伝染する。越冬した保毒幼虫が羽化して水田に飛来し，感染する。イネは感染すると濃緑色になる。主に関東以西で発生する。

C　土壌伝染性のダイズの病害であり，病原体は土壌中に球状の休眠体を形成する。休眠体は土壌中で宿主植物がなくても数年以上生存できる。

D　担子菌類のさび病菌による果樹の病害である。異種寄生菌で，宿主交代を行う。中間宿主はビャクシン類であり，半径１～２km程度の範囲に空気伝染する。

	A	B	C	D
1	イネ萎縮病	イネ縞葉枯病	ダイズシスト線虫病	モモ縮葉病
2	イネ萎縮病	イネ縞葉枯病	ダイズシスト線虫病	ナシ赤星病
3	イネ萎縮病	イネ縞葉枯病	ダイズ紫斑病	ナシ赤星病
4	イネ縞葉枯病	イネ萎縮病	ダイズシスト線虫病	ナシ赤星病
5	イネ縞葉枯病	イネ萎縮病	ダイズ紫斑病	モモ縮葉病

No.5 **植物の病気の主な病徴や標徴に関する次の記述のうち妥当なのはどれか。** 【地方上級・平成30年度】

1　細菌病では，病斑表面に菌核などがみられる。

2　糸状菌病では，病斑部を水浸下で顕微鏡観察すると，菌泥の噴出がみられる。

3　ウイルス病では，葉のモザイクやえそ斑点などの病徴がみられる。

4　ウイロイド病では，てんぐ巣や黄化，萎縮などの病徴がみられる。

5　ファイトプラズマ病では，萎凋や青枯れ，果実のさび果などの病徴がみられる。

実戦問題の解説

No.1 の解説　野菜の病害

→問題はP.231

A ○　正しい。アブラナ科植物根こぶ病は，根に大小のこぶをつくり，萎凋や枯死を起こす土壌伝染性病害。絶対寄生。

B ×　誤り。野菜類軟腐病は，病原細菌による土壌伝染性病害である。ハクサイなどの多くの野菜類を侵し，産生するペクチナーゼによって宿主細胞を遊離させ，腐敗させる。代表的な貯蔵病でもある。

C ○　正しい。トマト黄化葉巻病は，近年被害が増えており，コナジラミによって伝搬される。

D ×　誤り。ウリ類うどんこ病の病原菌（子のう菌類）は，さび病菌（担子菌類）とは無関係。ただし，両者はともに絶対寄生菌である。絶対寄生の病原体には，上記以外にウイルス，ウイロイド，ファイトプラズマ，べと病菌がある。

以上から，正答は**2**である。

No.2 の解説　果樹の病害

→問題はP.231

A：モモが当てはまる。せん孔細菌病は，モモの主要病害。症状は葉，枝，果実に発生する。

B：ウンシュウミカンが当てはまる。カンキツ黒点病は，葉，枝，果実に黒色の小斑点，涙状の病斑を生じる糸状菌病害。果実に発生すると商品価値を低下させる。

C：ニホンナシが当てはまる。ナシ赤星病は，葉に発生し，当初，表面に橙黄色の斑点（さび柄子殻）を生じ，後に裏面に毛状体（さび胞子層）を形成する。絶対寄生。

以上から，正答は**4**である。

No.3 の解説　イネの病害

→問題はP.232

1 ×　誤り。イネ萎縮ウイルスはツマグロヨコバイなどのヨコバイ類によって，永続型伝搬される。保毒雌虫からの経卵伝搬も起こる。イネに萎縮，分げつの増加を起こす。葉は濃緑色になり，乳白色の小斑点が葉脈に沿って生じる。

2 ◎　正しい。

3 ×　誤り。イネもみ枯細菌病は，出穂期の籾を灰白色に変色させ，もみ枯れを生じさせる細菌病である。箱育苗中の幼苗において褐色の腐敗を起こす。種子伝染。一方，越冬植物であるサヤヌカグサは，同じく細菌病害であるイネ白葉枯病菌の越冬源となる。

4 ×　誤り。イネ紋枯病は菌類（糸状菌）病である。葉や葉鞘に楕円形で周縁部は濃褐色，内部が淡緑色から灰色で，長さが10～40mmの斑紋を形成する。水田に残留した菌核が伝染源となる。

5 × 誤り。イネいもち病は菌類（糸状菌）病で，イネいもち病菌は低温，乾燥条件のもとで長期間生存でき，汚染もみや被害わらが翌年の感染源になる。葉では灰緑色円形の小斑点を生じ，その後，中央が灰白色，周囲が褐色の紡錘形の病斑となる。

No.4 の解説 作物や果樹の病害

→問題はP.233

A：イネ縞葉枯病が当てはまる。ヒメトビウンカが伝搬するイネのウイルス病で，イネは感染すると黄化することから，イネ縞葉枯病が想起される。イネ縞葉枯病ウイルスおよびイネ萎縮ウイルスは，ともに経卵伝染。

B：イネ萎縮病が当てはまる。ツマグロヨコバイが伝搬するイネのウイルス病で，イネは感染すると濃緑色になることから，イネ萎縮病となる。また，イネ萎縮病はイネに萎縮，分げつの増加を引き起こす。

C：ダイズシスト線虫病が当てはまる。土壌伝染性のダイズの病害で，病原体が球状の休眠体を形成するということから，根にシストが形成されていることが推測される。ダイズシストセンチュウはダイズの根にシスト化した雌成虫が付着し，茎葉を黄変させ，ダイズの生育を抑制する。一方，選択肢にあるダイズ紫斑病は種子，葉，茎，莢など全株に発生し，特に種子では表面に紫色の斑点を生じる糸状菌病害である。

D：ナシ赤星病が当てはまる。担子菌類のさび病菌による病害といえば，選択肢からナシ赤星病がそれにあたる。一方，選択肢のモモ縮葉病は，新葉に紅色や淡黄色の小形の火ぶくれ症状を生じる子のう菌類による病害。

以上から，正答は**4**である。

No.5 の解説 病徴と標徴

→問題はP.233

1 × 誤り。病斑表面に「菌核」がみられる場合は，糸状菌病。菌核とは感染部位やその周辺に菌糸が，緻密な塊となってその表面に皮層を形成したもの。

2 × 誤り。「菌泥の噴出」がみられる場合は，細菌病。菌泥とは感染部位から細菌集塊を含む漏出物のことで，イネ白葉枯病やナス科植物青枯病などでみられる。

3 ◎ 正しい。

4 × 誤り。てんぐ巣は糸状菌病害などでもみられるが，黄化，萎縮，てんぐ巣の病徴がみられる場合は，ファイトプラズマ病害。

5 × 誤り。ファイトプラズマ病害は**4**のとおり。萎凋，青枯れ症状は，糸状菌病，細菌病でもみられるが，「果実のさび果」をヒントに，ウイロイド病が示唆される。リンゴさび果病はウイロイド病害。

正答 No.1=**2** No.2=**4** No.3=**2** No.4=**4** No.5=**3**

第5章 植物病理学

23 病原微生物

必修問題

植物病原体に関する記述として最も妥当なのはどれか。

【国家総合職・平成28年度】

1　担子器では，核の融合と減数分裂が行われる。担子器内に内生的に通常4個の担子胞子が形成される。さび病菌，根頭がんしゅ病菌などがこの形態をとる。担子器および担子胞子の形態は多様性に富むが，さび病菌では，前菌糸を形成せず，直接担子胞子を作る。

2　子のう菌類は，有性生殖により，子のう胞子を外生的に通常8個形成する。栄養体は通常菌糸であるが，酵母のように出芽細胞の形態をとるものもある。菌糸には隔壁が形成されず，分生胞子と呼ばれる有性胞子を多量に形成する。

3　植物病原細菌は，桿状の菌体に1～数本の鞭毛を持つものが多く，菌体の最外層は，粘液層で補強された莢膜を持つ。粘液層の内側には，ペプチドグリカン層が存在するが，この層が厚い場合には，グラム染色が阻害される。

4　ファイトプラズマは，細胞壁および細胞小器官を持たない。ウイルス状の外殻を持つため，昆虫の体内でも生存が可能となり，昆虫により水平伝搬するものが知られている。人工的な培養が容易であるが，培養条件下では，抗生物質の効果が確定されていない。

5　ウイロイドは，外被タンパク質を持たない低分子環状RNAから成り，感染細胞中にその存在が確認できる。ヘルパー成分などの助けを必要とせず，自律的に複製を行う。ウイロイドを原因とする代表的な病例として，ジャガイモスピンドルチューバー病が知られている。

必修問題の解説

1 × 誤り。本肢は，担子菌類のさび病菌の生活環を述べている。一方，根頭がんしゅ病菌は細菌であり，担子菌類とは無関係。

2 × 誤り。子のう菌類は，有性生殖により，子のう胞子を子のう内に通常８個形成する。菌糸には隔壁が形成され，分生胞子（分生子）と呼ばれる無性胞子を多量に形成する。

3 × 誤り。グラム染色法では，クリスタルバイオレットで染色されるグラム陽性菌と，脱色後，サフラニンによって赤く対比染色されるグラム陰性菌とに大別することができる。グラム陽性菌はペプチドグリカン層が厚く，クリスタルバイオレットとヨードの複合体が編み目にひっかかり，よく染色（脱色されにくい）される。したがって，「グラム染色が阻害される」は不適切。

4 × 誤り。ファイトプラズマは，不定形で細胞壁を欠き，一般的に難培養性細菌とされる。したがって，「ウイルス状の外殻を持つ」および「人工的な培養が容易である」は不適切。さらに，ファイトプラズマは細菌のグループであり，抗生物質は有効である。

5 ◎ 正しい。

正答 **5**

重要ポイント1 糸状菌

糸状菌（菌類）病は植物の**感染症のうち約80%**を占める植物病害である。植物病原菌類は原生動物界，クロミスタ界および菌界の３つの界にまたがって存在する多様な菌群で，約１万種あるといわれている。糸状菌は胞子によって繁殖する従属栄養の真核生物で，キチンやグルカンなどの多糖類からなる細胞壁を持つ。

菌類の栄養体は細胞が隔壁と呼ばれる細胞壁で仕切られ，糸状になって菌糸を形成し，枝分かれした菌糸体の形態をとるものが多い。

重要ポイント2 細菌

細菌は原核生物に属し，最小の細胞性生物である。染色体は核膜に包まれず細胞質中に露出し，ぼんやりと拡散した状態で観察され核様体と呼ばれる。細胞内小器官（ミトコンドリア，クロロプラスト，小胞体など）は存在せず，有糸分裂や減数分裂は行わない。一般的には**二分裂で増殖**する。細胞外マトリクスの構造の違いによって，グラム染色法を用いて**グラム陰性細菌**と**グラム陽性細菌**に分けられる。

植物病原細菌の多くは桿状で細胞壁を持つが，菌糸を形成して細長く増殖する放線菌や細胞壁を持たないファイトプラズマなどもある。

細菌は植物に対し，自らの力による直接侵入はできないことから，**傷口や自然開口部から侵入**する。

重要ポイント3 ウイルス

ウイルスは細胞構造を持たず，基本的には**核タンパク質**であり，RNAまたはDNAがタンパク質でできたキャプシド（外殻）に包まれている。ウイルス粒子の構造は，球形，棒状，ひも状などがあり，核タンパク質がさらにエンベロープに包まれているものもある。ウイルスは**生きた細胞内でのみ増殖**でき，複製に必要なタンパク質やエネルギー生産は宿主細胞に完全に依存することから，**人工培養できない**。ウイルスは一次感染細胞から原形質連絡を経由して隣接した細胞へ移行後，さらに師管系により全身に感染する。

実戦問題

No.1 植物の病原菌に関する記述A～Dのうち，妥当なもののみを挙げているのはどれか。 【国家一般職・令和元年度】

A 菌類は，一般に，カビ，糸状菌，きのこ，酵母と呼称される生物が含まれ，光合成色素を欠き，従属栄養によって生活している。多くは胞子を形成して繁殖する。

B 細菌には，ミトコンドリア，クロロプラスト，小胞体は存在しないが，DNAは核膜内に存在する。増殖は有糸分裂によって行われる。

C ファイトプラズマは，植物師部局在性で萎黄叢生症状を引き起こす。細胞壁はなく，一般細菌よりも小さな球形または多形性の菌体である。発見当初はマイコプラズマ様微生物と命名されていた。

D ウイルスは，極めて微小な細胞構造を持つ病原体であり，電子顕微鏡でなければ観察できない。増殖は生体細胞内のみで行われ，従属栄養の真核生物である。

1 A，B
2 A，C
3 B，C
4 B，D
5 C，D

No.2 次は，植物の病原体や病害に関する記述であるが，A～Dに当てはまるものの組合せとして最も妥当なのはどれか。 【国家一般職・平成26年度】

「植物の病原微生物には，菌類（糸状菌），細菌，ウイルスなどがあるが，我が国で報告されている植物の病気の約8割は菌類病が占める。

このうち，細菌は［ A ］に属し，一般的に直径が0.6～3.5 μmの最小の単細胞生物である。細菌は，グラム染色によって陰性菌と陽性菌に分類できる。両者の間には細胞壁の構造に基本的な違いがある。細胞壁とその内側にある細胞膜との間隙を［ B ］と呼び，酵素活性の中心となっている。

世界で最初に発見されたウイルスは，［ C ］である。我が国に発生するイネのウイルス病には，イネ萎縮病のほか数種あるが，イネのウイルス病の多くは，［ D ］によって永続的に媒介される。」

	A	B	C	D
1	原核生物	ペプチドグリカン	タバコモザイクウイルス	ウンカ，ヨコバイ類
2	原核生物	ペプチドグリカン	イネ矮化ウイルス	ダニ類
3	原核生物	ペリプラズム	タバコモザイクウイルス	ウンカ，ヨコバイ類
4	真核生物	ペプチドグリカン	タバコモザイクウイルス	ウンカ，ヨコバイ類
5	真核生物	ペリプラズム	イネ矮化ウイルス	ダニ類

No.3 **次は，病原糸状菌に関する記述であるが，A～Eに当てはまるものの組合せとして最も妥当なのはどれか。** 【国家総合職・平成29年度】

コムギ赤さび病菌は，コムギとカラマツソウ類を宿主とする。コムギの葉にさび色の斑点ができ，これに多数の［ A ］ができる。［ A ］は気孔から侵入して感染を繰り返す。その後，罹病植物体上には［ B ］ができる。［ B ］は発芽して前菌糸となり，これが担子柄となって減数分裂後に［ C ］ができる。［ C ］はカラマツソウ類に感染してさび柄子殻を形成し，そこからさび柄胞子を出す。これには＋と－があり，これらが融合すると２核性の菌糸になり，葉のさび柄子殻のある反対側の面にさび胞子層を作り，さび胞子を放出する。このさび胞子が空気伝染して，コムギに感染する。

ウリ類うどんこ病菌は，主として［ D ］の飛散により空気伝染して，分布を拡大する。気温が低下すると，葉の表面の古い菌叢内に黒色の微細な粒が形成されることがある。これは［ E ］であり，次年への伝染源となる。

	A	B	C	D	E
1	夏胞子	冬胞子	担子胞子	分生胞子	閉子のう殻
2	夏胞子	冬胞子	分生胞子	担子胞子	菌　核
3	夏胞子	冬胞子	分生胞子	担子胞子	閉子のう殻
4	冬胞子	夏胞子	担子胞子	菌　糸	菌　核
5	冬胞子	夏胞子	菌　糸	分生胞子	閉子のう殻

No.4 **次は，植物病原細菌の感染に関する記述であるが，A～Dに当てはまるものの組合せとして最も妥当なのはどれか。** 【国家総合職・平成26年度】

「多くのグラム陰性植物病原細菌では［A］遺伝子群と呼ばれる一連の遺伝子群を持ち，それらは植物との防御応答に関与している。この遺伝子群は，病原細菌の宿主植物への病原性発現だけでなく，植物が病原細菌を認識して抵抗性を誘導する際にも利用する遺伝子として同定された。

この遺伝子群を構成する遺伝子のいくつかは，［B］の構成タンパク質をコードしている。この［B］は，細菌の内膜と外膜を貫通して細菌細胞外へ伸長して植物細胞に至り，さらに植物の細胞膜も貫通するトンネル状の構造物である。

［C］とは，［B］を介して病原細菌から植物細胞内へ分泌されるタンパク質である。病原細菌は，病原体の共通分子パターン（PAMPs）によって活性化される植物の防御反応を，［C］の作用により，抑制および撹乱して感染を成立させる。これは，［D］の感染時にもみられる機構である。」

	A	B	C	D
1	WRKY	発芽管	トランスアクチベーター	動物病原細菌
2	WRKY	タイプⅢタンパク質分泌装置	エフェクター	トスポウイルス属
3	*hrp*	発芽管	エフェクター	トスポウイルス属
4	*hrp*	タイプⅢタンパク質分泌装置	エフェクター	動物病原細菌
5	*hrp*	タイプⅢタンパク質分泌装置	トランスアクチベーター	トスポウイルス属

No.5 **次は，植物の病原体に関する記述であるが，A～Eに当てはまるものの組合せとして最も妥当なのはどれか。** 【国家総合職・平成30年度】

植物の病原体の大きさと形状は多様である。以下具体例を挙げると，ウイロイドは低分子の［　A　］で，タンパク質の外被を持たない。ホップ矮化ウイロイドは線状で長さは約50nmである。ウイルスはDNAかRNAのいずれか一方の核酸とそれを包むタンパク質から構成される。イネ萎縮ウイルスの大きさは球状で約80nmである。ファイトプラズマは植物に感染し［　B　］を欠く細菌であり，大きさ約100～800nmの球形もしくは多形性で［　C　］である。菌類は従属栄養の真核生物であり，多くの菌類の菌糸の細胞壁は［　D　］で構成される。ブドウ灰色かび病菌の分生胞子の長さは約6～18［　E　］である。

	A	B	C	D	E
1	DNA	細胞膜	真核生物	アミロース	μm
2	DNA	細胞壁	原核生物	キチン	nm
3	RNA	細胞膜	原核生物	アミロース	nm
4	RNA	細胞壁	真核生物	キチン	nm
5	RNA	細胞壁	原核生物	キチン	μm

実戦問題の解説

No.1 の解説　病原微生物

→問題はP.239

A ○　正しい。酵母は単細胞ではあるが，真核生物であり菌類である。

B ×　誤り。細菌は原核生物であり，核には境界膜がなく，ゲノムDNAは細胞内で核様体として存在する。したがって，「DNAは核膜内に存在する」および「増殖は有糸分裂」は誤り。

C ○　正しい。

D ×　誤り。ウイルスは核酸とそれを包み込む外被タンパク質から構成され，細胞構造を持たない極めて微小な病原体である。ウイルスは生きた細胞内だけで増殖でき，複製は宿主細胞の代謝系に完全依存する。したがって，「微小な細胞構造を持つ」および「真核生物である」は不適切。

以上から，正答は**2**である。

No.2 の解説　病原微生物

→問題はP.239

A：「原核生物」が当てはまる。細菌はDNAが核膜に包まれておらず，細胞内小器官（ミトコンドリア，クロロプラスト，小胞体など）を持たない原核生物。一方，糸状菌は真核生物である。

B：「ペリプラズム」が当てはまる。細胞壁とその内側にある細胞膜（内膜）との間隙のことをペリプラズムと呼ぶ。なお，ペプチドグリカンは，細菌の細胞壁の主成分。

C：「タバコモザイクウイルス」が当てはまる。動植物を通じて世界で最初に発見されたウイルスは，のちにタバコモザイクウイルス（TMV）と命名されたタバコモザイク病の病原体である。

D：「ウンカ，ヨコバイ類」が当てはまる。植物ウイルスの自然界での媒介者は大部分が昆虫で，アブラムシ，ヨコバイ，ウンカ，コナジラミ，アザミウマなどが重要。イネのウイルス病の多くはウンカ，ヨコバイ類によって媒介される。

以上から，正答は**3**である。

No.3 の解説　病原糸状菌

→問題はP.240

コムギ赤さび病菌の生活環において，5～6月頃にコムギに生じるさび色の斑点は夏胞子層であり，これに多数の夏胞子ができる。（A）

夏胞子はコムギの葉の気孔から侵入して感染を繰り返す。その後，被害部には冬胞子層ができ，冬胞子を生じる。（B）

冬胞子は発芽して前菌糸となり，これが担子柄となって減数分裂の後に，担子胞子ができる。（C）担子胞子はカラマツソウ類に感染してさび柄子殻（精子殻）を形成し，そこからさび柄胞子を出す。

第5章 植物病理学

うどんこ病菌類は，春から秋にかけて分生胞子を多数形成して繁殖する（D）が，気温が下がって環境条件が悪くなると有性生殖を行って閉子のう殻をつくる（E）。分生胞子の形態と子のう殻がうどんこ病菌の分類基準。

以上から，正答は**1**である。

No.4 の解説　植物病原細菌

→問題はP.241

A：「*hrp*」が当てはまる。*hrp*遺伝子群（hypersensitive response and pathogenicity genes）は，多くのグラム陰性植物病原細菌が持ち，植物の防御応答の抑制に関与する。これらの遺伝子群は20個以上の遺伝子から構成され，これらがクラスターとして細菌のゲノム中，あるいはプラスミドに存在する。WRKYは病害応答に関わる転写因子である。

B：「タイプⅢタンパク質分泌装置」が当てはまる。タイプⅢタンパク質分泌装置とは植物病原細菌が細胞内で生産したエフェクタータンパク質などを植物細胞内へ注入するタンパク質分泌系。一方，発芽管は，菌類の胞子が水分条件等が整うと発芽して形成する構造体。感染時において発芽管の先端には付着器が形成され，植物表層と強固に結合（付着）する。

C：「エフェクター」が当てはまる。エフェクターとはタイプⅢ分泌機構を介して植物細胞内へ分泌されるタンパク質で，植物の防御応答を抑制および撹乱して感染を成立させるもの。

D：「動物病原細菌」が当てはまる。PAMPsはもともと動物の病原体で知られていたものが，植物病原体にも見つかったものである。したがって，一連の反応は植物に限らず動物でもみられ，病原微生物の進化プロセスで獲得されたものと考えられている。

以上から，正答は**4**である。

No.5 の解説　病原微生物

→問題はP.242

A：「RNA」が当てはまる。ウイロイドは250～400塩基ほどの単一低分子の環状一本鎖RNAで，タンパク質の外被（キャプシド）を持たない。

B：「細胞壁」が当てはまる。ファイトプラズマは感染植物の師管内に動物寄生性のモリキューテス類であるマイコプラズマとよく似た微生物として発見されたという経緯がある。モリキューテス類は細胞壁を持たない細菌のグループである。

C：「原核生物」が当てはまる。細菌は核膜を持たない原核生物である。

D：「キチン」が当てはまる。多くの菌類の細胞壁の骨格はキチン繊維で構成されている。ただし，例外として卵菌類などでは，植物細胞壁と同様にその骨格はセルロース繊維であることに注意。

E：「μm」が当てはまる。分生胞子は光学顕微鏡で観察できる大きさ。肉眼の観察限界が1mmの10分の1程度（およそ100μm）であり，そこから約1μmまでが光学顕微鏡の観察可能範囲である。したがって，Eはμm（マイクロメートル）となる。ちなみに，nm（ナノメートル）のサイズは電子顕微鏡の世界である。

以上から，正答は**5**である。

正答 No.1=**2** No.2=**3** No.3=**1** No.4=**4** No.5=**5**

診断と防除

必修問題

植物病害の防除に関する記述として最も妥当なのはどれか。

【国家一般職・平成30年度】

1 乾熱消毒は，種子を約70℃で30分程度処理し，病原体を死滅または不活化させる方法である。種子の深部に侵入した病原を殺菌するため，種子水分含量を高めて実施する。

2 土壌伝染病の防除には，圃場の衛生管理が重要であり，罹病植物の残渣の圃場内での埋設処理や焼却処理が効果的である。また，土壌くん蒸では，防除効果を高めるため，ガスが抜けないうちに植付けを行う。

3 コムギの連作を続けると徐々にコムギ立枯病の発病が軽減することが知られている。この現象は発病衰退現象と呼ばれ，生物的防除として位置づけられている。

4 ハクサイは，稚苗期に根こぶ病への感受性が高いため，作期を早めて稚苗期に高温に遭遇させる。こうした対応は物理的防除の一つとして位置づけられている。

5 化学的防除は，製剤化された拮抗微生物や有機合成農薬を用いる防除方法である。拮抗微生物は，宿主の抵抗性を誘導するが，病原菌を死滅させることはない。

必修問題の解説

1 × 誤り。乾熱消毒は約70℃で約2～7日間，種子を乾燥した高温状態にて処理し，特にウイルス病に有効な消毒法である。種子水分含量を高めた状態で70℃の高温で処理した場合，種子そのものが死滅する可能性が高い。一方，種子の深部に侵入した病原体の殺菌には55℃前後の温湯に約数十分間浸漬する温湯浸漬法が用いられる。

2 × 誤り。作物残渣が圃場内にすき込まれることが多いが，圃場の衛生管理において，作物残渣には病原菌が増殖および残存している可能性があり，第1次伝染源となる危険性がある。したがって，残渣は圃場外へ搬出し，焼却，埋没処理することが望ましい。土壌くん蒸後の植付け作業は，ガスが抜けたことを確認してから行う。

3 ◎ 正しい。コムギ立枯病の衰退現象（Take-all decline）は，土壌中の特定の微生物の影響により生じることが知られている。

4 × 誤り。ハクサイ根こぶ病の耕種的防除では，通常，播種を遅らせる。さらに，輪作，抵抗性品種の利用のほか，排水を良好にするため高畝栽培を行う。また，根こぶ病菌は酸性土壌を好むため，土壌pHを6.5以上にする。

5 × 誤り。化学的防除とは薬剤を作用させて病原体を殺すか増殖を抑制するもので，農薬を利用する防除法である。一方，拮抗微生物や弱毒ウイルスを利用する方法は生物的防除である。

正答 3

重要ポイント1 病原体の防除

病気の発生には**「病原体」（主因）**，**「宿主」（素因）**，**「環境条件」（誘因）**の3要因がそろう必要があり，それらのどの要因が欠けても病気は発生しない。実際の農作物の栽培では主因は栽培開始時点で固定され，誘因は人為的には制御できないことが多い。そこで，防除手段として最も広く行われ，また最も効果が大きいものは「病原体」に対する防除である。主因である病原体を排除するには，化学的，物理的，生物的防除があるが，農薬使用による化学的防除は最も重要である。

重要ポイント2 化学的防除

病原体の化学的防除は，薬剤（農薬）を作用させて病原体を殺すか増殖を抑制しようとする方法であり，現在でも防除技術の主流である。ただし，ウイルスやウイロイドは宿主代謝系を利用するため，宿主に影響を与えずそれらに直接的効果を示す実用的な薬剤はない。

薬剤防除の効果を上げるためには，適切な時期に適切な薬剤を使用することが基本であるが，作業者や消費者の安全を確保することも重要であり，環境負荷も最小限になるようにする必要がある。

重要ポイント3 物理的防除

病原体の物理的防除は，病原体を物理的方法によって殺すか不活性化するものである。熱，特に温湯による種子消毒のほか，太陽熱を利用した土壌消毒，光質を利用した病原体の制御などがある。温湯浸漬法は55℃前後の温湯に種子を浸漬して病原菌を不活化する方法である。太陽熱土壌消毒法は夏季に土壌湿度を飽和状態に保ちながら太陽熱で土壌温度を上昇させ，土壌伝染病の病原体を不活化する。

重要ポイント4 生物的防除

病原体の生物的防除は，拮抗微生物の利用や弱毒ウイルスの利用によって病原体を除去するかその活性を弱めて防除を行うものである。拮抗微生物の利用は病原体以外の微生物による病原体への寄生，捕食，競合，溶菌などの作用を用いる。*Trichoderma*属菌の一部には菌寄生の能力があり，1954年にタバコ白絹病の防除を目的に微生物殺菌剤として農薬登録されている。土壌生息菌が生産するバクテリオシンのアグロシン84は，多くの果樹や花木の苗木に発生する根頭がんしゅ病を抑制する。その他，非病原性*Pectobacterium carotovora*製剤は野菜類軟腐病菌に，*Bacillus subtilis*製剤はナスやトマトの灰色かび病の防除に利用されている。また，シデロフォア産生細菌などの植物生育促進根圏細菌（PGPR）の利用も検討されている。

実戦問題

No.1 植物の病害の診断に関する記述として最も妥当なのはどれか。

【国家総合職・令和元年度】

1 植物病害の診断では，細胞，組織，器官の異常が外部あるいは内部形態の変化となり現れる標徴や，感染組織の外部に増殖した病原体が露出して肉眼で観察できる病徴を観察することで病原体を診断する。病徴には，根頭がんしゅ病のこぶや線虫のシストなどがある。

2 糸状菌病の診断法として，病斑部の断面を水に浸したときに水中に菌泥の漏出を確認する方法がある。さらに，罹病組織の切片をネガティブ染色し，光学顕微鏡を用いて菌糸や胞子，封入体を観察して菌種を同定する。

3 植物病原細菌の中では数少ないグラム陽性菌であるトマトかいよう病菌は，グラム染色法で検出することができる。グラム染色法は，細菌の細胞膜の構造の違いで染色性が異なることを利用している。グラム陽性菌はペプチドグリカンの層が薄く，内部までよく染色される。

4 血清学的診断法では，病原体をウサギやマウスに注射して抗体を作製し，これを利用した抗原抗体反応で診断を行う。ELISA法，DIBA法などの方法がある。抗体を用いた診断法は，ウイルス病だけでなく，細菌病，糸状菌病にも使用される。

5 遺伝子診断は，病原体の遺伝情報の違いに基づき診断する方法である。RT-PCR法では，罹病植物からDNAを抽出し，DNA修復酵素を用いて作成したcDNAを鋳型として，各病原体に特異的なプライマーを用いて増幅した産物の解析を行う。

No.2 病虫害の予防と防除に関する記述として最も妥当なのはどれか。

【国家一般職・令和元年度】

1 真性抵抗性とは，病原菌の増殖を完全に抑える抵抗性のことで，多数の微動遺伝子に支配される。また，特定の病原体レースに対し発現する抵抗性のことを量的抵抗性という。

2 植物が生産する低分子の抗菌性物質のうち，感染前に抗菌力を示す濃度で存在するものをプロヒビチン，感染後に生合成されるものをファイトアレキシンといい，前者は静的抵抗性，後者は動的抵抗性に関わる。

3 抵抗性を有する台木に穂木を接ぎ木する方法は，土壌病害に対する効果的な物理的防除法である。キュウリやメロンのつる割れ病の防除には，台木としてユウガオが用いられている。

4 土壌消毒などの人為的な処理によって土壌病害の発生が減少した土壌を発病抑止土壌という。熱を利用した土壌消毒には，土壌に熱水を直接灌水する温湯浸漬法や地中に蒸気噴出管や加温装置を埋設する蒸気消毒法がある。

5 黄色灯は，アブラムシの飛来を抑制する。また，紫外線の除去により菌糸の伸長が阻害される糸状菌が多い。施設栽培ではこれらの作用を利用した病虫害防除が行われている。

No.3 **土壌伝染性病害とその防除に関する記述として最も妥当なのはどれか。**

【国家総合職・平成30年度】

1 アブラナ科植物根こぶ病は細菌による病気で，ハクサイやキャベツなどの根に寄生して，こぶを形成する。酸性土壌で発病が減るため，土壌のpHを低下させることにより発病を減らすことができる。また，非宿主作物との輪作や土壌消毒も本病害の有効な防除法である。

2 ジャガイモそうか病は子のう菌類による病気で，19世紀中頃にアイルランドにおける飢餓の原因となった。塊茎の表面に淡褐色でかさぶた状の病斑を作り，コルク化，亀裂などを生じる。健全種イモの使用，非宿主作物との輪作や土壌消毒などが有効な防除法である。

3 ジャガイモ疫病は担子菌類による病気で，ジャガイモ，ナス，トマトなどに大きな被害を与える。病原菌は有性生殖を行い，担子胞子を形成する。レース品種特異性はみられない。主な防除法は，薬剤による土壌消毒や圃場の排水性を向上させることである。

4 野菜類軟腐病は細菌による病気で，ハクサイやレタスなどに被害を与える。病原菌は傷口や昆虫の食痕などから侵入し，ペクチン質分解酵素を生産し，宿主細胞を遊離させ，腐敗させる。被害残さの処分，土壌害虫の防除，非病原性菌による生物農薬などが有効な防除法である。

5 根頭がんしゅ病は接合菌類による病気で，果樹や花木などの苗木に発生する。病原体は地際部の傷口から侵入し，感染した植物は主にこぶの拡大により生育が衰える。輪作や土壌消毒の他にピリキュロールを生産する菌による生物防除が有効である。

No.4 **植物の病徴や診断に関する記述A～Dのうち，妥当なもののみを挙げているのはどれか。** 【国家一般職・平成29年度】

A　病原体そのものが繁殖して植物の表面などに露出した特徴的な形態を標徴という。菌類，細菌類，線虫類，ウイルスなどの病気で標徴が確認できる。たとえば，菌類によるナス科植物青枯病は，罹患した植物の茎の切り口を水に浸すと菌泥が確認できる。

B　指標植物による診断は，特定の病原に対して特異的もしくは鋭敏な反応を示す植物を用いる生物学的診断の一つである。指標植物には病原ごとにそれぞれ固有な種類があり，たとえば，タバコモザイクウイルスの同定にはタバコが使われる。

C　血清学的診断は，血清反応を応用した診断方法である。既知の病原体をウサギなどに注射して抗原を作り，被検試料に作用させて沈降反応の有無で診断する。抗原に蛍光色素を結合させて蛍光顕微鏡を用いて血清反応を調べるELISA法は，迅速で感度の高い診断方法である。

D　遺伝子診断法は，病原体に固有な核酸のヌクレオチド配列に着目した診断法で，ウイルスやウイロイドの診断に用いられている。代表的なRT-PCR法は，病原体のRNAを逆転写してcDNAを合成して，それを鋳型として増幅させ，電気泳動によって診断する方法である。

1　A，B
2　A，D
3　B，C
4　B，D
5　C，D

実戦問題の解説

No.1 の解説　病害診断

→問題はP.249

1 × 誤り。発病によって細胞，組織，器官の外部あるいは内部形態に現れる異常や変化を病徴と呼ぶ。一方，標徴（sign）とは菌類の菌糸の集合など罹病植物上で病原体が肉眼的に観察されるもの。

2 × 誤り。茎などを切断し，病斑部の断面を水に浸して菌泥の漏出を観察する方法は，細菌病の診断法である。

3 × 誤り。グラム陽性菌はペプチドグリカン層が厚い。グラム染色ではクリスタルバイオレットとヨードの複合体がペプチドグリカン層の編み目にひっかかりよく染色される。

4 ◎ 正しい。

5 × 誤り。RT-PCR法に使用する鋳型はRNAである。したがって，罹病植物からRNAを抽出する必要がある。さらに，本法はDNA修復酵素ではなく，逆転写酵素を使用してRNAからcDNAを合成する。

No.2 の解説　病害防除

→問題はP.249

1 × 誤り。真性抵抗性とは，比較的少数の効果が大きい遺伝子に支配され，栽培条件などによる影響を受けにくい抵抗性である。特定の病原体レースに対して発現する抵抗性は質的抵抗性である。

2 ◎ 正しい。

3 × 誤り。物理的防除法は，主因である病原体を排除または抑制する防除法である。一方，接ぎ木など抵抗性品種を利用する方法は，素因を排除する防除法である。なお，病害抵抗性を持つ植物に接ぎ木する方法については，耕種的防除法に含める場合もある。

4 × 誤り。発病抑止土壌とは，連作にもかかわらず土壌伝染病が発生しないか，極めて少ない土壌のことであり，自然に生じた生物的防除の例である。土壌に熱水を直接灌水する方法は熱水消毒法である。温湯浸漬法は，55℃前後の温湯に種子を浸漬して病原菌を不活性化する方法。

5 × 誤り。アブラムシは黄色に誘引される。

No.3 の解説　病害防除

→問題はP.250

1 × 誤り。アブラナ科植物根こぶ病は，ネコブカビ類（原生生物界）による病気であり菌類病。酸性土壌で発病が激しくなるため，石灰施用などによってpHを上昇させることで，発病抑制が可能。

2 × 誤り。ジャガイモそうか病は細菌（放線菌）による病害である。アイルランドのジャガイモ飢饉を発生させたのは，ジャガイモ疫病菌（卵菌類）。

3 × 誤り。ジャガイモ疫病菌は卵菌類。罹病組織内菌糸の一部に造卵器と造精器を生じ，受精して卵胞子を形成する。また，病原性が異なる多くのレースが存在する。

4 ◎ 正しい。

5 × 誤り。根頭がんしゅ病は細菌病である。輪作や土壌消毒のほかに，バクテリオシンであるアグロシン84を産生する*Rhizobium radiobacter* 84による生物防除が知られている。

No.4 の解説　病害診断

→問題はP.251

A × 誤り。標徴とは罹病植物体上で病原体が肉眼的に観察されるものである。菌類の主な標徴には胞子が粉状に集積（うどんこ病，さび病）したものや菌核（白絹病，菌核病）などがある。一方菌泥は，ナス科植物青枯病やイネ白葉枯病などの細菌病でみられる標徴である。一方，ウイルスでは標徴は見られない。

B ○ 正しい。

C × 誤り。ELISA法（酵素結合抗体法）はプラスチック製のマイクロタイタープレートのウェル中で抗原抗体反応を行う手法。また，抗原抗体反応を酵素反応によって，さらに増幅，発色させて測定する場合があり，蛍光顕微鏡ではなく，専用の分光光度計を使用する。

D ○ 正しい。

以上から，正答は**4**である。

正答　No.1=4　No.2=2　No.3=4　No.4=4

テーマ
25 抵抗性と病原性

必修問題

次は，植物病原体の病原性と植物の抵抗性に関する記述であるが，A～Eに当てはまるものの組合せとして最も妥当なのはどれか。

【国家総合職・平成28年度】

A　植物に対して不親和な関係にある植物病原糸状菌がクチクラ層を貫入すると，貫入菌糸の先端部と植物細胞の細胞膜の間に，二酸化ケイ素などの無機成分やフェノール類などが沈着した構造物が形成されることがある。菌の侵入に対する障壁の一つと考えられている。

B　植物病原体の感染によって植物中で新たに生合成される低分子の抗菌性物質で，これまでに200種以上の植物で確認されている。この物質は植物種によって決まっており，サツマイモで生産されるイポメアマロン，エンドウで生産されるピサチンなどが知られている。

C　植物病原体の感染過程で特異的に植物中に生産されるタンパク質で，キチナーゼやグルカナーゼなどが知られている。機能が不明なものもあるが，キチナーゼやグルカナーゼは菌類の細胞壁を分解することで抗菌性を示すことが知られている。

D　植物の動的抵抗性を誘導する因子のこと。植物病原糸状菌では菌糸の細胞壁，植物病原細菌ではハーピン遺伝子産物，植物病原ウイルスでは外被タンパク質などに活性が認められている。これらの物質が植物細胞表層の受容体で認識されることによって，動的抵抗性を誘導すると考えられている。

E　植物病原体が生産する植物の動的抵抗性の阻害物質で，ジャガイモ疫病菌やエンドウ褐紋病菌などの植物病原糸状菌から発見されている。この物質の作用点についての研究が進められており，宿主細胞のATPaseや抵抗性に関連する情報伝達系に作用することが明らかになってきている。

	A	B	C	D	E
1	パピラ	ファイトアレキシン	PRタンパク質	エリシター	サプレッサー
2	パピラ	ファイトアレキシン	HSTタンパク質	プラントアクティベーター	リプレッサー
3	パピラ	プロヒビチン	HSTタンパク質	エリシター	リプレッサー
4	カロース	ファイトアレキシン	HSTタンパク質	プラントアクティベーター	サプレッサー
5	カロース	プロヒビチン	PRタンパク質	プラントアクティベーター	サプレッサー

必修問題の解説

A：「パピラ」が当てはまる。貫入菌糸の先端部と植物細胞の細胞膜の間に，無機成分やフェノール類などが沈着した構造物はパピラである。カロースとは植物が作るグルコースが重合した多糖でパピラの構成成分。

B：「ファイトアレキシン」が当てはまる。植物中で新たに生合成される低分子の抗菌性物質は，ファイトアレキシンである。プロヒビチンとは，病原体の感染前に植物体に存在する抗菌性物質。

C：「PRタンパク質」が当てはまる。植物病原体の感染過程で特異的に生産されるタンパク質で，キチナーゼとグルカナーゼは代表的なPRタンパク質である。HSTとは宿主特異的毒素（host-specific toxin）のことで，*Alternaria*属，*Cochliobolus*属などの病原菌が胞子発芽時に放出し，特定の宿主植物や品種にのみ作用する毒素。HSTのほとんどは，低分子の二次代謝物であるが，タンパク質も知られている。

D：「エリシター」が当てはまる。動的抵抗性を誘導する因子はエリシターである。プラントアクティベーターとは，プロベナゾールなどの病原体には直接作用せず，植物の抵抗性を増強する薬剤。

E：「サプレッサー」が当てはまる。動的抵抗性の阻害物質で，宿主細胞のATPaseや抵抗性関連の情報伝達系に作用するのはサプレッサーである。リプレッサーとは，分子生物学用語で特定の遺伝子群の形質発現を抑制するタンパク質。

以上から，正答は**1**である。

正答 1

重要ポイント 1　植物の抵抗性

植物の抵抗性とは，病原体による感染行動に立ち向かう性質であり，**垂直抵抗性**と**水平抵抗性**の2つに大別することができる。垂直抵抗性（真正抵抗性）とは一つあるいは少数の遺伝子に支配される効果の大きな抵抗性である。品種特異的抵抗性は遺伝子対遺伝子説により説明され，病原体の非病原性遺伝子と宿主の品種特異的抵抗性によって決定される。水平抵抗性（圃場抵抗性）は複数の遺伝子座（QTLあるいはポリジーン）の相乗効果によって発揮される品種非特異的な抵抗性で，その効果は大きくないものの，病原体に左右されることがなく安定性が高い。

重要ポイント 2　静的抵抗性

植物がもともと備えている抵抗性を静的抵抗性といい，細胞壁の厚さや硬さ，先在性の抗菌物質などによる。静的抵抗性はワックスやクチンなどによる疎水性環境，細胞壁の厚さや硬さなどの構造的障壁，フェノールやサポニンといったファイトアンティシピンと呼ばれる先在性抗菌物質による化学的障壁などからなる。フェノールのカテコールやプロトカテク酸が炭疽病菌の胞子発芽を阻害したり，ジャガイモのソラニンやトマトのトマチンなどのサポニンは，病原菌の膜流動性を喪失させるが，これらも化学的障壁の一つである。

重要ポイント 3　動的抵抗性

動的抵抗性とは，病原体の感染行動の開始後に植物が活性化される抵抗性で，病原菌の侵入糸の先端を取り巻くように生じるパピラ形成やリグニン化による柔細胞の細胞壁強化などの**構造的抵抗反応**と過敏感反応，ファイトアレキシンの生成，PRタンパク質の生成，RNAサイレンシング，感染阻害因子の集積などの**化学的抵抗反応**からなる。動的抵抗性はエリシターにより誘導され，複雑な情報伝達経路を経て発現する。

実戦問題

No.1 植物の病害抵抗性に関する記述として最も妥当なのはどれか。

【国家総合職・平成29年度】

1 植物が病原体の攻撃を受けると，植物体内に新たに低分子の抗菌性物質が生産される。他方，攻撃を受ける前から存在する抗菌性物質もあり，これらをファイトアレキシンという。このうち，感染前から抗菌性を示す濃度で存在する物質をインヒビチンという。

2 植物はさまざまな防御システムを備えており，植物に抵抗性反応を誘導する因子をサプレッサーという。また，病原菌が生産する植物の抵抗性反応を抑制する因子として，ジアシルグリセロールなどが知られており，これらをエリシターという。

3 非親和性の病原体が植物の抵抗性品種の細胞に侵入すると，細胞は壊死し，侵入菌糸は，その後も生育を続けるが，侵入細胞に封じ込められる。この現象は，植物が遺伝的に備えているプログラム細胞死であるため，静的抵抗性に分類される。

4 植物病原糸状菌がクチクラ層を貫入すると，細胞壁と細胞膜との境界に，カロースや無機成分，フェノール類などが沈着して，封入体と呼ばれる構造物が形成される。この構造物は菌糸が貫通できず，菌類の侵入を阻止する抵抗反応の一つと考えられている。

5 植物病原糸状菌，細菌，ウイルスなどの感染を受けた植物細胞では，PRタンパク質が誘導されることが知られている。PRタンパク質であるキチナーゼやグルカナーゼは，菌類の細胞壁を分解することで抗菌性を示すほか，宿主植物の抵抗性の誘導にも関与する。

No.2 **植物の病害抵抗性に関する記述として最も妥当なのはどれか。**

【国家一般職・平成28年度】

1 遺伝子対遺伝子説は，特定の病原体系統（レース）に対し，宿主植物の品種が示す特異的な抵抗性の遺伝的背景を説明するものである。ある非病原力遺伝子（*AVR*）を持つ病原体レースに対して，その*AVR*遺伝子に特異的な抵抗性遺伝子（*R*）を持つ品種が抵抗性を発現する。

2 感染前から植物が備えている静的抵抗性の要因としては，ケイ酸により硬化したイネの細胞壁やファイトアレキシンなどがある。感染後に誘導される動的抵抗性の要因としては，プロヒビチンや過敏感反応などがある。

3 特定の病原体レースに対し，少数の宿主遺伝子の効果で発揮する抵抗性を非宿主抵抗性といい，レースの相違に左右されにくく，多遺伝子支配の抵抗性を真性抵抗性という。また，ある病原体の宿主とはなりえない，植物が示す絶対的な抵抗性を圃場抵抗性という。

4 病原体を認識した植物の細胞では，カルシウムイオン，サイクリックAMP，ヒスタミン，ジャスモン酸などのシグナル物質の量が変化する。その結果，カマレキシンやディフェンシンといったセカンドメッセンジャーが生成され，防御系を構成する。

5 ウイルスの感染後に過敏感反応が起きた植物では，シグナル物質グルタミン酸の含量が全身で増加し，その結果，感染組織から遠く離れた未感染組織でもウイルスの再感染に対する抵抗性を示すようになる。このウイルス感染に特異的な抵抗性を，誘導全身抵抗性（ISR）と呼ぶ。

実戦問題の解説

No.1 の解説　病害抵抗性

→問題はP.257

1 × 誤り。攻撃を受ける前から存在する抗菌性物質は，先在性抗菌物質（ファイトアンティピシン）である。Ingham（1973）の分類ではプロヒビチン，インヒビチン，ポストインヒビチンともいう。ファイトアレキシンは病原体の攻撃を受けると植物体内に新たに合成される低分子の抗菌性物質である。

2 × 誤り。植物に抵抗性を誘導する因子はエリシターである。一方，エリシターで誘導された抵抗性の発現を阻害（遅延）する病原微生物が分泌する物質がサプレッサーである。「ジアシルグリセロール」は，抵抗性を誘導する情報伝達系に関わる物質。

3 × 誤り。植物が細胞壊死を起こして病原体を封じ込め，感染行動を阻止する細胞死現象（プログラム細胞死）は過敏感細胞死と呼ばれ動的抵抗性の一つ。

4 × 誤り。病原体の侵入に伴い，細胞壁と細胞膜の境界にカロースや無機成分，フェノール類などが沈着して生じる構造物はパピラである。一方，封入体とはウイルスの感染によって生じる内部病徴の一つで，TMVの感染では光学顕微鏡で観察可能な結晶状封入体や*Potyvirus*属ウイルスの感染時に電子顕微鏡下で観察される風車状封入体などがある。

5 ◎ 正しい。

No.2 の解説　病害抵抗性

→問題はP.258

1 ◎ 正しい。

2 × 誤り。ファイトアレキシンは病原体の攻撃によって植物体中に新しく生合成される低分子の抗菌物質であり，動的抵抗性の一つ。

3 × 誤り。レースに対し少数の宿主遺伝子の効果で発揮する抵抗性は真性抵抗性。レースに左右されず，多数の遺伝子支配の抵抗性は圃場抵抗性。病原体の宿主とはなりえない，絶対的な抵抗性は非宿主抵抗性。

4 × 誤り。カマレキシンやディフェンシンは，カルシウムイオン，サイクリックAMPなどのシグナル伝達物質（セカンドメッセンジャー）の量や局在性が細胞内で変化した結果，生成される防御関連因子である。

5 × 誤り。ウイルスの感染後に過敏感反応が生じ，増加するシグナル伝達物質はサリチル酸。また，この抵抗性は全身獲得抵抗性（Systemic Acquired Resistance; SAR）と呼ばれる。誘導全身抵抗性（Induced Systemic Resistance; ISR）とは，非病原性の根圏微生物が植物の根に共生すると全身的な病害抵抗性が誘導され，サリチル酸は関与しないことからSARとは区別される抵抗性。

正答　No.1=5　No.2=1

第６章

昆虫学

テーマ㉖　昆虫という生物の特徴
テーマ㉗　害虫の防除法
テーマ㉘　昆虫の利用法

昆虫という生物の特徴

必修問題

次の図は昆虫の変態とそれに関わる内分泌系を表したものであるが，A～Eに当てはまるものの組合せとして最も妥当なのはどれか。

なお，□は分泌器官，○はホルモンを表し，□の分泌器官から○のホルモンが分泌されていることを示す。また，太い黒矢印は，ホルモンの分泌量が多いことを示す。 【国家総合職・平成30年度】

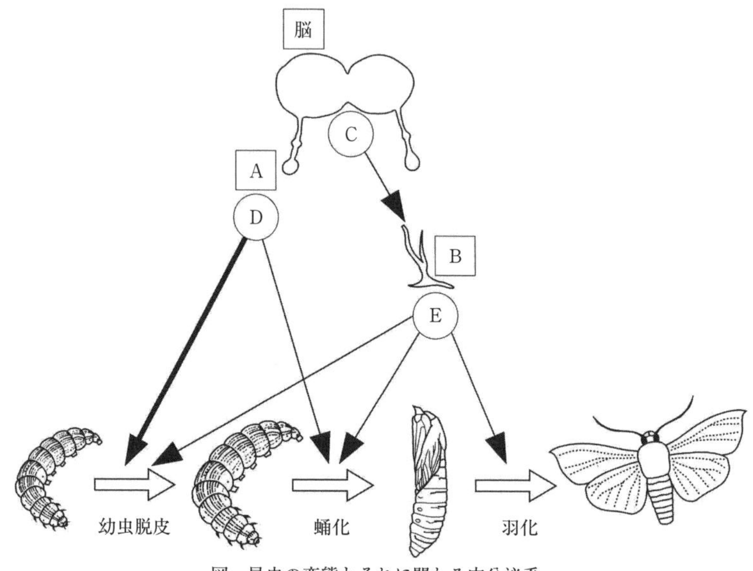

図　昆虫の変態とそれに関わる内分泌系

	A	B	C	D	E
1	側心体	前胸腺	PTTH[*1]	エクジステロイド	JH[*2]
2	側心体	食道下神経節	EH[*3]	エクジステロイド	JH
3	アラタ体	前胸腺	PTTH	JH	エクジステロイド
4	アラタ体	前胸腺	EH	エクジステロイド	JH
5	アラタ体	食道下神経節	PTTH	JH	エクジステロイド

＊1　Prothoracicotropic hormone
＊2　Juvenile hormone
＊3　Eclosion hormone

必修問題の解説

A：脳に付随して連なる一対の器官のうち，外側の器官を指していること，さらには，分泌されたホルモンが幼虫脱皮を促すことから，アラタ体を選択することができる。

B：分泌されたホルモンが幼虫脱皮に加えて蛹化や羽化にも関与していること，さらには，特徴的な形態から，前胸腺を選択することができる。

C：PTTHとEHは，いずれも脳から分泌されるペプチドホルモンであるが，B（前胸腺）に作用していることから，PTTHを選択することができる。

D：上記Aより，アラタ体から分泌されるJHを選択することができる。

E：上記Bより，前胸腺から分泌されるエクジステロイドを選択することができる。

以上から，正答は**3**である。

正答 3

重要ポイント1 昆虫の発育制御機構

昆虫の発育は，**エクジステロイド**（ecdysteroid，脱皮ホルモンとも称される）や**JH**（juvenile hormone，幼若ホルモンとも称される）などのホルモンによって内分泌制御されている。こうした制御機構はクラシカル・スキームとも呼ばれ，多くの昆虫学の教科書で模式図とともに紹介されている。クラシカル・スキームに沿って説明すると，脳から分泌される(C)PTTH（prothoracicotropic hormone：前胸腺刺激ホルモンとも称される）によって(B)前胸腺が刺激されると，(E)エクジステロイドが分泌される。エクジステロイドの存在下で，脳に付随する(A)アラタ体から分泌される(D)JHが閾値以上に作用すると，幼虫脱皮が引き起こされる。一方，JHが閾値を下回ると蛹化や羽化が引き起こされる。幼若ホルモンは，脳に付随するアラタ体で合成される昆虫特異的なホルモンであり，発育のほかにも生殖発達や休眠などのさまざまな生理現象に関与する重要なホルモンである。

重要ポイント2 さまざまな昆虫ホルモン

昆虫のホルモンは「腺性ホルモン」と「神経ペプチドホルモン」に大別される。腺性ホルモンの代表例としては，JHやエクジステロイドが挙げられる。神経ペプチドホルモンの例は数多く知られ，PTTHのほかにも，アラタ体に作用してJHの合成を促すアラトトロピン（allatotoropin），アラタ体に作用してJHの合成を抑えるアラトスタチン（allatostatin），古い皮膚からの脱出行動を促す羽化ホルモン（eclosion hormone），カイコの卵休眠を誘導する休眠ホルモン（diapause hormone），恒常性に関わる脂質動員ホルモン（adipokinetic hormone）や高血液トレハロースホルモン（hypertrehalosemic hormone）などが挙げられる。

脱皮・変態におけるホルモンの相互作用

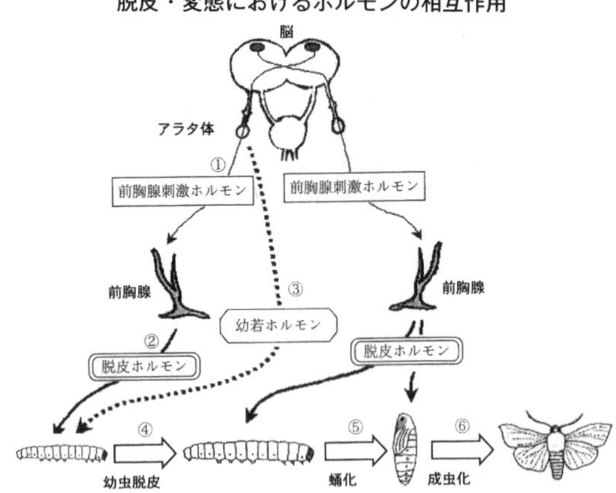

挿入図：河野・田村編，昆虫生理生態学，p 26，朝倉書店より複写

実戦問題

No.1 昆虫の分類に関する記述として最も妥当なのはどれか。

【国家総合職・平成27年度】

1 シミ目は，原始的な特徴を有する目であり，口器は頭蓋内に深く入り込む構造となる。複眼は退化しており，数個の個眼よりなる。また，成虫での越冬は不可能であるため，晩秋に休眠卵が産下され，このステージで越冬する。

2 カゲロウ目は，網目状の大きな前翅と小さな後翅を持つ。これらの翅は翅底骨が一列に並ぶことから，折りたたむことができない。トンボ目とともに旧翅類に分類される。幼虫は水中生活を行う。

3 バッタ目は，カマキリ亜目，ナナフシ亜目，キリギリス亜目，バッタ亜目から成り，数多くの種が属している。不完全変態を主とするが，一部に完全変態を行う種を含む。頭部が逆三角形で複眼がよく発達し，昼行性，夜行性ともにみられる。

4 ハエ目は，触覚が糸状で長いハエ亜目と，短いカ亜目に分けられる。後翅は前縁に存在する翅鉤で前翅と一体化し，２枚の翅で飛行しているようにみられる。複眼は発達し，口器は吸収型から刺吸型まで多様である。

5 チョウ目は，大きく広がった羽を持ち，細かい翅毛で覆われる。成虫は吸収型の口器を持ち，複眼はよく発達している。幼虫は側単眼を持たず，成長段階に蛹の時期が存在する完全変態類に分類される。

No.2 次は，昆虫の特徴に関する記述であるが，A～Eに当てはまるものの組合せとして最も妥当なのはどれか。 【国家一般職・平成28年度】

「昆虫の体は，頭部，胸部，腹部に区分される。頭部には目や触覚などを備えており，感覚をつかさどる部分ということができる。目は，一般に，1対の［A］と3個の［B］があり，［A］は主に物体の形や色を識別し，［B］は主に光を感受する役割を持つ。

また，昆虫の内部形態では，多くの分泌器官や分泌腺がみられ，機能上，外分泌器官と内分泌器官に分けられる。外分泌器官は，フェロモンやアレロケミカルを放出するものが多くみられる。特に，アリやミツバチなどの社会性昆虫では，多くの種類の［C］により集団の調節がなされている。内分泌器官は，幼虫の発育，脱皮や変態に関与するホルモンなどの分泌器官である。脱皮や変態には，アラタ体から分泌される［D］や［E］から分泌される脱皮ホルモンが深く関与している。」

	A	B	C	D	E
1	複眼	単眼	フェロモン	休眠ホルモン	マルピーギ管
2	複眼	単眼	アレロケミカル	幼若ホルモン	マルピーギ管
3	複眼	単眼	フェロモン	幼若ホルモン	前胸腺
4	単眼	複眼	アレロケミカル	休眠ホルモン	前胸腺
5	単眼	複眼	フェロモン	休眠ホルモン	前胸腺

No.3 昆虫の移動や分散に関する記述として最も妥当なのはどれか。

【国家総合職・平成29年度】

1 長距離移動をするオオカバマダラは，メキシコの山中やカリフォルニア南部などで集団越冬した後，世代を繰り返しながら北上し，北米全域に分布を広げる。近縁種で，日本列島を移動するアサギマダラは，1,000km以上に及ぶ長距離移動をすることが確認されている。

2 トビバッタ類では，相変異に伴った長距離移動がみられる。生息密度が高まると，幼若ホルモンの働きによる体色黒化や，移動に適した形態への変化が10日程度かけて起こり，群生相となり移動する。同様の相変異と移動は，日本のトノサマバッタにもみられる。

3 トビイロウンカは，長距離移動性害虫で，下層ジェット気流に乗って，毎年4月頃に日本へ飛来する。初夏以降は各地の水田で増殖し，大発生時は坪枯れを起こすほか，イネ縞葉枯病の媒介など，ウイルス病害の原因となる。

4 イチモンジセセリでは，季節による移動がみられる。幼虫はイネツトムシとも呼ばれ，イネの茎内部を食害し，心枯れを起こす。一般に，東北・北陸地方などでは越冬せず，晩夏以降出現する第2世代成虫が，南～西の方向へ群れで移動し，成虫で越冬する。

5 アブラムシ類は，生息密度が高まったときなどに有翅胎生雌虫が出現し，移動分散する。我が国では，モモアカアブラムシは，春寄主の草本と夏寄主の大本の間で季節的な移動を行う。有翅虫の作物への飛来抑制のために，黄色灯や紫外線反射フィルムなどが利用されている。

No.4 **昆虫の社会性に関する記述として最も妥当なのはどれか。**

【国家総合職・平成27年度】

1 ミツバチの社会性維持には，フェロモンが重要な役割を担っている。女王フェロモンをはじめ，雄成虫が分泌し巣内で女王に対して働きかける雄フェロモン，コロニーの大きさを決める密度調整フェロモン，働きバチによる警報フェロモンなどが知られている。

2 シロアリは，高度な社会性を持ち，オスが n，メスが 2 nの半倍数性の性決定様式である。このため母親を介して共有する遺伝子が，母と娘の間より，娘世代の姉妹間のほうが高くなり，姉妹間の血縁度が高い。血縁度は理論上$\frac{1}{2}$を上回る$\frac{5}{8}$となる。

3 アリにみられる高度な社会性は，複雑な階級（カースト）を有している。女王は王とともに生殖に専念し，自身の次世代女王として副生殖虫を1個体共存させている。その他の個体は労働カーストあるいは兵隊カーストなどの生殖能力のないカーストの個体となる。

4 アブラムシは社会性を持たないとされてきたが，半倍数性の性決定様式であるため，社会性を持つ可能性が指摘されてきた。近年，ゴールを持つアブラムシの中に，女王，兵隊カーストを有する種が見つかり，高度な社会性を持つことが判明した。

5 昆虫の社会性には単独性，亜社会性，真社会性などさまざまな段階があるが，共同で育児を行うこと，世代の異なる個体が労働に従事していること，集団の中で繁殖分業が行われていることの3点を満たしたものを真社会性と定義している。

実戦問題の解説

No.1 の解説　昆虫の分類

→問題はP.265

昆虫の種数については，約100万種とする説が一般的であるが，近年は，調査法の発展や分子データの活用によって新たな種の報告が相次いでおり，500万種を超えるという説もある。こうした多様な昆虫（広義の昆虫，六脚亜門とも称される）は33目にグループ分けされ，さらに，これらは口器の形状から内顎綱と外顎綱（狭義の昆虫）に大別される。以下に解説したグループ以外についても，その特徴を整理しておく必要がある。

1 × 最も古いタイプの昆虫は生涯を通して翅を持たない。このうちトビムシ目に代表される内顎綱は，口器が頭蓋内に入り込むのが特徴で，森林などの土壌中で微生物を餌とする種が多い。シミ目およびイシノミ目も翅を持たないが，口器の形状から外顎綱に分類される。

2 ◎ 正しい。成虫期に翅を持つ外顎綱のうち，トンボ目やカゲロウ目は旧翅類（節）とよばれ，翅には網目状の翅脈が広がり，翅を腹部の上に折り畳むことができない。

3 × 翅を体軸と並行に折り畳むことができるグループは新翅類（節）とよばれ，さらに多新翅類（亜節），新性類（亜節）の２グループに分けられる。多新翅類に含まれる直翅系昆虫類にはバッタ目，ナナフシ目，カマキリ目，ゴキブリ目などが含まれるが，それぞれの目の関連性（高次分類）には様々な議論がある。

4 × 新性類は，さらに準新翅類（下節）と完全変態類（下節）に分けられる。完全変態類のうち，ハエ目は，後翅が退化して平均棍となるのが特徴で，１対の前翅のみを動かして飛翔する。これに対してハチ目は，前翅にある翅鈎で後翅を一体化して動かして飛翔する。

5 × 完全変態類のチョウ目は，翅や体に毛が平たく変形してできた鱗粉が覆うのが最大の特徴である。成虫期には複眼が発達するが，幼虫期には頭の側部に１対の単眼をもつのみである。

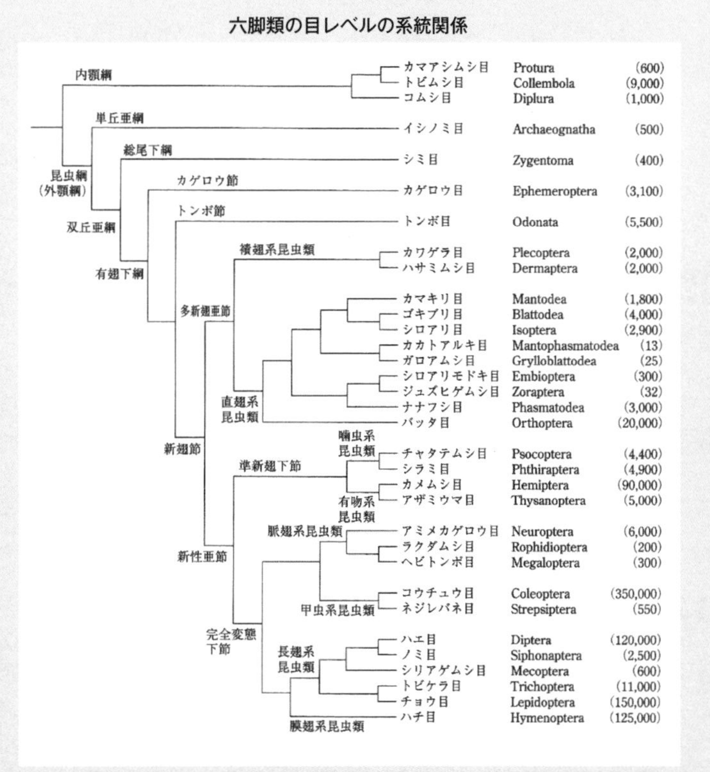

カッコ内の数字は各目の世界の既記載種数.（Wheeler et al., 2001, Grimardi & Engel, 2005を基準にMaekawa et al /. 1999, Bitsch & Bitsch, 2000, Gullan & Cranston, 2005, Terry & Whiting, 2005を参照して作成）

田付・河野　編，最新応用昆虫学，p55，朝倉書店　より

No.2 の解説　昆虫の形態と生理

→問題はP.266

昆虫の視覚情報は，1対の(A)複眼と数個の(B)単眼から取り入れられる。(A)複眼は，多数の個眼が集合した器官で，物体の動きをとらえるのに適しているが，物体の色や形も識別可能であるものの，その解像度は高くないと考えられている。一般的な昆虫は3個の単眼を持つが，2個の単眼を持つものや，単眼を持たないものもある。(B)単眼は明暗のみを感知し，複眼の働きを鼓舞する器官であると考えられている。

昆虫が利用する情報化学物質は，同種の他個体に作用するフェロモンと，他種の個体に作用するアレロケミカル（多感作用物質）に大別される。アリやシロアリなどの社会性昆虫では，階級の分化（カースト）や巣（コロニ

ー）の識別に(C)フェロモンを利用するものが多い。

昆虫の発育は，複数のホルモンによって内分泌制御されている。前胸腺から分泌される(E)脱皮ホルモン（エクジステロイドとも称される）が，アラタ体から分泌される(D)幼若ホルモンと一緒に作用すると，幼虫脱皮が誘導される。一方，幼若ホルモンの血中濃度が閾値よりも低い状態で脱皮ホルモンが作用すると，蛹や成虫への変態（蛹化や羽化）が誘導される。

以上から，正答は**3**である。

No.3 の解説 昆虫の飛翔と移動

→問題はP.266

1 ◎ 北米大陸に生息するオオカバマダラや日本に生息するアサギマダラは，長距離移動性を示すことで有名である。オオカバマダラは，幼虫の餌となるトウワタが生成する毒物（アルカロイド）を体内に溜めることも知られている。

2 × サバクトビバッタやトノサマバッタは，相変異を示す昆虫の代表例で，高密度条件下で現れる群生相は，前翅が相対的に長く，飛翔筋が発達し，産卵前期間が長く，産卵数が少ないなど，移動に適した形質を示す。群生相では体色が黒っぽくなるが，これはコラゾニンという神経ペプチド（ホルモン）の作用による。一方，幼若ホルモンは孤独相の緑色の体色を誘導する。

3 × 水稲の重要害虫であるトビイロウンカは，1月の平均気温が20℃を超える東南アジアでは周年発生しており，4月頃の一次移動で中国南部の稲作地帯へと飛来する。6月頃の二次移動において，下層ジェット気流（偏西風）に乗ると，梅雨前線が停滞している日本の上空まで運ばれて飛来する。なお，イネ縞葉枯病の病原となるウイルス（RSV）を媒介する種はヒメトビウンカである。

4 × イチモンジセセリの幼虫（イネツトムシ）は，数枚の葉を綴って作った「つと（筒巣）」に昼間は潜み，夜間に出てきて葉を暴食する。長距離移動性を示すことが知られ，秋には越冬地である西南方向へ移動する様子が観察される。

5 × 飛翔しているアブラムシ類の有翅虫は，黄色や緑色の波長に誘引されて作物に接近・飛来する。この性質を利用した黄色の粘着トラップは，圃場での発生予察や密度抑制に利用される。一方，反射光には忌避効果があり，銀色マルチや銀線を織り込んだ防虫ネットの設置が有効である。

No.4 の解説　昆虫の社会性

→問題はP.267

昆虫には高度な社会性を構築している種が多数ある。アリ類やシロアリ類は代表例であり，農業においても，害虫や天敵として関わる場面も多い。

1 × ミツバチの雄成虫は，巣（コロニー）を飛び立った女王蜂が放出する性フェロモンに反応して交尾飛行を行う。女王蜂は空中で10頭以上の雄と交尾を行い，再び巣に戻る。一方，交尾に成功した雄は硬直し，地面に落ちて死亡する。そのため，巣内には雄成虫は棲んでいない。

2 × 雄がn，雌が2nの半倍数の性決定様式において，姉妹間での血縁度を算出すると3/4，すなわち0.75となるので，本肢は誤りである。

3 × 副生殖虫は，女王や王に不測の事態が生じた場合に，コロニーを引き継ぐために生じる。多数の副生殖虫が生じる種もある。

4 × ハチ目を中心に見られる半倍数の性決定様式では，受精卵からは雌が，未受精卵からは雄が生まれる。これに対し，アブラムシ類の雄は，通常は雌のみが生まれる単為生殖の過程で，染色体を1本欠くことで生じる。以上より，記述は誤りと判断される。なお，利他行動が個体間の血縁度が高いほど進化しやすいと考えた場合，遺伝的に同じ背景をもつクローン繁殖では血縁度が常に1となるため，アブラムシ類が社会性を持つ可能性が示唆されていた。

5 ◎ 正しい。昆虫における社会性の段階は，単独性（前社会性とも称される），亜社会性，真社会性に区別される。亜社会性は，親が子や卵のもとに一定期間だけ留まって世話をするもので，給餌を行うカメムシ類などの例がある。アリ類やシロアリ類にみられる真社会性では，親子世代が重複し，生殖虫と不妊虫との階級（カースト）分化が確認される。

正答 No.1=2　No.2=3　No.3=1　No.4=5

害虫の防除法

必修問題

化学農薬に関する記述として最も妥当なのはどれか。

【国家総合職・平成28年度】

1 ネオニコチノイド系殺虫剤は，コリン作動性神経のシナプス後膜にある受容体にアンタゴニストとして作用する。さまざまな昆虫に対して殺虫効果を有するが，カメムシ目昆虫には効果が低いことが確認されている。

2 ピレスロイド系殺虫剤は，神経軸索の電位依存性イオンチャンネルの閉鎖機能を阻害する。遅効性ではあるが殺虫スペクトルが広い。哺乳類や魚類に対して安全性が高い殺虫剤であるため，水田において広く用いられている。

3 昆虫成長制御剤は，昆虫成長抑制剤として働く。ホルモン活性を持つため，昆虫のホルモンバランスが崩れ，正常な脱皮，変態が進行せず死に至る。哺乳類に対しても強い毒性を持ち，我が国では製造が認められていない。

4 合成フェロモン誘引剤は，害虫を捕殺器に誘引する誘引剤として害虫防除に利用されている。チョウ目昆虫では捕殺器により雌成虫数を著しく減少させるが，コミバエ類では捕殺器により雌幼虫を集め防除する。

5 有機リン系殺虫剤は，アセチルコリンエステラーゼの活性中心に結合して酵素活性を阻害する。この結果，神経伝達物質であるアセチルコリンが分解されず過剰となり，神経の異常興奮を起こし，昆虫は死に至る。

必修問題の解説

1 × 誤り。ネオニコチノイド系殺虫剤は，アブラムシ類をはじめとするカメムシ目の昆虫に高い効果を示す。

2 × 誤り。ピレスロイド系殺虫剤は即効性を示す。

3 × 誤り。昆虫成長制御剤は哺乳類への毒性が低く，日本国内でも多く利用されている。

4 × 誤り。チョウ目昆虫において，合成フェロモン剤による大量誘殺法で捕殺されるのは雄成虫である。

5 ◎ 正しい。

正答 5

重要ポイント 殺虫剤の種類と作用機構

農業害虫の防除に使用される有機合成殺虫剤（以下，殺虫剤）には，化学構造や作用機構が異なる数多くのグループがある。それぞれのグループでは，有効範囲（殺虫スペクトル）などの特性や生態系への影響が大きく異なるため，代表的な有効成分については特徴を整理しておく必要がある。以下は使用される機会の多い有効成分の特徴であるが，詳しい情報は専門の教科書で確認すること。

有機リン系殺虫剤：神経細胞におけるアセチルコリンエステラーゼの活性中心に結合し，伝達物質であるアセチルコリンの分解を阻害するため，伝達過剰による神経の異常興奮を引き起こす。殺虫スペクトルが広く，作物への浸透性の高いものが多いが，環境中での残留性は比較的低い。代表的な有効成分には，アセフェートやマラソン，ダイアジノン，フェニトロチオンなどがある。アブラムシ類やアザミウマ類では抵抗性の発達が問題となっている。

カーバメート系殺虫剤：有機リン系殺虫剤と同様に，アセチルコリンエステラーゼの作用を阻害する。代表的な有効成分には，メソミルやカルバリルなどがある。作用機構が似ている有機リン系殺虫剤との間では，交差抵抗性は発達するおそれがあるので注意が必要である。

ピレスロイド系殺虫剤：神経軸索の電位依存性ナトリウムチャンネルの閉鎖機能を阻害し，神経伝達を撹乱することで興奮や痙攣，呼吸麻痺を起こす。即効性で殺虫スペクトルが広く，魚毒性が高いものも多い。代表的な成分には，ペルメトリンやシペルメトリン，フェンバレレート，エトフェンプロックスなどがある。

ネオニコチノイド系殺虫剤：コリン作動性神経のシナプス後膜にあるニコチン性アセチルコリン受容体に結合して誤作動を引き起こす（アゴニストとして作用する）ことで効果を発揮する。カメムシ目昆虫に対して効果が高い。代表的な成分には，イミダクロプリドやアセタミプリド，ジノテフラン，クロチアニジン，チアメトキサムなどがある。施設内で受粉昆虫や天敵として利用するハチ類やカメムシ類への影響が大きいので注意が必要である。

ジアミド系殺虫剤：小胞体上に発現するカルシウムイオン放出チャンネルに作用し，筋肉を硬直させることで摂食阻害を引き起こす。チョウ目昆虫に対して効果が高く，有機リン系やピロスロイド系の殺虫剤に対する抵抗性が発達したコナガなどを対象として使用頻度が高まっている。代表的な成分には，フルベンジアミドやクロラントラニリプロールなどがある。

昆虫成長制御剤：昆虫の正常な発育を阻害する殺虫剤は，昆虫成長制御剤（insect growth regulator・IGR）と総称される。対象害虫の内分泌を撹乱するグループと，外骨格の主要成分であるキチンの合成を阻害するグループに大別される。前者の代表的な成分には，幼若ホルモン様化合物であるピリプロキシフェンがあり，テープ状の製剤に触れた雌成虫を不妊化することで，発生密度を低減する効果がある。後者の代表的な成分にはブプロフェジンやフルフェノクスロンがあり，スペクトラムが狭く，対象害虫への効果は高いが，散布後に脱皮する幼虫期にしか効果を発揮しないこと，甲殻類への影響から水田での使用が制限されることなどには注意が必要である。

昆虫行動制御剤：直接的な殺虫効果のほかに，近年は害虫の行動を制御することで被害を軽減する昆虫行動制御剤（insect behavior regulator：IBR）もある。ピリフルキナゾンやフロニカミドはアブラムシ類に効果が高く，摂食行動を抑制することで最終的には餓死させる。また，食品添加物であるグリセリン酢酸脂肪酸エステルには，作物上への定着を阻害する効果が確認されている。

気門封鎖剤：粘性の高い成分で害虫の気門を封鎖し，窒息死させる。果樹栽培では古くから界面活性剤と鉱物油の混合剤（マシン油）が利用されてきたが，近年は野菜栽培を中心として，食品添加物であるデンプンや油脂などの利用が進んでいる。

実戦問題

No.1 **我が国における害虫とその防除に関する記述A～Dのうち，妥当なもののみを挙げているのはどれか。** 【国家一般職・令和元年度】

A　ワタアブラムシやモモアカアブラムシは，野菜や果樹などの害虫であり，ウイロイドを媒介する。ナミテントウやニジュウヤホシテントウは，アブラムシを捕食する天敵である。

B　ルビーロウムシは，カイガラムシ類に属するカンキツ類の害虫であり，樹幹，枝葉，果実から汁液を吸い，樹勢を弱らせる。天敵であるルビーアカヤドリコバチを用いた防除が行われている。

C　植物に寄生するダニは，一般に，ハダニと呼ばれ，果樹，野菜などの多数の植物に寄生する。天敵であるチリカブリダニが農薬登録されており，施設栽培で利用されている。

D　ミカンコミバエは，台湾，東南アジアに生息する果実や果菜類の害虫である。我が国では天敵を用いた防除により根絶されたため，根絶が確認されて以降はミカンコミバエの侵入警戒調査は行われていない。

1　A，B
2　A，C
3　B，C
4　B，D
5　C，D

No.2 **我が国への侵入害虫に関する記述として最も妥当なのはどれか。**

【国家総合職・平成30年度】

1　クビアカツヤカミキリはヨーロッパからの侵入種で，体色は白く胸部の一部が赤いコウチュウである。最近国内での発見が相次いでいる。主として成虫がブドウやカキ等の果実を食害することで商品価値を低下させる。

2　トマトハモグリバエは，40年以上前に我が国で確認されている侵入種である。幼虫が葉に潜りその内部を食害するが，広食性の在来種であるマメハモグリバエと異なり，食害はトマトなどナス科植物に限られている。

3　ミナミキイロアザミウマはアザミウマ目の昆虫で，我が国では2000年代に確認された侵入害虫である。西日本中心に急速に分布が拡大し，主として穀類を食害することから貯穀害虫として知られている。

4　アリモドキゾウムシはアリに似たコウチュウで，幼虫，成虫ともにサツマイモを加害する。本種は，沖縄県および鹿児島県の一部に侵入していることから，発生地からのサツマイモの移動が規制されている。

5　アメリカシロヒトリは，第二次世界大戦後間もなくして米国から侵入したチョウ目の害虫で，サクラなどの街路樹や野菜類を加害する。我が国では，関東地方以南に分布しているが，北海道や東北地方，北陸地方には分布していない。

No.3 害虫管理に関する記述として最も妥当なのはどれか。

【国家一般職・平成28年度】

1 総合的害虫管理とは，害虫を経済的損害をもたらす密度（EIL）以下に保ち，最終的には害虫を根絶することを目的としている。用いられる防除方法は，物理的防除，生物的防除，耕種的防除などであり，化学的防除は含まれない。

2 化学的防除とは，殺虫剤などの化学農薬を用いて行う防除をいう。殺虫剤による防除は，一般に，簡便で効果が高いが，同じ殺虫剤を連用することによって害虫が殺虫剤抵抗性を発達させる可能性があることに留意が必要である。

3 生物的防除とは，害虫の天敵を利用して行う防除などをいう。土着天敵を保護して働きを高める方法や，他地域の天敵を導入して定着させる方法，人間の手作業による捕殺などがある。昆虫の病原微生物を製剤化した生物農薬を施用する方法は，生物的防除には該当しない。

4 物理的防除とは，害虫を遮断したり，光や色彩を利用して誘殺，忌避したりする防除をいう。青色の粘着紙にアブラムシやオンシツコナジラミを誘殺する方法や，紫外線を吸収する銀白色のテープを作物上に張ってアブラムシの飛来を抑制する方法がある。

5 耕種的防除とは，栽培環境や栽培時期を変えたり，作物の種類，品種を適切に選んだりすることによって害虫による被害を軽減させる防除をいう。イネは，窒素肥料を多用すると茎が硬くなり，カメムシ類の被害を抑制することができる。

No.4 **害虫の物理的防除に関する記述として最も妥当なのはどれか。**

【国家総合職・平成30年度】

1 圃場に黄色のライトを点灯し，その光源に害虫を誘殺して防除する方法は，果実を食害するアケビコノハなどの幼虫に対して利用されている。また，オオタバコガやモンシロチョウなどの野菜や花き類を食害する幼虫に対する防除効果も明らかとなっている。

2 露地の作物にネットを直接かけたり，作物をネットでトンネル状に覆ったりすることで，農作物と害虫を遮断する防除法は，チョウ目幼虫など比較的大きな昆虫に対しては効果が高い。一方，アブラムシ類などの微小昆虫に対しては効果がない。施設栽培では防除効果がないためネットは使用されていない。

3 特定の色に誘引される昆虫の性質を利用し，着色した粘着板を用いて害虫を誘引して防除する方法が利用されている。アブラムシ類やオンシツコナジラミは黄色，アザミウマ類は青色の粘着板に誘引される。

4 近紫外線除去フィルムでハウスを覆うことで，アブラムシ類の発生を抑えることができるが，アザミウマ類の発生は抑制できない。また，圃場ではチョウ目幼虫を防除するために近紫外線反射フィルムがマルチ資材として利用されている。

5 夏の炎天下でハウスを密閉し，太陽熱を利用して高温により害虫を死滅させる方法は，作物上に生息する害虫の防除には有効であるが，土中にある卵や蛹などは防除できない。張り巡らしたパイプやチューブに高温の蒸気や熱水を注入する方法を用いても，土中の害虫の防除には効果がみられない。

No.5 **次のA～Eは，昆虫（トビイロウンカ，イネミズゾウムシ，ベダリアテントウ，ウリミバエ，ミナミキイロアザミウマ）の模式図である。これらの昆虫に関する記述として最も妥当なのはどれか。**
ただし，図の縮尺は同一ではない。 【国家一般職・平成28年度】

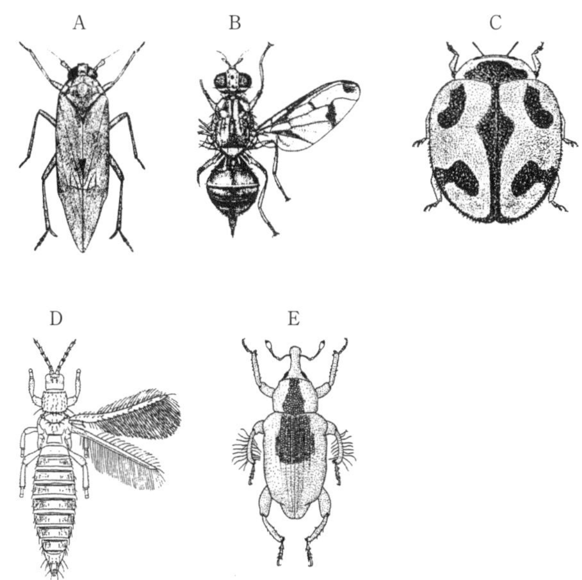

1 Aはトビイロウンカであり，成虫，幼虫ともにイネの茎葉から吸汁し，ひどい場合には，イネは枯死する。翅多型現象があり，長翅型，短翅型の２型が出現する。

2 Bはイネミズゾウムシであり，ハモグリバエ類の幼虫に寄生する天敵昆虫である。本種は，欧州，アジア，北米に広く分布している。

3 Cはベダリアテントウであり，ジャガイモなどの葉を摂食する。他のほとんどのテントウムシは捕食性の天敵であるが，この昆虫は，作物を食害する害虫となっている。

4 Dはウリミバエであり，ウリ類の大害虫である。我が国の西南諸島において，不妊虫放飼法による防除事業が実施された。この事例は，５年間で根絶に成功した画期的なものであった。

5 Eはミナミキイロアザミウマであり，花粉媒介昆虫として，広くトマトなどの施設栽培に導入されている。比較的低温でも訪花し，ミツバチが訪花しないナス科植物にも訪花する。

No.6 **吸血性昆虫に関する記述として最も妥当なのはどれか。**

【国家総合職・平成28年度】

1 アカイエカは，我が国に広く分布し，少量のたまり水，雨水ますなどで発生する。無吸血産卵により繁殖が可能であり，都市部ではビルの地下，地下鉄などの閉鎖空間での発生が特徴的である。トリパノソーマによるフィラリア症を媒介する。

2 ヒトスジシマカは，ヤブカ属に分類される。胸部中央に白線が認められ，脚の各節にも白帯が存在する。僅かな水であっても発生が可能である。我が国においては，分布域の北上が報告されている。デングウイルスの媒介昆虫である。

3 シナハマダラカは，マラリア原虫の媒介昆虫であり，フィリピンからオーストラリア北部までが分布域となる。山間部の清流が発生源であり，吸血行動は腹部を高く持ち上げる特徴的な姿勢で昼間に行われる。

4 コロモジラミは，幼虫から成虫まで2～3日の周期で吸血を行い，吸血以外の時間は下着などの繊維にしがみついている。ペスト菌の重要な媒介昆虫であり，リケッチア症の一つである発疹熱の媒介昆虫でもある。

5 ノミは，旧翅類に属する不完全変態昆虫であり，翅を持たず，寄生時は強い跳躍力を持つ後脚により寄主に飛びつく。吸血は随時行われる。ヒトノミはヒトを寄主として選び，他の動物への吸血は行わない。西ナイル脳炎ウイルスの媒介昆虫である。

実戦問題の解説

No.1 の解説　害虫とその防除
→問題はP.276

A × 誤り。ニジュウヤホシテントウは植食性の昆虫であり，ナスやジャガイモの葉などを加害する害虫である。アブラムシ類の天敵であるナナホシテントウやナミテントウと混同されることから，テントウムシダマシと称されることも多い。

B ○ 正しい。ルビーロウムシはカイガラムシ類の一種で，ルビーロウカイガラムシとも称される。侵入種で，果樹類や茶に大きな被害が出ていたが，国内で見つかった天敵のルビーアカヤドリコバチを被害地域に導入することで，その後は永続的な抑制効果が得られている。

C ○ 正しい。ハダニ類は野菜類や果樹類の葉にカスリ状の被害を出す。殺ダニ剤への抵抗性が問題となっており，天敵農薬として登録されているチリカブリダニやミヤコカブリダニの利用が推進されている。なお，与えられた選択肢から記述は正しいと判断されるが，農作物を加害するダニの仲間には，フシダニ類やホコリダニ類，ネダニ類などもあるので注意すること。

D × 誤り。ミカンコミバエ種群（形態が類似する複数の種を含む）は，小笠原諸島では不妊虫放飼法，南西諸島では誘引剤（メチルオイゲノール）を用いた雄除去法が用いられ，根絶に成功している。2015年には比較的大きな規模の再侵入が問題となったが，現在も続いている特別警戒調査が功を奏して早急に終息した。

以上から，正答は**3**である。

No.2 の解説　海外からの侵入害虫
→問題はP.276

流通が国際化し，人の往来も活発になった1970年代以降，日本国内に侵入する害虫は増加して被害も深刻化している。本問に取り上げられたクビアカツヤカミキリの後も，2015年にはジャガイモシロシストセンチュウの侵入が，2019年にはツマジロクサヨトウの侵入が確認されている。また，衛生害虫ではツマアカスズメバチやヒアリの侵入も注目されていることから，最新の情報を整理しておく必要がある。

1 × 誤り。クビアカツヤカミキリの原産地は中国で，2012年に国内で初めて確認された。頭部や鞘翅は金属光沢のある黒色，胸部背面は鮮やかな赤色という体色が特徴的である。産卵数が極めて多く，幼虫がサクラやモモの樹幹に食入して枯死させるため，被害は甚大となる。

2 × 誤り。トマトハモグリバエの発生は1999年に国内で初めて確認された。同じく1990年に侵入したマメハモグリバエよりも加害範囲が広く，キュウリで甚大な被害を出したこと，さらにはネオニコチノイド系殺虫剤に対する抵抗性が発達していたことで大きな問題となった。

3 × 誤り。ミナミキイロアザミウマは1986年に国内で初めて確認された。ウリ科やナス科の野菜類で特に大きな被害を出す。

4◎ 正しい。アリモドキゾウムシは，イモゾウムシとともにサツマイモの重要害虫で，加害されたイモは特有の異臭と苦みを生じる。被害地域の拡大を防ぐため，発生地域である沖縄県や鹿児島県の一部からサツマイモを持ち出すことは禁じられている。

5× 誤り。アメリカシロヒトリは第二次世界大戦直後に侵入したと考えられており，サクラなどの街路樹で被害が問題となる。北海道への定着は確認されていないが，本州では東北地方や北陸地方を含む広域に分布している。

No.3 の解説　総合的害虫管理

→問題はP.277

1950年代の後半から，害虫における殺虫剤抵抗性の報告が相次いだ。また，生物濃縮や環境中への残留，生態系の攪乱による誘導多発生などの問題も顕在化し，害虫防除は大きな転換期を迎えた。1967年に国連食糧農業機関（FAO）が示した「あらゆる適切な技術を相互に矛盾しない形で使用し，経済的被害を生じるレベル以下に害虫個体群を減少させ，かつその低いレベルに維持するための害虫管理システム」という今後あるべき害虫防除の理念は，総合的害虫管理（IPM）の定義として広く認知されることとなった。

IPMに適用される「あらゆる適切な技術」は，手段や使用する資材の種類によって以下のように分類される。

	手段，使用する資材
生物的防除法	天敵昆虫・ダニ類，微生物農薬　など
化学的防除法	有機合成殺虫剤，性フェロモンによる交信かく乱　など
物理的防除法	防虫ネット，黄色粘着トラップ，黄色灯による行動抑制　など
耕種的防除法	抵抗性品種，栽培時期の変更　など

1× 誤り。総合的害虫管理は，害虫個体群の生息密度を低く維持するシステムであり，根絶を目標としない。また，使用する防除技術として殺虫剤を排除することもない。

2◎ 正しい。

3× 誤り。天敵を用いた害虫防除を生物的防除と総称する。天敵は「害虫の密度抑制に作用する生物因子」と定義される。天敵には，昆虫などの節足動物のほかに，哺乳類や鳥類，病系微生物も含まれるため，微生物製剤を用いた防除は生物的防除に含まれる。

4× 誤り。昼行性の昆虫が誘引される光の波長（色）は種によって異なり，アブラムシ類やコナジラミ類では黄色や緑色，アザミウマ類では青色への誘引性が高いとされる。これらの昆虫では強い反射光を忌避する性質も知られ，銀色のマルチや銀線が織り込まれた防虫ネットの利用は防除に有効である。

5× 誤り。水稲栽培におけるカメムシ類の被害は，主として種実の吸汁被害による斑点米の混入と落等である。そのため，茎を硬くしても効果は得られない。

No.4 の解説　物理的防除

→問題はP.278

物理的防除法は，総合的害虫管理における重要な構成要素である。近年は，光や色に対する昆虫の反応を利用した新たな防除技術が開発されており，生産現場への導入も推進されている。

1 × 誤り。果樹の果実を加害する夜行性の吸蛾類やヤガ類の成虫は，夜間に強い黄色光を受容すると眼が明反応して視覚が制限され，飛翔行動は阻害される。この特性を利用して圃場に黄色灯を点灯する方法が効果を発揮している。点灯する光源も，蛍光灯からLEDへと転換されてコスト低減が進み，今後はさらに拡大すると考えられる。

2 × 誤り。栽培施設の開口部への防虫ネットの設置や，露地圃場の作物をトンネル状のネットで覆う方法は，チョウ目害虫の成虫などに対して高い侵入抑制効果が得られる。しかし，アブラムシ類などの微小な害虫には効果が劣るため，効果を高めるために細かい目合いのネットが設置されている。

3 ◎ 正しい。黄色や青色の粘着トラップは，害虫を誘引・捕殺することで防除効果を発揮する。さまざまな色への反応は，害虫の種によって異なるため，対象によって使い分ける必要がある。たとえば，コナジラミ類は黄色に，アザミウマ類は青色に強く誘引される。

4 × 誤り。近紫外線除去フィルムの設置は，施設内へのアザミウマ類やコナジラミ類の侵入を抑制する効果がある。また，露地栽培においても，近紫外線除去フィルムマルチを設置することで，アザミウマ類の被害を軽減することができる。

5 × 誤り。高温処理は，害虫の個体群密度を下げる方法として有効である。たとえば，盛夏期の炎天下で，収穫が終わった栽培施設を閉め切っておくと，作物上に残った害虫を死滅させることができる。しかし，土壌中の害虫には十分な効果が得られない場合が多いため，蒸気や熱水を土壌に注入する方法が導入され一定の効果を上げている。

No.5 の解説　害虫の被害

→問題はP.279

主要な害虫や天敵の形態的な特徴について，記述と併せて図や写真を選択する出題が散見される。この問題では，記述と図の照合に加えて記述内容の正否も問われており，注意深く判断する必要がある。

1 ◎ 正しい。形態的な特徴からAはウンカ類と判断される。カメムシ目ヨコバイ亜目に属し，形態はセミ類に似ている。トビイロウンカは翅型多型現象を示し，幼虫期の発生密度が高い場合には長翅型の個体数が多くなる。なお，水稲を吸汁加害するウンカ類には，トビイロウンカのほかにもセジロウンカとヒメトビウンカがあり，同じく水稲を吸汁加害するツマグロヨコバイと併せて，発生時期の違いやウイルス媒介の有無からトビイロウンカと区別する。

2 × 誤り。形態的な特徴からBはミバエ類と判断される。日本の南西諸島におけるウリミバエは，不妊化放飼法によって根絶に成功しているが，事業には21年という長い時間と多くの人員を要した。なお，ミカンコミバエ種群は，小笠原諸島では不妊化放飼法によって，南西諸島では雄除去法によって根絶に成功したが，2015年には比較的大きな規模の再侵入があり対応に追われ，さらには侵入が警戒されるチチュウカイミバエなどもあり，ミバエ類は植物防疫事業では最も重要なグループの一つといえる。

3 × 誤り。形態的な特徴からCはテントウムシ類と判断される。ベダリアテントウは，カンキツの重要害虫であるイセリアカイガラムシを防除するために導入された天敵で，現在でも永続的な効果を発揮している成功事例として広く知られる。ジャガイモなどの葉を加害するテントウムシ類としては，ニジュウヤホシテントウをはじめとするテントウムシダマシ類が知られる。

4 × 誤り。形態的な特徴からDはアザミウマ類と判断される。アザミウマ類の翅には膜がなく，毛が密生しているのが特徴である。ミナミキイロアザミウマはキュウリやナスを加害する侵入害虫であり，殺虫剤抵抗が発達していることから防除が極めて難しい。同種のほかにも，侵入種であるミカンキイロアザミウマや，在来種であるネギアザミウマやチャノキイロアザミウマが，食害およびウイルスの媒介で大きな問題となる。一方，天敵農薬として利用されている捕食性の種もある。

5 × 誤り。形態的な特徴からEはゾウムシ類と判断される。イネミズゾウムシは水稲を加害する侵入害虫であり，成虫による移植直後の葉への食害に加え，次世代の幼虫が根を食害することで収量の減少を引き起こす。

No.6 の解説　衛生害虫

→問題はP.280

近年は人や物資の往来が活発化し，気候変動による気温の上昇も顕在化していることから，衛生害虫の問題が注目されることが多い。正確には農学の範疇ではないが，昆虫学の専門化に助力が求められる場面も多いので，最低限の知識は身につけておく必要があるだろう。

1 × 誤り。イエカ類では，アカイエカ，チカイエカ，コガタアカイエカが問題となる。アカイエカは最も一般的な種で，小規模な溜まり水を発生源とし，家屋にも侵入することから吸血被害が多い。チカイエカの形態はアカイエカに酷似するが，地下水で増殖すること，1度目の産卵を無吸血で行うことなど，生態的な特性がアカイエカとは大きく異なる。コガタアカイエカは水田などを発生源とし，日本脳炎ウイルスを媒介する。フィラリア症はイエカ類によって媒介されるが，病原体は線形動物門に属す糸状虫の仲間である。

2 ◎ 正しい。2014年に東京都内で感染者が出たことから，デング熱と媒介種であるヒトスジシマカに注目が集まった。ヒトスジシマカが媒介する疾病には，チクングニア熱などもある。

3 × 誤り。シナハマダラカは日本国内にも分布しており，マラリア原虫の媒介者となるおそれがある。

4 × 誤り。コロモジラミは発疹熱の病原体であるリケッチャを媒介する。なお，ペストの病原体は細菌で，ノミ類によって媒介される。

5 × 誤り。ノミ類は新翅節完全変態亜節に分類され，蛹を経て成虫となる。寄生生活に特化して翅は退化し，後脚が発達して跳躍による移動を行う。ノミ類は寄生性の昆虫の中では寄主特異性が低く，広範囲の動物を吸血する場合が多い。

正答　No.1=**3**　No.2=**4**　No.3=**2**　No.4=**3**　No.5=**1**　No.6=**2**

昆虫の利用法

必修問題

表は，農業害虫の名前，特徴およびその生物的防除に用いられている天敵農薬または導入天敵を示しているが，A～Dに当てはまるものの組合せとして最も妥当なのはどれか。 【国家総合職・平成26年度】

害虫名	害虫の特徴	天敵農薬または導入天敵名
A	施設園芸作物，果樹，花きの重要害虫である。トスポウイルス属のウイルスを媒介する。我が国では1990年に初めて定着が確認された侵入害虫である。	ククメリスカブリダニ タイリクヒメハナカメムシ
クリタマバチ	中国原産とされるクリの侵入害虫である。クリの芽に虫えい（ゴール）を形成し，木を衰弱させる。我が国では， B が成功し，発生密度は低レベルに維持されている。	チュウゴクオナガコバチ
C	施設栽培のナス科やウリ科野菜の重要害虫である。成・幼虫の分泌物にすす病が発生し，葉や果実を汚損させる。ジェミニウイルス科のウイルスを媒介する。	オンシツツヤコバチ サバクツヤコバチ
モモアカアブラムシ	世界中に分布する野菜，果樹の重要害虫である。各種殺虫剤に高度な抵抗性を発達させており，キュウリモザイクウイルスなど多くのウイルスを媒介する。	D コレマンアブラバチ

	A	B	C	D
1	ミカンキイロアザミウマ	伝統的生物的防除法	ミナミキイロアザミウマ	ショクガタマバエ
2	ミカンキイロアザミウマ	伝統的生物的防除法	シルバーリーフコナジラミ	ショクガタマバエ
3	カンザワハダニ	放飼増強法	ミナミキイロアザミウマ	チリカブリダニ
4	カンザワハダニ	放飼増強法	シルバーリーフコナジラミ	チリカブリダニ
5	カンザワハダニ	伝統的生物的防除法	シルバーリーフコナジラミ	ショクガタマバエ

〈必修問題〉の解説

A：「ミカンキイロアザミウマ」が当てはまる。天敵農薬名および害虫の特徴に示された「トスポウイルス」「侵入害虫」というキーワードから判断できる。なお，ミカンキイロアザミウマと比較されることが多いミナミキイロアザミウマは，1978年に日本国内での定着が確認された。

B：「伝統的生物的防除法」が当てはまる。チュウゴクオナガコバチは，クリタマバチの原産地である中国から導入された天敵であり，その後も日本国内に定着して高い密度抑制効果を示している。こうした導入天敵の利用法を「伝統的生物的防除法」と呼ぶ。

C：「シルバーリーフコナジラミ」が当てはまる。天敵農薬名および害虫の特徴に示された「すす病」「ジェミニウイルス」というキーワードから判断できる。シルバーリーフコナジラミはタバココナジラミ・バイオタイプBと称されることもある。近年はタバココナジラミのバイオタイプQが大きな問題となっている。

D：「ショクガタマバエ」が当てはまる。ショクガタマバエはアブラムシ類を対象とした天敵農薬である。一方，チリカブリダニはハダニ類を対象とした天敵農薬である。

以上から，正答は**2**である。

正答 2

重要ポイント1 天敵の利用技術

天敵の利用技術は以下の３つに大別される。**伝統的生物的防除法**は，主として侵入害虫に対する天敵を原産地から導入し，定着させ，その後も永続的な効果を期待する方法であり，「導入天敵の永続的利用法」と称されることも多い。日本国内での成功事例としては，カンキツの害虫であるイセリアカイガラムシに対するベダリアテントウの導入がある。**放飼増強法**は，人為的に増殖した天敵を圃場に放飼する方法である。現在までに，さまざまな種が天敵農薬（天敵資材，天敵製剤などとも称される）として販売されており，おおむね施設栽培を対象としているが，最も一般化した天敵の利用技術である。これに対して，露地栽培では天敵の放飼が難しく，圃場を含む生態系内に生息する天敵（土着天敵）の持つ制御力を利用する**土着天敵の保護利用**で対応する。こうした天敵の利用技術は，害虫種や作物，圃場の条件などによって使い分けられる。

重要ポイント2 天敵農薬

多くの重要害虫が殺虫剤抵抗性を発達させて難防除化している中で，生産現場では，天敵農薬への期待が高まっており，新たな天敵農薬が開発されている。そこで，試験に向けては最新の情報にも注意しながら，具体的な天敵種名と害虫種名の組合せを確認しておく必要がある。たとえば，イチゴの施設栽培で問題となるハダニ類を対象としては，チリカブリダニに加えてミヤコカブリダニの利用が広がっている。また，野菜類の施設栽培では，アザミウマ類やコナジラミ類を対象としては，スワルスキーカブリダニやリモニカスカブリダニが高い効果を示している。

実戦問題

No.1 昆虫の利用に関する記述として最も妥当なのはどれか。

【国家総合職・平成28年度】

1 トマトのハウス栽培において，花粉媒介には，セイヨウミツバチの使用が最も多く，次に，セイヨウオオマルハナバチの使用が多い。セイヨウオオマルハナバチは，多くの作物の花粉媒介に使用されている経済的な観点から，特定外来生物から除外されている。

2 セイヨウミツバチが植物の樹脂を集めたロイヤルゼリーは，健康食品として利用されている。ハチミツは，ミツバチが植物の生産物を収集して加工したものであるが，ミツバチ自身が作るものとして，プロポリス，蜜蝋がある。プロポリスは，国内消費量のほとんどが国産である。

3 天敵を生物農薬として譲渡，販売する場合，導入天敵は農薬取締法に沿った登録が必要であるが，土着天敵の譲渡，販売は農薬取締法の対象外である。土着天敵の使用例としては，マメハモグリバエに対するハモグリコマユバチやイサエアヒメコバチなどがある。

4 繭糸は，カイコが繭を作るために生合成したタンパク質でできており，繭糸を構成するタンパク質は，フィブロインとセリシンから構成されている。1本の繭糸は，蚕体内にある1対の絹糸腺に由来する2本のフィブロイン繊維を軸に，その外側をセリシンが取り巻いている。

5 昆虫は，抗原抗体反応による免疫機構を有しており，抗体医薬品などの有用物質の生産への利用が期待されている。カイコを用いた有用物質の生産には，バキュロウイルスを用いた系があり，動物医薬品の生産が技術的には検討されているが，実用化には至っていない。

No.2 **昆虫の利用に関する記述として最も妥当なのはどれか。**

【国家一般職・平成29年度】

1 害虫の捕食者や捕食寄生者である昆虫を農薬のように施用して防除効果を発揮する方法がある。施設野菜の害虫であるマメハモグリバエには天敵のオンシツツヤコバチが，カンキツの害虫であるイセリアカイガラムシには天敵のヤノネキイロコバチが防除に用いられる。

2 養蜂は，蜂蜜を得るためにミツバチを飼育する産業である。蜂蜜以外には，ロイヤルゼリー，蜜蝋ワックスなどが得られ，これらはすべて植物の生産物をミツバチが収集したものである。我が国における商業的な養蜂では，その大部分でニホンミツバチが用いられている。

3 養蚕は，カイコが生産する繭から絹を得て利用する産業である。我が国に伝わったのは明治時代で，国の重要産物として我が国の近代化に大きく貢献した。1930年に我が国の繭生産量は世界全体の約 6 割を占め，現在も同等のシェアを保っている。

4 カイコに特殊な人工飼料を与えることによる動物用医薬品のインターフェロンの製造など，昆虫機能を活用した有用物質生産が実用化されている。また，カイコの絹タンパク質のフィブロインとカゼインを利用した工業分野，医療分野の素材開発が試みられている。

5 東南アジア地域を中心に，カイガラムシ類の生産物が各種材料として生産され，世界的に利用されている。たとえば，ラックカイガラムシの生産物からは樹脂塗料や食品コーティング剤が作られている。

実戦問題の解説

No.1 の解説　昆虫の利用

→問題はP.289

昆虫の産業的な利用には，天敵農薬や受粉昆虫のように生体を利用する場合以外にも，生成する産物を利用する場合も多い。養蜂や養蚕には古い歴史があり，産業としての重要性のみならず，歴史や文化においても意義深い営みとなっている。一方，遺伝子組換えをはじめとする近年の技術革新によって，昆虫を利用した新たな素材や製品が創出されるようになった。特に，カイコが生成するタンパク質は注目され，動物医薬品や人工皮膚，人工腱，コンタクトレンズなど，その用途は広がっている。

1 × 誤り。トマトをはじめとするナス科野菜の花には花蜜がないため，受粉昆虫としてセイヨウミツバチを利用することはできない。従来は手作業によるホルモン処理によって果実の肥大を促していたが，セイヨウオオマルハナバチの利用が広がって軽労化することができるようになった。ただし，セイヨウオオマルハナバチは在来種への影響が大きいため，特定外来生物に指定されている。

2 × 誤り。ロイヤルゼリー（ローヤルゼリーとも称する）は，若い働き蜂が咽頭腺や大腮腺から分泌する物質である。一方，プロポリスは，働き蜂が集めた植物が生成する樹脂などを起源とする。いずれも健康食品として利用されている。

3 × 誤り。土着天敵を資材として譲渡，販売する場合には，農薬取締法に沿って「特定農薬（特定防除資材）」として登録する必要があり。また，特定農薬の流通は同一都道府県内に限られるなど，導入天敵とは異なる注意点もある。

4 ◎ 正しい。絹糸は，主に2種のタンパク質で構成され，フィブロインをセリシンが覆う形状をとっており，1頭が吐糸する長さは1kmあまりに及ぶ。

5 × 誤り。昆虫の生体防御は非特異的な反応を特徴とする。体内に侵入した非自己に対して，血球による貪食や包囲化（細胞性防御反応），レクチンやメラニン色素の生成によって粘性の上昇（液性防御反応）が生じる。こうした免疫反応の研究が進み，近年，遺伝子組換えカイコを用いた動物医薬のインターフェロンの生産も実用化している。

No.2 の解説　昆虫の利用

→問題はP.290

No.1と同様に，昆虫の産業的な利用に関する設問である。正答の選択肢**5**は，昆虫の食品への利用に関する記述であるが，2013（平成25）年に国連食糧農業機関（FAO）が推奨する報告書を出したことから，近年，昆虫食やバイオマスとしての食糧生産への利用に注目が集まっている。

1× 誤り。マメハモグリバエを対象とした天敵農薬にはイサエアヒメコバチがある。一方，オンシツツヤコバチはコナジラミ類を対象とした天敵農薬である。イセリアカイガラムシは，ベダリアテントウを導入した伝統的生物的防除法によって防除した。一方，ヤノネキイロコバチはヤノネカイガラムシを対象とした伝統的生物的防除法に用いられた。

2× 誤り。ロイヤルゼリーは，若い働き蜂が咽頭腺や大腮腺から分泌する物質である。現在，日本の商業的な養蜂には，導入種であるセイヨウミツバチが用いられることが多い。

3× 誤り。養蚕が中国大陸から日本に伝えられたのは，弥生時代とも伝えられている。日本の絹生産は20世紀の前半には隆盛を極めたが，現在では大きく衰退している。

4× 誤り。絹糸は，主に2種のタンパク質で構成され，フィブロインをセリシンが覆う形状をとっている。近年，これらのタンパク質生産系に注目し，遺伝子組換えカイコを用いた動物薬のインターフェロンを生産することに成功した。

5◎ 正しい。食品の染料に用いられる赤色のコチニール色素は乾燥させたコチニールカイガラムシから抽出される。

正答　No.1=4　No.2=5

第７章

土壌肥料学

土壌

必修問題

土壌の化学性や物理性に関する記述として最も妥当なのはどれか。

【国家一般職・平成25年度】

1　土壌中の腐植や粘土はマイナスの電荷を持つことが多いため，プラスの電気を持つ陽イオンなどを静電気的に引き付けている。これらの陽イオンは，施肥などで加えられた他の陽イオンによって交換（置換）されて，土壌溶液中に放出される。

2　土壌が保持する交換性陽イオンの量の最大の値を陽イオン交換容量（CEC）と呼ぶ。粒子が微細な粘土質土壌は，砂質土壌に比べてCECが小さい。また，CECが大きい土壌では，植物は塩害や干害を受けやすい。

3　土壌粒子間の微細間隙に保持されている土壌溶液中に溶けている有機物の総濃度の尺度としては，ECと呼ばれる電気伝導度（率）がよく用いられる。施設土壌などで塩類濃度障害を防ぐには，ECを高く維持する必要がある。

4　作物の生育に関連する土壌の水分状態を表すために，浸透ポテンシャルの負の常用対数をとったpFがよく用いられる。植物が生育するためには，pFは4.2以上でなければならないとされている。

5　土壌間隙中の土壌空気と大気中の空気を比較すると，一般に，土壌空気は，酸素濃度が高く，二酸化炭素濃度が低い。また，ほとんどの作物において，根の健全な生育には土壌の空気率が５％程度あれば十分とされている。

必修問題の解説

1 ◎ 正しい。土壌中の粘土鉱物や腐植物質の表面は，マイナス電荷を有している。これは，たとえば，粘土鉱物はシラノール基やアルミノール基を，腐植物質はカルボキシル基などの表面官能基を有しているからである。そのため，プラスの電荷を有する陽イオンは，静電気的な力によって土壌粒子に保持されやすい。他方，マイナス電荷を有する陰イオンは，静電気的に反発するため，土壌粒子に保持されにくい。静電気的に土壌粒子に保持された陽イオンは，他の陽イオンによってイオン交換される。たとえば，施肥によってアンモニウムイオンやカリウムイオンが土壌溶液中に溶解すると，土壌粒子に保持されているカルシウムイオンやマグネシウムイオンとイオン交換され，カルシウムイオンやマグネシウムイオンが土壌溶液中に放出される。

2 × 誤り。陽イオン交換容量（CEC）とは，土壌が陽イオンを最大限保持できる量，すなわち，土壌のマイナス荷電総量をさす。一般的に交換性陽イオンとは，カルシウム，マグネシウム，ナトリウム，カリウムの各イオンをさし，たとえば，水素イオンは交換性陽イオンには含まれない。粘土質土壌は，粘土鉱物を多く含むためCECが大きく，砂質土壌はCECが小さい。CECが大きい土壌は，陽イオンを保持しやすいため，植物は塩害を受けにくい。

3 × 誤り。土壌溶液中に溶けているイオンの総濃度の尺度として，ECが用いられる。ECが高いほど，土壌溶液中に溶解しているイオン濃度が高い。土壌溶液中では，陽イオン由来のプラス電荷総量と陰イオン由来のマイナス電荷総量がバランスしている。したがって，施設土壌などで塩類濃度障害を防ぐためには，ECを低く維持することが必要である。

4 × 誤り。本肢の前半は正しい。pF4.2を永久萎凋点という。pFが4.2以上の土壌中の水分は植物に利用されない。そのため，植物を栽培するためには，pFを4.2未満とすることが必要である。

5 × 誤り。土壌空気のガス組成と大気中のガス組成は異なる。土壌中の多くの（微）生物は，土壌空気中の酸素で呼吸し，二酸化炭素を放出する。土壌間隙中の空気と大気中の空気は交換されにくいため，大気中に比べ土壌間隙中では，酸素濃度が低く，二酸化炭素濃度が高い。土壌の空気率が10％～15％程度確保されると，根は健全に生育する。土壌中の必要な空気率は，作物の種類によっても異なる。

正答 1

重要ポイント1

土壌粒子と粘土鉱物

土壌粒子は，**粗砂**（2 mm～0.2mm），**細砂**（0.2mm～0.02mm），**シルト**（20 μm～2 μm），**粘土**（2 μm）以下の粒径に区分される。このうち粘土は比表面積（土壌1 g中の全粒子の面積）が極めて大きいために物質の吸着に大きくかかわる。たとえば，砂土の比表面積は約4 m^2であるのに対して，重粘な埴土では50m^2である。

粘土の中で化学的な反応にあずかるものは，二次鉱物（粘土鉱物）である。粘土鉱物には，層状ケイ酸塩粘土鉱物，非晶質・準晶質粘土鉱物，酸化物・和水酸化物鉱物などが含まれる。層状ケイ酸塩粘土鉱物には，1：1型，2：1型，2：1：1型鉱物があり，これらの鉱物の重要な最小構成単位は，ケイ素四面体，アルミナ八面体である。

1：1型鉱物にはカオリナイトやハロイサイトがあり，結晶粒子の破壊原子価（末端水酸基からのプロトン解離）に由来するマイナス電荷が生じる。

2：1型鉱物にはモンモリロナイトやバーミキュライトなどがある。鉱物中のケイ素四面体におけるSi^{4+}とAl^{3+}，アルミナ八面体におけるAl^{3+}とMg^{2+}との同型置換によってマイナス電荷（層電位）が発生する。このために，これらの粘土鉱物はマイナス電荷を帯びて陽イオンを吸着・保持する。この電荷はpH7における陽イオン交換容量（CEC）として表され，カオリナイトで0.1 $cmol_c$/kg，モンモリロナイトで1 $cmol_c$/kg程度である。したがって，モンモリロナイト1 gはカルシウムなら20 mg（40 mg/2価イオン）を吸着・保持できる。また，土壌中のCECは乾土1 kg当たりの最大陽イオン吸着量で示され，一般的に20～40 $cmol_c$/kgであることが多い。

重要ポイント2

土壌水分

土壌の含水量は，土壌全体の重量に対する土壌水分の重量の割合をとり，**含水率**（%）として表される。また，土壌水分重と乾土の重量との比をとり，**含水比**（%）として表される場合もある。しかし，植物が実際に利用できる水分を知るための方法として，次のような用語もある。

一般に，土壌中の植物根は15気圧程度の吸水力を持つが，これを**pF**という単位で表示すると4.2相当である。pFが4.2より大きい水は，植物が吸水することができず，植物に利用されない。また，土壌に多量の水を与えて，24～48時間程度を経た後の水分張力は，ほぼpF1.8程度とされており，これ以下の張力の水は土壌に保持されず，重力によって下方へ排水されてしまい土壌中には残らない。したがって，pF1.8～4.2の間の水が植物に利用されると考えられる（全有効水分）。実際には，pF3.0程度までの水分（易有効水分）だけになった土壌では，毛管水の切断が始まって，成長阻害を始めることがある。

重要ポイント3 水田土壌

水田土壌は，熱帯アジアでは農地の3割，日本では5割を占める重要な土壌である。土壌に水を満たすことで連作障害の回避や土壌肥沃度の維持などができて栽培に有利である。その反面，土壌が還元状態になりやすいため，脱窒による肥料窒素の損失，還元によるイネの生育不良などが挙げられる。そのため，水田土壌の物質動態に関する正確な知識が必要である。

①土壌表層の酸化層では有機物が微生物によって分解され，アンモニア態窒素になる。これに加えて，酸化層に位置する施肥アンモニア態窒素は微生物によって酸化され，硝酸態窒素になる。硝酸態窒素は，水の移動とともに酸化層下位の還元層へ移動し，脱窒され，水田土壌から窒素成分が損失する。

②還元層では，絶対好気性菌である硝化細菌が活動できないため，アンモニア態窒素は酸化されず安定して存在する。アンモニア態窒素の深層施肥法や全層施肥法は，還元層に施肥する効率的で有効な方法である。

重要ポイント4 土壌有機物

土壌中には無機物以外にも有機物が存在する。土壌有機物のうち，多糖類やタンパク質のように構造が既知の有機物以外の有機物を**腐植物質**という。腐植物質は，土壌有機物が土壌中で微生物等によって分解され，その分解産物から化学的，生物的に合成された物質である。腐植物質は，高分子有機物の混合物であり，その構造も不明確である。腐植物質は，アルカリと酸に対する溶解性から実験操作的に腐植酸（フミン酸），フルボ酸，ヒューミンに区分される。

土壌有機物は，植物，微生物への養分供給源，土壌中での養分保持，植物への生育促進，土壌団粒の形成と土壌構造の安定化，土壌の保温効果などの機能を有する。

実戦問題

No.1 土壌の構成や構造に関する次の記述のうち正しいのはどれか。

【地方上級・平成26年度】

1 土壌を構成する元素のうちで存在量が最も多いのは窒素であり，次いで水素，鉄の順となっている。

2 土壌を構成する無機質・有機質粒子，土壌空気，土壌水分それぞれの土壌全体に対する体積比率の分布を土性という。

3 土壌の孔隙に含まれる土壌空気の組成と各成分の割合は，大気とほとんど同じである。

4 粒径が2mm以下の土壌粒子は３つに大別され，粒径の大きいものから順に砂，シルト，粘土となっている。

5 土壌が団粒構造をとると，孔隙率が高くなり土壌が乾燥しやすくなるので，植物の生育にとって好ましくない。

No.2 水田土壌に関する記述として最も妥当なのはどれか。

【国家一般職・平成27年度】

1 酸化還元の程度を表すために，酸化還元電位（Eh）が用いられる。Ehが高いほど強い還元状態にある。一般に，測定はEhメータで行う。湛水下の水田土壌では，リン酸の可溶化によって還元が進み，200～300mVくらいまで上昇する。

2 水田土壌を湛水した際，一般に，日数が経つにつれて，マンガンや鉄の還元，硝酸イオンの窒素ガスへの還元（脱窒），メタンの発生，分子状酸素の消失の順で還元が進行する。

3 不良水田の一つに老朽化水田がある。老朽化水田とは，作土から鉄分のほか各種塩基の溶脱が起き，作期の後半に下葉の枯れ上がりが多くなる「秋落ち」現象がみられる水田をいう。対策としては，含鉄資材の施用や，溶脱成分を含む下層土を作土と混和する深耕などが有効である。

4 水田では，基肥のアンモニア態肥料を，土壌表面の酸化層に施用すると，アンモニア揮散を生じ，空中に逃げていく。そのため，酸化層の下の硝化菌の生息できない還元層に基肥を施用して，アンモニア揮散と窒素の有機化の進行を防止する全層施肥法が考案された。

5 水田には，多様な窒素固定微生物が生息している。田面水に生えるアカウキクサ（アゾーラ）の葉の空隙部分にはマイコライザが共生し窒素固定をしている。そのほか，アンモニア酸化細菌や亜硝酸酸化細菌が多数生息しているため，水田の天然窒素供給量は畑よりも高い。

No.3 **農地土壌に関する記述として最も妥当なのはどれか。**

【国家総合職・平成29年度】

1 土壌を構成する2次鉱物のうち，結晶性粘土鉱物は，ケイ素八面体の層とアルミニウム四面体の層が重なり合った薄い板状の結晶をしている。1：1型粘土鉱物は，八面体層と四面体層が1枚ずつ結合しており，2：1型粘土鉱物は，八面体層が四面体層を挟み込んで結合している。

2 2次鉱物には，結晶性粘土鉱物，非晶質・準晶質粘土鉱物がある。結晶性粘土鉱物の1：1型鉱物としてはアロフェン，モンモリロナイトが，2：1型鉱物としてはカオリナイト，ハロイサイトがある。また，非晶質・準晶質粘土鉱物としては，バーミキュライト，イモゴライトがある。

3 団粒構造が発達すると，土壌の排水性，保水性，通気性がよくなる。団粒構造の発達においては，水につけても壊れない耐水性団粒が重要であり，この耐水性団粒の形成を促進するためには，堆肥などの有機物の施用が有効である。

4 国際土壌学会法では，鉱物粒子の粒径が2～0.02mmを砂，0.02～0.002mmを粘土，0.002mm以下をシルトと呼ぶ。この粒径分布によって土性が分類され，作物の栽培に適しているのは，砂土から重埴土の範囲のものである。

5 水田の土壌中で発生したメタンガスは，亜鉛などと結合して，不溶化して無害となるが，亜鉛などが不足しがちな老朽化水田では，メタンガスの発生により根の呼吸が阻害される。これは，水稲の秋落ちの原因の一つになっている。

実戦問題の解説

No.1 の解説　土壌の構成と構造

→問題はP.298

1 × 誤り。土壌を構成する元素で最も存在量が多いのは酸素である。次いで，ケイ素，アルミニウム，鉄である。窒素は作物が必要とする元素であるが，土壌中での存在量は10番目である。

2 × 誤り。土壌を構成する土壌粒子，土壌空気，土壌水分のことを土壌の三相と呼び，その体積割合が三相分布である。土壌粒子は，その直径から，砂，シルト，粘土に粒径区分される。土壌は，粒径区分の割合によって固有の土性を有している。

3 × 誤り。土壌空気のガス組成と大気中のガス組成は異なる。土壌中の多くの（微）生物は，土壌空気中の酸素で呼吸し，二酸化炭素を放出する。そのため，大気中に比べ土壌間隙中では，酸素濃度が低く，二酸化炭素濃度が高い。

4 ◎ 正しい。土壌粒子は，その直径から砂，シルト，粘土に粒径区分される。砂，シルト，粘土の直径の範囲は，それぞれ2 mm〜0.02 mm，0.02 mm〜0.002 mm，0.002 mm以下である。

5 × 誤り。土壌が団粒構造をとると，孔隙率が高くなり土壌が乾燥しにくくなるので，植物の生育にとって好ましい。

No.2 の解説　水田土壌

→問題はP.298

1 × 誤り。酸化還元電位（Eh）が低いほど，強い還元状態を示す。湛水下の水田土壌では，マンガンや鉄の可溶化によって還元が進み，－200〜－300 mVまで低下する。

2 × 誤り。水田土壌では，分子状酸素の消費，硝酸イオンの窒素ガスへの還元（脱窒），マンガンや鉄の還元，メタンの発生の順で逐次的に還元が進行する。

3 ◎ 正しい。老朽化水田では，鉄が少なく，還元の進行によって硫化水素が発生し，秋落ち現象がみられる。含鉄資材を施用することで，硫化水素の発生を抑制できる。

4 × 誤り。土壌表面の酸化層にアンモニア態肥料を施肥すると，硝化反応が進行し，アンモニア態窒素が硝酸態窒素に変化する。硝化された硝酸態窒素は，酸化層下位の還元層で脱窒される。

5 × 誤り。水田土壌を乾燥させることによって土壌中の有機態窒素の無機化が促され無機態窒素（アンモニア態窒素）が放出されることを乾土効果という。乾土効果によって水田における天然窒素供給量は高い。

No.3 の解説　農地土壌

→問題はP.299

1 × 誤り。本肢の前半は正しい。2：1型粘土鉱物は，シリカ四面体層がアルミナ八面体層を挟み込んで結合している。

2 × 誤り。1：1型鉱物としてはカオリナイト，ハロイサイトが，2：1型鉱物としてはモンモリロナイト，バーミキュライトが，非晶質・準晶質粘土鉱物としてはアロフェン，イモゴライトがある。

3 ◎ 正しい。有機物は，土壌中で粒子どうしを接着する機能を有する。そのため，堆肥などの有機物施用によって耐水性団粒構造の発達が期待される。

4 × 誤り。国際土壌学会法では，鉱物粒子の粒径が2 mm～0.02 mmを砂，0.02 mm～0.002 mmをシルト，0.002 mm以下を粘土と定義している。重埴土は固結しやすく耕うんも困難で作物を栽培しにくい。

5 × 誤り。老朽化水田における秋落ち現象で問題となるガスは硫化水素である。また老朽化水田では，鉄が不足して硫化水素が不溶化されないため，秋落ち現象がみられる。

正答 No.1=4　No.2=3　No.3=3

植物栄養

必修問題

植物の生育に必要な微量元素に関する記述として最も妥当なのはどれか。

【国家一般職・令和元年度】

1 鉄は，一般的には土壌中に大量に含まれているため不足しないが，土壌pHが高くなると植物に吸収されにくくなる。鉄が欠乏すると，植物は上位葉から葉脈の黄白化が進む。

2 モリブデンは，微量元素の中では必要量が多く，植物体内でファイトアレキシン様物質の生産を誘導することが知られている。アルカリ性土壌では，アルミニウムなどと結合して，不溶化する。

3 マンガンは，土壌pHや酸化還元条件の変化が生じても影響されず，土壌から安定的に植物に供給される。植物体内では主にフィチンとして種子中に集積されている。

4 塩素は，アミラーゼ活性化作用を持つほか，細胞壁成分の合成過程および構造維持に不可欠とされている。我が国の土壌では，植物に欠乏が生じやすい。

5 銅は，植物にとって必要量の最も少ない微量元素で，植物の細胞膜の透過性に関係すると考えられている。多腐植質黒ボク土や泥炭土では，植物に過剰障害が生じやすい。

必修問題の解説

1 ◎ 正しい。鉄は，酸性pHで可溶化しやすく，土壌pHが上昇すると酸化水酸化鉄などで沈殿し，溶解性が低下する。

2 × 誤り。土壌中でのMoの主な形態は，モリブデン酸イオンであり，アニオンとしての挙動をとる。そのため，酸性土壌で欠乏症が出やすく，土壌pHが上昇すると可溶化し，有効度が高まる。Moはニトロゲナーゼおよび硝酸還元酵素の構成金属として知られている。モリブデンが欠乏すると，酵素活性が低下し，硝酸が蓄積される。

3 × 誤り。マンガンは土壌pHや酸化還元電位によって有効度が大きく異なる。土壌pHが酸性で可溶化し，土壌pHの上昇によって不溶化する。また還元の進行によってマンガンは可溶化する。マンガンの60%以上が，葉緑体中に存在する。

4 × 誤り。塩素はトマトの水耕で必須性が確認されたが，塩素を含むタンパク質などの高分子化合物は確認されていない。浸透圧や膨圧の調整，気孔の開閉に関与するカリウムの随伴イオンとしての機能，液胞と原形質間のpH勾配形成への機能などが知られている。光合成における水の光分解（酸素発生）にも関与している。

5 × 誤り。銅は，土壌pHが酸性で可溶化し，土壌pHの上昇によって不溶化する。また，銅は有機物との親和性が高く，銅欠乏は多腐植質黒ボク土や泥炭土などの有機質土壌において生じやすい。銅は，地上部では葉緑体中に多く存在し，葉緑体に含まれる銅の約半分がプラストシアニンの形である。

正答 1

重要ポイント1 **植物栄養診断法**

①**窒素欠乏**：植物の生育が全体的に悪く，下位葉から上位葉へと順に黄色を帯び，激しい場合にはひからびる。

②**リン欠乏**：葉が小さく，全体的に暗緑色を帯びたり，葉脈や下位葉のリンが上位葉（新葉）へ移行するため，下位葉から症状が現れる。果実の肥大が劣り，ひどい場合には不稔となる。

③**カリウム欠乏**：カリウム欠乏の症状は作物により，必ずしも同じではないが，雲緑からクロロシスが生じたり，葉面に大きな斑点を生じるのが一般的である。

④**カルシウム欠乏**：カルシウムは植物体内で移行しにくい元素であるため，欠乏すると生育の最も盛んな頂芽や果実の花落ち部分が壊死することが多い。

⑤**マグネシウム欠乏**：マグネシウムは植物体内で移行しやすい元素であるため欠乏症状は下位葉から現れる。その症状は，一般的に葉脈間のクロロシスであるが，バラでは葉脈間に黒い斑点が不規則に生じるのが特異である。

重要ポイント2 **三大栄養素**

作物生育のための三大栄養素は窒素，リン，カリウムである。

窒素は，生長のすべてに関与している。土壌中にはさまざまな形態の窒素化合物が存在しているが，畑地ではほとんどが硝酸態窒素である。硝酸態窒素は土壌などに20 mMで含まれてもよいが，アンモニア態窒素は0.01 mMが限界である。吸収された窒素は，植物体内で一度アンモニアに還元され，すぐにアミノ酸合成に用いられる。

リンは生命の過程に密接に関わっている。すなわち遺伝子を担うDNAの構成成分であり，生命活動に必要な高エネルギー化合物であるATPの構成成分でもあるし，何より生体膜を作っているリン脂質の成分である。リンが不足すると，植物は全体的に生育不足となり，草丈，葉数，葉面積が減少する。生育初期や低温，日照不足といった環境下で，下葉に窒素欠乏の症状に似たクロロシスを生じるなどの影響がある。リン欠乏では上位葉が暗緑色を示すことで区別できることがある。

植物の**カリウム**含量は多く，無機成分のほぼ$\frac{1}{4}$を占めており，細胞の浸透圧やpHの調節の役割を果たしている。カリウム欠乏症は下位葉の先端が黄化し，緑藻に及ぶタイプと葉に灰白色の斑点が出るタイプがあるが，窒素やリン欠乏症ほど深刻ではない。

重要ポイント3 窒素固定

空気中の窒素を生物的に固定する能力は，バクテリアやラン藻などの生物に限られているが，高等植物も微生物と共生してこの能力を持つ。

窒素固定とは，光合成に由来する糖を基質として細菌が生み出したATPと還元力によって，ニトロゲナーゼを触媒として，窒素ガスをアンモニアへと還元する反応をいう。

マメ科植物とリゾビウム属細菌によって形成された根粒中での窒素固定では，強い還元剤であるフラボドキシンやNADまたはNADPの還元型や，ATPやニトロゲナーゼが必要であるが，これは酸素に対して極めて感受性が高いので低い酸素分圧の代謝環境が必要である。また，ニトロゲナーゼは構成成分としてMoやFeを含むため，モリブデンや鉄が欠乏した状態では窒素固定能力は低下する。

ちなみに，ダイズやエンドウでの窒素固定量は1 ha当たり200 kg程度と推定されている。また，地球の生物による窒素固定量は，工業的に合成されたアンモニア量に劣らないほどの1.75×10^{8} tと推定されている。

実戦問題

No.1 **次は，植物の微量元素（亜鉛，鉄，ホウ素，モリブデン）に関する記述であるが，A～Dに当てはまる元素名の組合せとして最も妥当なのはどれか。**

【国家一般職・平成25年度】

A　硝酸還元酵素の構成成分である。また，植物と共生する窒素固定菌の窒素固定酵素（ニトロゲナーゼ）の構成成分でもあり，欠乏すると，根粒の窒素固定能が低下する。土壌が酸性の場合に植物の吸収が低下する。師管中を移動しやすいため，葉面散布が有効である。

B　植物の葉緑素の前駆物質の合成に関わっているため，欠乏すると葉緑素の合成が順調に進まない。この元素は植物体内を移動しにくいため，欠乏すると上位葉から葉脈間の黄白化が進む。土壌pHが高まると，難溶性の沈殿を形成し欠乏症を起こしやすい。

C　細胞壁生成過程に重要な役割を果たしている。単子葉植物より双子葉植物で要求量が多く，欠乏すると，ハクサイなどの詰球野菜の芯の部分の壊死，ジャガイモやテンサイなどの塊茎，塊根の中空や中心部の壊死などが発生する。土壌のpHが高いと欠乏症を起こしやすい。

D　土壌のアルカリ化で不溶化するため，世界的には乾燥地のアルカリ土壌で広く欠乏がみられる。土壌中のリンが過剰な場合にも不溶性のリン化合物を形成するため，植物による利用性が低下する。生体内で各種の酵素の賦活剤として働いている。

	A	B	C	D
1	モリブデン	鉄	ホウ素	亜鉛
2	モリブデン	亜鉛	ホウ素	鉄
3	モリブデン	ホウ素	鉄	亜鉛
4	亜鉛	ホウ素	鉄	モリブデン
5	亜鉛	鉄	ホウ素	モリブデン

No.2 **植物栄養に関する記述として最も妥当なのはどれか。**

【国家総合職・平成28年度】

1　植物体内でカルシウムが欠乏すると，細胞壁や組織の崩壊が起こり，トマト，ピーマンの裂果，ハクサイ，キャベツの黄化のような問題が生じる。カルシウムは再転流が容易であり，土壌や養液中にカルシウムが存在すれば，欠乏症の発生は少ない。

2　硝酸イオンは，根で吸収されると，ほとんどがそのまま地上部に輸送される。高濃度の硝酸イオンを含む野菜は，ヒトに障害を引き起こす場合がある。このため，野菜の窒素源には，主としてアンモニウムイオンが使われる。

3 肥料の施用効果は，土壌養分が少ないほど大きく，施用量が増加すると，増収効果は次第に低減する。このような施肥量と収量増加を，対数曲線で捉えたものが，リービッヒの最少養分律である。また，植物の生産性は最も不足する養分に支配されるという原理が，ミッチェルリヒの収量漸減の法則である。

4 トマトでは，灌水を控えたり，培養液の浸透圧を高めたりして，水分ストレスを与えることにより，高糖度の果実を得ることができる。果実糖度が上昇するために，高糖度トマトとして有利販売が可能であるが，１果重が低下して，収量は低下する。

5 根で吸収されたアンモニウムイオンは，その場でアミノ酸に同化される。アンモニウムイオンの濃度が高い場合，その吸収速度に応じて，アミノ酸への同化速度が高まり，アミノ酸過剰障害が発生する。アミノ酸過剰障害の典型的な症状としては，縮葉や葉のモザイク症状などがある。

No.3 **植物栄養および養液栽培の培養液に関する記述として最も妥当なのはどれか。** 【国家総合職・平成27年度】

1 植物にとっての必須元素は，C，H，O，N，P，K，Cl，Bなどの多量要素と，Ca，Mg，S，Fe，Mn，Liなどの微量要素に分けられる。これらの元素は，C，H，O，Nを除き，無機イオンとして根から吸収される。

2 養液栽培では，植物の生育や肥料塩の溶解に適したpHとなるよう培養液を調節する必要がある。pHを低下させるためにはリン酸などの酸を加えるが，原水中の重炭酸イオン（HCO_3^-）濃度が高い場合には，同じ量の酸を加えてもpHの低下が少ないため，注意が必要である。

3 植物の根が養分を吸収する際，積極的吸収は，エネルギーの消費を伴わず，硝酸，リン酸，カルシウムなどが吸収される。一方，受動的吸収は，液中濃度が高い場合に水移行と関係なく起こり，カリウムの吸収が代表的である。

4 養液栽培では，硝酸カリウム，尿素，硫酸マグネシウム，過リン酸石灰などを用いて濃厚液を作成することが多い。濃厚液を作成する場合，溶解度の低い塩が液中で沈殿するため，カリウムを含む肥料塩とリン酸や硫酸を含む肥料塩を異なる容器に分けることが必要である。

5 土壌溶液や養液栽培の培養液では，溶解している塩類は正と負のイオンに電離している。ECは溶液中の電気抵抗の大小を表し，塩類濃度が高いとECは低くなる。養液栽培では，ECセンサに基づいて水を自動補給することにより，培養液を所定のECに調節する。

実戦問題の解説

No.1 の解説　植物の微量元素

→問題はP.306

Aにはモリブデン，Bには鉄，Cにはホウ素，Dには亜鉛が当てはまる。土壌pHがアルカリ性で欠乏症が生じやすいのは鉄，ホウ素，亜鉛であり，モリブデンは土壌pHが酸性で欠乏症が生じやすい。B，C，Dにおける元素の役割は，それぞれ鉄，ホウ素，亜鉛の典型であり，理解が求められる。

以上より，正答は**1**である。

No.2 の解説　植物栄養全般

→問題はP.306

1 × 誤り。カルシウムは再転流されにくい元素である。カルシウムが欠乏すると，その症状は新しい葉や生長が盛んな根や果実にも現れる。欠乏症状の例として，トマトでは果実先端部が黒褐色になる尻腐れ，キャベツやタマネギでは中心部が腐る心腐れを起こす。

2 × 誤り。根で吸収された硝酸イオンのほとんどが，地上部に輸送されるわけではない。また高濃度の硝酸イオンを含む野菜は，人の健康に障害を起こすことも指摘されているが，十分に科学的な根拠があるわけではない。野菜は主に硝酸イオンを吸収する。

3 × 誤り。リービッヒの最少養分律は，「植物の生育・収量は生育に必要な養分の中で供給が最も少ない養分によって支配される」というもので，ミッチェルリヒの収量漸減の法則は，「不足する因子の量を増加させると，その増加分に比例して生育量が増加するがその増加には限度があって，次第に小さくなる」とされた。これらの法則は養分に限らず，温度や光といった因子も考慮される。

4 ◎ 正しい。

5 × 誤り。アンモニアからアミノ酸への同化は，グルタミン合成酵素とグルタミン酸合成酵素で触媒されている。硝酸イオンがタンパクに同化されるまでの律速段階として重要なものは硝酸イオンをアンモニアに還元する反応である。

No.3 の解説 養液栽培

→問題はP.307

1 × 誤り。植物にとっての必須元素はC，H，O，N，P，S，K，Ca，Mgなどの多量要素と，Fe，Mn，Cu，Zn，Mo，B，Clなどの微量要素に分けられる。これらの元素は，C，H，Oを除き，主に無機イオンとして根から吸収される。Liは，植物の必須元素ではない。

2 ◎ 正しい。

3 × 誤り。エネルギーを消費しない吸収過程は受動的吸収であり，カルシウムの吸収が代表的である。積極的吸収は，濃度勾配に逆らった吸収であり，エネルギーの消費を伴う。代表的なものは，硝酸，リン酸，カリウムなどの吸収である。

4 × 誤り。溶解度の低い塩が液中で沈殿するのを防ぐためには，カルシウムを含む肥料塩とリン酸や硫酸を含む肥料塩を異なる容器に分けることが必要である。

5 × 誤り。塩類濃度が高いと，ECが高くなる。

正答 No.1＝1 No.2＝4 No.3＝2

肥料と施肥

必修問題

肥料に関する記述として最も妥当なのはどれか。

【国家一般職・平成27年度】

1 窒素肥料の主要な肥料として硫酸アンモニア（硫安）がある。水に溶けにくく，肥効は緩効的である。施用によってアンモニア成分が残るために，土壌のアルカリ化を招きやすい。

2 世界で最も広く使われている窒素肥料は，無機質肥料の尿素である。窒素含量が高く，約80％以上の窒素含有率があることが特徴である。尿素は葉からは吸収されにくいので，葉面散布には利用されない。

3 過リン酸石灰（過石）は，可溶性のリン酸を多く含み，肥効は比較的速効的である。リン酸質肥料の中で広く使われているものである。一方，熔成リン肥（熔リン）は，肥効が緩効的で，土壌改良資材としても利用される。

4 窒素，リン酸，カリのうち，２成分以上の肥料を混合したものを，化成肥料という。化成肥料は，粉末状のものが多く，肥効は速効的である。

5 肥料養分をゆっくりと放出するため，肥効が長続きし，かつ作物が濃度障害を起こしにくい高度化成肥料が，近年よく使われるようになった。このタイプの肥料には，被覆肥料（コーティング肥料）とBB肥料（バルクブレンディング肥料）の２つがある。

必修問題の解説

1 × 誤り。硫酸アンモニウムは，水に溶けやすく，肥効は速効的である。畑土壌に硫酸アンモニウムを施肥すると土壌間隙中でアンモニアイオンと硫酸イオンに速やかに溶解する。アンモニウムイオンは，土壌粒子に保持されるが，アンモニア酸化菌，亜硝酸酸化菌の働きによって硝酸イオンへと酸化される。硝化反応の過程で水素イオンが発生するため硫酸アンモニウムの施肥は土壌の酸性化を招く。

2 × 誤り。他の窒素質肥料に比べると尿素の窒素含有量は高いが，肥料としての保証成分は窒素全量が43％である。尿素を土壌に施肥すると，ウレアーゼという酵素の働きで二酸化炭素とアンモニアに加水分解される。加水分解されたアンモニアは，アンモニウムイオンとして土壌溶液中に溶解する。その後のアンモニウムイオンの挙動は，硫酸アンモニウム由来のアンモニウムイオンと同じである。尿素は葉面散布剤としても利用されている。

3 ◎ 正しい。過リン酸石灰は，可溶性のリン酸を含むため，肥効は比較的速効的である。熔性リン肥は，肥効が緩効的で，土壌改良材として利用される。他のリン酸質肥料として，焼成リン肥などがある。

4 × 誤り。窒素，リン酸，カリウムのうち，2成分以上を含む肥料は複合肥料である。複合肥料は性状や流通形態によってさらに細かく分類される。主なものに，化成肥料，成形複合肥料，液状複合肥料，配合肥料，被覆複合肥料などがある。化成肥料は，窒素，リン酸，カリウムのうち，2成分以上を含み，化学反応を伴って製造された複合肥料をさす。化成肥料は，その成分の含量から普通化成肥料と高度化成肥料に分けられる。化成肥料は，粉状のものは少なく，粒状のものが多い。また速効性を示す化成肥料が多いが，緩効性を示すものもある。

5 × 誤り。肥料成分がゆっくりと放出される肥料のことを肥効調節型肥料という。肥効調節型肥料には，緩効性肥料，被覆肥料などがある。前者には，IB，CDUなどが含まれる。被覆肥料は，水溶性の肥料を樹脂などでコーティングすることで，肥効発現の持続時間をコントロールできる肥料である。樹脂の種類などで肥効をコントロールしている。バルクブレンディング（BB）肥料は，配合肥料の一種であり，粒状の肥料原料どうしを配合した肥料をさす。

正答 3

重要ポイント 1　肥料の種類と製造

肥料取締法において肥料は，「植物の栄養に供するため土壌または植物に施すもの」，「植物の栽培に資するため土壌に化学的変化をもたらすもの」と定義されている。肥料は，普通肥料と特殊肥料に大別される。**特殊肥料**は，農家の経験や五感で種類や品質の認識が可能なもの，品質が一定ではなく規格化になじまないものが多く，登録の必要もない。**普通肥料**は，その主成分によって単肥と複合肥料に分けられる。**単肥**には窒素質肥料，リン酸質肥料，カリ質肥料などがある。**複合肥料**は肥料３要素（窒素，リン酸，カリウム）のうち２成分以上を含む肥料で，化成肥料，配合肥料などが含まれる。**化成肥料**は，化学反応を伴って製造される肥料で，その成分の合量から普通化成肥料と高度化成肥料に分けられる。**配合肥料**は，単に肥料を混合して製造されるものであり，混合物には，なたね油かす粉末などの有機質肥料も用いられている。

重要ポイント 2　肥料の性質

肥料の副成分として硫酸根を含んでいない肥料を**無硫酸根肥料**という。窒素質肥料では尿素，塩安，硝安，石灰窒素などが当てはまる。これに対し，硫酸根を含む肥料を**硫酸根肥料**という。硫安，硫酸カリなどが当てはまる。水溶液が酸性を呈する肥料を**酸性肥料**という。リン酸アンモニウム，過リン酸石灰などが当てはまる。同様に，化学的に中性な肥料を**中性肥料**，アルカリ性の肥料を**アルカリ性肥料**という。前者には，尿素，硝安が，後者には石灰窒素などがある。生理的酸性肥料とは，化学的には中性の肥料であるが，植物に肥料成分が吸収された後，酸性の副成分が残るような肥料のことである。たとえば，硫安は，アンモニウムイオンが植物に吸収されると硫酸イオンが土壌に残る。また，アンモニウムイオンが硝化されることで水素イオンが生成される。また，生理的酸性肥料に対し，生理的アルカリ性肥料もある。

重要ポイント 3　肥効調節型肥料

環境保全型農業では農地からの硝酸の流失や河川への流入を防止することが重要である。このため，肥効調節型肥料が製造・利用されるようになってきた。これにはウレアホルムやIBやCDUなどのように難溶性の窒素化合物を肥料として用いる化学合成**緩効性肥料**，水溶性の肥料粒子を樹脂などでコーティングした**被覆肥料**，硝酸化成を抑制する物質を混合した硝酸化成抑制剤入り肥料などがある。過剰な化学肥料の施用に代わる家畜排泄物などの未利用資源の肥料としての活用は，環境保全上重要である。化学肥料で供給している養分を未利用資源で代替する方法が検討されている。

重要ポイント4 窒素肥料の動態

窒素は最も重要な肥料成分なので，よく出題される。畑土壌での**硝化**過程，水田土壌での窒素の形態変化，**脱窒**について問われるほか，バクテリア，ラン藻による**窒素固定**についても出題される。

畑土壌に施用されたアンモニウム態窒素はアンモニア酸化菌によって亜硝酸になり，さらに亜硝酸酸化菌によって硝酸態窒素に酸化される。これらの硝化細菌は，一般に通気性のよい中性に近い土壌でよく生育し，強酸性では生育しにくい。また，アルカリ性の場合は特に硝酸生成が抑制されて亜硝酸が土壌中に蓄積する場合がある。生成された硝酸は硝酸イオンとして挙動し，土壌粒子表面のマイナス電荷と反発するため，土壌に保持されにくく，雨水とともに地下に流失しがちである。

一方，水田土壌に施用されたアンモニウム態窒素は，土壌表面の酸化層で硝酸に酸化され，これが水とともに下層の還元層に移動すると，還元されて窒素ガスとして揮散してしまう。これを脱窒という。土壌から大気に失われた窒素は水稲の栄養分とはならないため，アンモニウム態窒素を含む肥料はあらかじめ還元層に施肥することが重要である。

実戦問題

No.1 次は，肥効調節型肥料とそれを用いた施肥技術に関する記述であるが，A～Dに当てはまるものの組合せとして最も妥当なのはどれか。

【国家一般職・平成28年度】

「肥効調節型肥料は，肥料粒子の表面を被覆材で覆い，肥料成分が徐々に溶出するように工夫されたものである。溶出期間と溶出パターンの組合せでさまざまな種類が開発，販売されている。

溶出速度は基本的に温度に依存しており，［ A ］25℃で肥料成分の［ B ］%が溶出するまでの日数を溶出期間としている。

溶出パターンから［ C ］型とシグモイド型の2種類があり，前者は施用後からほぼ一定の割合で溶出する。後者は一定の溶出抑制期間後に急激に溶出を始め，追肥としての効果がある。

水稲育苗箱全量基肥施肥は，シグモイド型の被覆尿素を利用した［ D ］により，播種時に施肥を行うことで本田での施肥作業の省力化とともに環境保全も図ることができる施肥技術である。」

	A	B	C	D
1	水温	80	リニア	接触施肥
2	水温	100	指数関数	接触施肥
3	地温	80	リニア	側条施肥
4	地温	80	指数関数	側条施肥
5	地温	100	リニア	接触施肥

No.2 **窒素の施肥に関する記述として最も妥当なのはどれか。**

【国家一般職・平成29年度】

1 植物は生育に窒素を必要としており，窒素の施肥量を増やすにつれて，単位施肥量当たりの増収分は次第に大きくなる。しかし，窒素施肥が最適量を超すと，作物は養分を吸収できなくなり枯死する。これを収量漸減の法則という。

2 土壌中での無機態窒素は，ほとんどが硝酸態で存在している。有機態窒素であっても土壌微生物の作用で気体の窒素を経て，硝酸態窒素まで速やかに変化する。硝酸態窒素は土壌に強く吸着するため，地下浸透し，地下水に流出することはない。

3 硫酸アンモニアは，化学的にアルカリ性で，窒素の吸収とともに土壌に残る硫酸根や硝化作用に伴って生成する硝酸イオンのため，土壌を酸性にしやすい生理的酸性肥料である。酸性条件の水田では，鉄が不足すると二酸化炭素が発生し，根腐れの原因となる。

4 尿素は，随伴イオンを含まない生理的中性肥料であり，吸湿性は低く，水に溶けにくい。害虫駆除作用が期待できるため，主として果樹栽培などにおいて，葉面散布用肥料としても利用されている。

5 有機物の土壌中での分解速度は，主にC/N比で決まる。C/N比が10より低い有機物では，無機態窒素が速やかに放出され，窒素的肥効が大きい。一方，C/N比が高い稲わらなどを施用すると，窒素飢餓を起こす場合がある。

No.3 **施肥量の算出や施肥などに関する記述として最も妥当なのはどれか。**

【国家一般職・平成26年度】

1 19世紀にリービッヒによって提唱された収量漸減の法則によれば，植物の生育収量は，供給される各種養分のうち，最大量の養分によって支配され，それに続く量の養分もその量に応じた影響を与える。

2 目標収量の達成のために作物へ供給しなければならない窒素量は，作物が実際に吸収する窒素量に，土壌本来の供給量や灌漑水による供給量を加えて求められる。こうして求めたものが，一作の間に施用すべき窒素肥料の総量となる。

3 播種や移植の前に土壌に施用する肥料を基肥という。水田における施肥法として，一般に，窒素やリン酸については全量を基肥で与えることは少なく，生育途中で生育ステージに合わせて施用する。これを追肥といい，一般に，作土深層に何回かに分けて分施する。

4 適切な施肥量は，土壌診断と植物栄養診断によって決めることができる。土壌診断は，一般に，前作収穫後に土壌を採取分析して行われる。一方，植物栄養診断は，植物体の外観の観察，植物体の採取分析，葉緑素計などを用いた非破壊計測などにより，生育途中に行われる。

5 肥効発現の持続時間をコントロールするために，肥料粒の表面を金属の被膜で覆ったものを被覆肥料といい，肥効調節型肥料の最も代表的なものといえる。利点として，一作分の成分を基肥として施用することによる追肥作業の省力化が挙げられるが，肥料の利用効率は低い。

実戦問題の解説

No.1 の解説　被覆肥料

→問題はP.314

A：「水温」が当てはまる。

B：「80」が当てはまる。被覆肥料は土壌に施肥され効果を発揮するものであるため，土壌中での溶出期間を求める必要があるが，土壌中での水分状態はさまざまであるため，一定条件下（水中）における溶出量から溶出期間が求められている。

C：ほぼ一定の割合で溶出することから，「リニア」が当てはまる。

D：「接触施肥」が当てはまる。側状施肥は，田植えと同時に苗の側方にすじ状に施肥することである。

以上より，正答は**1**である。

No.2 の解説　窒素質肥料

→問題はP.315

1× 誤り。収量漸減の法則は，「不足する因子の量を増加させると，その増加分に比例して生育量が増加するがその増加には限度があって，次第に小さくなる」である。この法則は養分に限らず，温度や光といった因子も考慮される。窒素の施肥が最適量を越すと，収量が低下する。

2× 誤り。畑土壌では主な無機態窒素は硝酸態窒素である。硝酸態窒素は，陰イオンとして挙動する。土壌粒子の表面はマイナスに荷電しているため，硝酸態窒素は，土壌に吸着されにくく，地下に溶脱しやすい。有機態窒素は，土壌微生物の働きで，無機化され，まずアンモニウム態窒素となる。

3× 誤り。硫酸アンモニウムは，化学的には中性である。ただし，本肢にあるとおり，土壌を酸性化しやすい生理的酸性肥料である。水田では，硫酸が還元される。鉄が不足した場合，硫化水素が発生し，根腐れの原因となる。

4× 誤り。尿素は生理的中性肥料である。尿素は吸湿性が高く，水に溶けやすい。害虫駆除作用が期待されるのは石灰窒素である。

5◎ 正しい。微生物の作用によって土壌中の無機態窒素は，有機化され有機態窒素となる。この反応のことを有機化という。C/N比が高いと有機化反応が進み，植物が利用できる無機態窒素が少なくなる。これを窒素飢餓という。

No.3 の解説　施肥

→問題はP.316

1 × 誤り。リービッヒが提唱したのは，最小養分律である。最小養分律は，「植物の生育・収量は生育に必要な養分の中で供給が最も少ない養分によって支配される」というもので，ミッチェルリヒの収量漸減の法則は，「不足する因子の量を増加させると，その増加分に比例して生育量が増加するがその増加には限度があって，次第に小さくなる」とされた。これらの法則は養分に限らず，温度や光といった因子も考慮される。

2 × 誤り。一作の間に施用すべき窒素肥料の総量は，作物が吸収する窒素量から土壌由来などの供給量を差し引いて求めるべきである。

3 × 誤り。追肥をするのは，窒素とカリウムである。リン酸は全量を基肥で施肥する。窒素とカリウムの追肥は，土壌表面に表層施肥する。

4 ◎ 正しい。

5 × 誤り。被覆肥料は，主に樹脂で水溶性の肥料をコーティングした肥料のことである。

正答　No.1＝1　No.2＝5　No.3＝4

第８章

植物生理学

成長制御・植物ホルモン

必修問題

植物ホルモンに関する記述として最も妥当なのはどれか。

【国家総合職・平成26年度】

1 頂芽で合成されるオーキシンは，葉腋にある側芽へのアブシジン酸の供給を促すため，頂芽が盛んに成長しているときは，側芽の成長は抑えられている。このとき，頂芽を切除するか，側芽にジベレリンを与えると，側芽の成長が開始される。

2 アブシジン酸を葉の表皮に塗布すると，孔辺細胞からのナトリウムイオンの放出が促され，孔辺細胞の浸透圧が低下する結果，気孔が閉鎖する。オーキシンを与えた場合は，逆に，孔辺細胞の膨張が促され，気孔が開く。

3 タバコなどの植物組織を，オーキシンとサイトカイニンを含む栄養培地で培養するとカルスを生じる。その後，カルスを，オーキシンに比しサイトカイニンの濃度を低下させた培地で培養すると茎の形成を，その逆では，根の形成を促すことが知られている。

4 光発芽種子のレタスは，ジベレリン処理により暗所でも発芽する。これは，ジベレリンに，直接，発芽を誘導する効果があるためである。一方，アブシジン酸には，ジベレリンの働きを抑え，種子の発芽を抑制する効果があり，その処理により，明所にあってもレタスの発芽が抑制される。

5 ブラシノステロイドは，ジベレリンなどと同様に，植物の伸長に関与するホルモンであるが，ジベレリンに従属して作用するため，ジベレリンの存在下でのみ作用する。ジベレリンが茎の伸長を促すのに対して，ブラシノステロイドは，ジベレリンの存在下で葉の肥大を促す。

必修問題の解説

1 × 誤り。オーキシンは側芽の成長に必要なサイトカイニンの合成を抑える。ジベレリンではなく，サイトカイニンを与えると，側芽の成長が開始される。

2 × 誤り。孔辺細胞からカリウムイオンの放出が促され，浸透圧が低下し，気孔が閉鎖される。気孔の閉孔にはジャスモン酸，開孔にはオーキシン，サイトカイニンが関わっている。

3 × 誤り。低濃度オーキシン・高濃度サイトカイニンでは茎（茎頂分裂組織）の形成，高濃度オーキシン・低濃度サイトカイニンでは根（根端分裂組織）の形成がそれぞれ誘導される。

4 ◎ 正しい。ジベレリンは種子発芽の誘導に働き，アブシシン酸は種子発芽の抑制に働く。発芽におけるジベレリンの役割は，次のとおりである。①胚でジベレリンが生成され，糊粉層へ移動する。②ジベレリンによってアミラーゼの合成が誘導される。③胚乳の貯蔵デンプンがアミラーゼによって分解される。④分解で生じたグルコースが胚の成長に使われる。このほか，低温要求性の種子では，低温処理の代わりにジベレリンを投与することで発芽を誘導できる。また，光発芽種子にはタバコ，シソ，シロイヌナズナなど，暗発芽種子にはキュウリ，カボチャなどがある。

5 × 誤り。ブラシノステロイドは単独でも作用する。また，エチレンとは相加的な反応を示す。植物に対しては，細胞伸長，細胞分裂，茎の伸長，種子発芽の促進，ストレス耐性の付与などのさまざまな生理作用を示す。一方，他のホルモンと関連して働くことも多い。

正答 4

重要ポイント1　植物ホルモンの種類

植物ホルモンとして，**オーキシン**，**ジベレリン**，**サイトカイニン**，**アブシジン酸**，**エチレン**，**ブラシノステロイド**，**ジャスモン酸**，**サリチル酸**，**ストリゴラクトン**の9種が知られている。近年，植物のペプチド因子が成長や分化に重要な働きを持つことが示され，「ペプチドホルモン」と呼ばれるようになっている。長年探し求められていた花成ホルモン（フロリゲン）の実体として，最近FTタンパク質が同定された。ただし，FTタンパク質は分子レベルの作用のしかたが植物ホルモンとは大きく異なるため，植物ホルモンに分類せず，「フロリゲン」として扱うことが提唱されている。

重要ポイント2　植物ホルモンの生合成と輸送

植物ホルモンは4種の**前駆物質**から合成される。ジベレリン，アブシジン酸，ブラシノステロイド，ストリゴラクトンは**テルペン**，サイトカイニンは**テルペン**と**ヌクレオチド**，オーキシン，エチレン，サリチル酸は**アミノ酸**，ジャスモン酸は**脂肪酸**が前駆物質である。ただし，サリチル酸はコリスミン酸からも合成される。

植物ホルモンは形態形成など，遺伝的にプログラムされた成長分化に働くとともに，さまざまな環境要因により内生量が制御され，環境応答に深くかかわる。アブシジン酸の合成は，乾燥，低温，塩など，環境からのストレスにより促進され，ストレス応答にかかわる。エチレンの合成は，機械的な傷害や菌の侵入，傷を伴わない接触刺激により促進される。光発芽種子において，活性型ジベレリンの合成は光によって誘導され，アブシジン酸の合成は抑制される。また，ジャスモン酸やサリチル酸の合成は傷害刺激によって促進される。

動物のホルモンと異なり，植物ホルモンは特定の器官のみで合成されるのではなく，また特定の標的組織があるわけではない。ただし，植物ホルモンによって盛んに合成される時期や組織がある。植物ホルモンは合成された場所（器官や組織）で作用を発揮することも多いが，別の組織や器官に輸送されて働くこともある。器官を越えて長距離輸送されることが明確にされているのはオーキシンである。

オーキシンは茎頂から基部，そして根の先端へと，植物の極性にしたがって輸送される。この極性輸送は重力の方向によらない輸送である。オーキシンの極性輸送は維管束柔細胞を介して行われる。維管束柔細胞の細胞膜に存在し，細胞内からオーキシンの排出に関わるPIN1タンパク質は，茎では基部側，根では先端側の細胞面に偏って存在する（局在性）ため，輸送の方向が決まる。重力を感知するのは，根では根冠のコルメラ細胞，茎では内皮である。コルメラ細胞と内皮ではPIN3タンパク質がオーキシンの排出に関わる。コルメラ細胞と内皮におけるPIN3タンパク質の局在性は重力の方向に偏るため，これらの細胞でのみ，重力の方向にオーキシンが輸送される。これが，根と茎の重力屈性をもたらす。

重要ポイント3 植物ホルモンの主な生理作用

オーキシン：茎の伸長促進，根の伸長促進（オーキシンは茎と根の伸長を促進するが，高濃度では逆に伸長を阻害する。根の伸長を促進するオーキシン最適濃度は茎よりも大変低く，茎の伸長を促進する濃度のオーキシンは根の伸長を阻害する。双子葉植物の成長は，イネ科作物の成長を阻害しないような比較的低濃度のオーキシンで阻害されるため，オーキシンは除草剤として利用されている），頂芽の成長促進と側芽の成長阻害（頂芽優勢），木部の分化促進，発根促進，果実の成長促進，器官の脱離阻害。

ジベレリン：発芽促進，茎と根の成長促進，細胞分裂促進，抽台（ちゅうだい）の誘導，生殖成長調節，単為結実誘起。

サイトカイニン：細胞分裂促進，側芽の成長促進，緑化促進，老化抑制，発芽促進，カルスからのシュート形成促進。

アブシジン酸：種子成熟，種子休眠の形成，気孔の閉鎖誘導，気孔の開口阻害，乾燥ストレス対応，伸長成長阻害。

エチレン：果実の成熟促進，老化促進，種子の休眠打破，不定根形成促進，茎の肥大成長促進，茎の伸長阻害，生殖成長調節，傷害反応。

ブラシノステロイド：茎の伸長成長促進，種子稔性の向上，種子発芽の促進，暗所形態形成の誘導。

ジャスモン酸：傷害応答，病害応答，ジャガイモの塊茎形成，葯の開裂，つるの巻き付き，葉の老化阻害。

サリチル酸：病害抵抗性の誘導，エチレン生成阻害，花の発熱反応促進。

ストリゴラクトン：側芽の成長阻害（枝分かれの抑制，頂芽優勢），老化促進。ストリゴラクトンは寄生植物の種子発芽誘導や菌根菌共生促進など，ほかの生物の成長を制御するアレロパシー物質として知られていたが，最近植物自身の枝分かれを抑制する作用が明らかにされ，最も新しい植物ホルモンとして認められている。

重要ポイント 4　植物ホルモン相互作用

①種子発芽時における α-アミラーゼの合成は，ジベレリンにより活性化されるが，この活性化をアブシジン酸が阻害する。
②オーキシンは，さまざまな組織においてエチレンの生成を促進する。
③オーキシンによるキュウリ胚軸切片の伸長作用は，ジベレリンやブラシノステロイドの前処理により，相乗的に促進される。
④頂芽で合成され，側芽に運ばれたオーキシンは側芽の成長を促進するサイトカイニンの合成を抑制し，側芽の成長を阻害するストリゴラクトンの合成を誘導する。(頂芽優勢)
⑤インゲンやワタの器官脱離において，アブシジン酸はエチレン生成を誘導することにより離層形成を促進する。

重要ポイント 5　受容と情報伝達

近年の突然変異体を用いた分子遺伝学的解析により，植物ホルモンの受容体や情報伝達経路が明らかにされてきた。9 種の植物ホルモンについて受容体分子が同定されており，**細胞膜**（サイトカイニン，ブラシノステロイド），**小胞体膜**（エチレン），**核**（ジベレリン，アブシジン酸など）で働く。植物ホルモンの細胞内情報伝達は，タンパク質のリン酸化と脱リン酸化，特定のタンパク質の分解などが重要な役割を持つ。

実戦問題

No.1 植物の分化と成長に関する次の記述A～Dのうちには妥当なものが２つある。それらはどれか。 【地方上級・平成30年度】

A　湿度を高くした容器に，茎の切片を上下逆さまにして，基部側を上に，先端側を下にして入れると，上にした基部側から芽が生じ，下にした先端側から根が生じる。

B　茎に頂芽と側芽が共存する場合，頂芽はよく成長するが側芽は成長しにくく，頂芽を切除すると側芽が成長を始める。

C　植物の茎は正の光屈性を示すが，これは光の当たらない側の成長が光の当たる側に比べて促進されることで起こる。

D　土壌の水分状態は根の伸長に影響し，一般に，乾燥した土壌では根は地表近くに分布し，湿潤な土壌では根は土壌深くに伸長する。

1　A，B
2　A，C
3　A，D
4　B，C
5　C，D

No.2 花芽分化および開花に関する次の記述のうち妥当なのはどれか。
【地方上級・平成28年度】

1　限界暗期より長い暗期にすると，長日植物は開花するが，短日植物は開花しない。限界暗期の長さは植物種によって，また同じ種でも品種によって異なる。

2　日長に関係なく開花する植物を中性植物といい，その例としてキク，ホウレンソウがある。

3　日長に反応して花芽を分化する植物では，頂芽が日長を感受して花芽になる。さらに，頂芽から側芽に信号が送られて，側芽も花芽になる。

4　光周反応を示す植物の花芽分化には，青色光受容体であるフィトクロムが主要な役割を果たしている。

5　短日処理により花芽分化が誘導されたシソを，長日条件下で栄養成長しているシソに接ぎ木すると，栄養成長中のシソで花芽分化が誘導される。

実戦問題の解説

No.1 の解説　植物の環境応答

→問題はP.325

A× 誤り。茎は重力により逆転することのない，頂部と基部の極性を持つ。このような極性はオーキシンの極性移動によって茎の先端から基部にかけてオーキシンの濃度差が生じることで起こると考えられる。

B○ 正しい。頂芽の成長が旺盛なときには，側芽の成長が抑えられているが，頂芽を切り取ると，側芽の成長が促進される。この現象は側芽に対して頂芽の成長が優先されることを示しており，頂芽優勢と呼ばれる。頂芽で合成されるオーキシンが側芽の成長を促す作用のあるサイトカイニンの合成を妨げ，それによって側芽の成長を抑えているためである。

C○ 正しい。植物の器官が環境から刺激を受けたときに，屈曲という反応を示す。このうち，屈曲の方向が刺激源の方向と関連しているものを屈性，関連していないものを傾性と呼ぶ。光屈性とは光の刺激に応答した屈性で，光の当たらない側と当たる側とで器官の成長速度に差が生じる。

D× 誤り。一般に，乾燥した土壌では根は土壌深くに伸長する。これは，水ポテンシャルの低下（水分の低下）が根の伸長を促進すること，また，土壌深層にある水分を感知して，水分のあるほうに屈曲する性質（水分屈性）を持つことに由来すると考えられる。

以上から，正答は**4**である。

No.2 の解説　植物の花芽形成

→問題はP.325

1 ×　誤り。限界暗期よりも長い暗期，すなわち，明期が短い短日条件にすると，短日植物が開花する。逆に，限界暗期よりも短い暗期，すなわち，明期が長い長日条件にすると，長日植物が開花する。

2 ×　誤り。日長に関係なく花芽を形成する植物を中性植物と呼ぶ。しかし，キクは夏から秋にかけて花芽分化するため短日植物である。ホウレンソウは日長が長い長日条件で花芽分化するため長日植物である。

3 ×　誤り。植物が日長を感受するのは，一般には葉である。日長が葉で感受され，フロリゲンが合成され，これが茎の師部を通って茎頂分裂組織に伝わり，花芽が分化される。

4 ×　誤り。光周性には，赤色光と遠赤色光を感じる光受容体であるフィトクロムが関与している。青色光受容体にはクリプトクロムとフォトトロピンがあり，前者は胚軸伸長の抑制，子葉展開の促進など，後者は，光屈性，気孔の開口，葉緑体の定位運動に関わっている。

5 ◎　正しい。花芽形成が誘導される条件に置かれた葉から茎頂へと花芽形成を促進させる物質，すなわち，フロリゲンが移動したためと考えられる。

正答　**No.1=4　No.2=5**

環境応答・ストレス

必修問題

植物のストレス応答に関する記述として最も妥当なのはどれか。

【国家総合職・令和元年度】

1 植物は徐々に低温にさらされることで低温傷害や凍結傷害を受けにくくなる。低温傷害の緩和には，細胞膜などを構成する膜脂質における不飽和脂肪酸の増加などが関係する。また，凍結傷害の緩和には，不凍タンパク質の生産などが関わっている。

2 植物は，高温環境に置かれると，熱ショックタンパク質の生産を誘導する。また，乾燥ストレスを受けると，サイトカイニンの濃度が上昇し，気孔が閉鎖する。乾燥などによる水不足に対しては，細胞の浸透圧は下がるように調節される。

3 無機物である塩類そのものには毒性はなく，高濃度の塩ストレスが植物に与える影響は浸透圧による吸水障害である。塩ストレスに対して，植物の多くは液胞に適合溶質*を蓄積することで，細胞質に害が及ぶのを防いでいる。

4 昆虫などの食害によって傷を受けた植物は傷害応答を示す。この応答の誘導には植物ホルモンであるジベレリンやエチレンの生産が関わっている。また，病気感染や昆虫食害に対する防御応答を植物に引き起こす物質をサプレッサーと呼び，これは病原体や昆虫などに由来する。

5 環境ストレスにさらされた植物において，個体の生理機能が変化し，ストレス応答性が向上する場合を適応（adaptation）といい，植物集団内に生じた遺伝的変化が後代に引き継がれる場合を順化（acclimation）という。適応と順化はともに環境条件に応じた可逆的な変化である。

＊ 細胞毒性のないアミノ酸や糖アルコールなどの低分子化合物。

必修問題の解説

1 ◎ 正しい。低温馴化の過程では，膜脂質における不飽和脂質の割合が増加することで，膜脂質が低温でも流動性を維持できるようにして冷温によるダメージから植物を保護している。不凍タンパク質とは低温環境下に生息する昆虫，植物，微生物などから見つかっているタンパク質である。植物の細胞内に氷晶が形成されると，ほとんどの場合，死に至るが，不凍タンパク質が氷の結晶の表面に結合し，氷結晶が大きくなることを防ぐことで凍結傷害が緩和される。

2 × 誤り。通常の生育温度より高い温度に曝されたとき，細胞内に多量に合成される一群のタンパク質を熱ショックタンパク質と呼ぶのは正しい。植物が乾燥ストレスを受けると，すなわち，水不足の状態に陥ると，体内のアブシシン酸を増加させることで，気孔が閉じ，蒸散が抑えられる。また，細胞の浸透圧は水分を吸収する力を高めるために上昇する。

3 × 誤り。塩ストレスが植物に与える影響は，塩そのものの害で栄養分の取り込みを妨害し，細胞毒性のあるイオン蓄積から生じるイオン害と水分含量の低下を引き起こす浸透圧ストレスの2つである。また，液胞ではなく細胞内液中に細胞の浸透圧調整などに働く適合溶質を蓄積する。

4 × 誤り。昆虫の食害による傷害応答では，ジャスモン酸がつくられる。また，ジャスモン酸はプロテアーゼインヒビター遺伝子の発現誘導とタンパク質の蓄積を行う。このプロテアーゼインヒビターは食害虫の消化酵素の働きを阻害するため，このタンパク質を含む植物体を摂食した昆虫は十分な栄養分を吸収することができない。さらに，多種多様な昆虫と病原菌に対して植物の防御応答を引き起こす物質はエリシターと呼ばれる。

5 × 誤り。ストレス応答が向上する場合を順化もしくは馴化（acclimation），遺伝的変化が後代に引き継がれる場合を適応（adaptation）という。また，馴化によって生じる生理機能の変化は環境条件に応答して起こる可逆的な変化である。つまり，元の環境に戻れば，植物は元の生理機能の状態に戻る。

正答 1

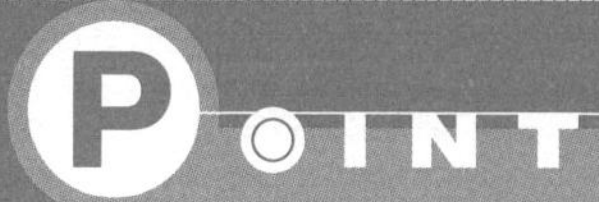

重要ポイント 1　光

植物は，光の強度，波長，周期（日長）などの情報を成長調節に利用している。光の受容体として，以下の 3 種が知られている。

フィトクロム：光発芽種子の研究から発見された光受容体。赤色光で活性型のPfr，遠赤色光（＝近赤外光）で不活性型のPrに可逆的に変換する。いくつかの分子種があることが明らかにされており，さまざまな波長の光で活性を示すタイプも知られている。発芽，光形態形成，伸長成長調節，花芽形成など，さまざまな現象に関与する。

クリプトクロム：青色光受容体の一つ。伸長成長調節，花芽形成に関与する。

フォトトロピン：青色光受容体の一つ。屈光性，気孔の開口，弱光・強光に対応した葉緑体の移動（定位運動）に関与する。

強い光によって，クロロフィルに吸収された光のエネルギーが光合成に使われるエネルギーを超えると，光合成の光阻害が起きる。過剰なエネルギーは有害な活性酸素種の生成を招き，葉緑体を含む葉の細胞に多大なダメージを与える。過剰なエネルギーの処理にはカロテノイドが働く。β-カロテンは高いエネルギーを持ったクロロフィルや活性酸素種の除去に働き，キサントフィルサイクル（ゼアキサンチンはエポキシ化によりビオラキサンチンに変換されるが，強光条件では脱エポキシ化によってゼアキサンチンが生じる）が作動してゼアキサンチンが過剰なエネルギーを熱に変える。強光条件では葉緑体は光を避けるように細胞の側面に移動し，弱い光条件では逆に光を効率的に吸収するかのように細胞の上下の面に並ぶ。この葉緑体の定位運動をもたらすのは青色光であり，この反応の光受容体はフォトトロピンである。

重要ポイント 2　水分

陸上に生育する植物にとって，水分の制御は大変重要である。根からの吸水や体内での水の移動は，水ポテンシャルの高いほうから低いほうに起こる。水ポテンシャルは，浸透ポテンシャルと圧ポテンシャルおよびマトリックポテンシャルの和で表される。

浸透ポテンシャル：半透膜で濃度の異なる溶液を仕切ると，水は濃度が薄いほうから濃いほうに移動しようとするために圧力が生じる。浸透ポテンシャルは，浸透圧の数値にマイナスを付けたものである。

圧ポテンシャル：細胞では膨圧，道管では吸い上げられる力。

マトリックポテンシャル：土壌粒子の間隙など，毛細管現象により生じる力。

植物が水分の低下（乾燥）を感知するとアブシジン酸の合成が高まり，気孔の閉鎖が起こる。根から吸収された水の99％は気孔を通した蒸散により大気中に放出されるため，気孔開度の調節は植物の水分調節にとって大変重要である。

水ストレス（乾燥ストレス）はアブシジン酸合成を誘導し，その内生量を大きく高める。アブシジン酸はある種の糖，アミノ酸，有機酸合成を誘導することにより，細胞の浸透圧を上昇（水ポテンシャルを低下）させる。このとき合成・蓄積する糖などの浸透圧調節物質を適合溶質と呼ぶ。

細胞膜や液胞膜における水の透過は，水チャネルタンパク質（アクアポリン）を通して行われる。

重要ポイント 3 温度

植物は環境の温度を発芽や開花のタイミングを知るシグナルとして利用している。種子の休眠は，種によって低温あるいは高温を経験することによって打破される。種子の休眠を打破する温度処理を**ストラティフィケーション**と呼ぶ。樹木の冬芽の休眠は，一定期間の低温によって打破されることが知られている。秋に発芽して冬を越し，春に開花する冬型草本では，一定期間の低温によって花芽形成が促進される。この低温処理を**バーナリゼーション（春化処理）**という。

熱帯・亜熱帯の植物の多くは，十数度以下の低温により生育阻害や損傷を受けるが，温帯性の植物は秋から冬にかけて徐々に低下する温度を経験することにより，氷点下の低温にも耐性を示すようになる。これを**低温馴化**あるいは**ハードニング**と呼ぶ。低温馴化の過程では膜脂質の脂肪酸不飽和化や適合溶質の蓄積，低温ショックタンパク質の蓄積などにより，低温耐性を獲得する。低温耐性と水ストレス耐性には類似性があり，低温誘導性タンパク質の中にはアブシジン酸により発現が誘導されるものがある。培養細胞を事前にアブシジン酸で処理しておくことにより，耐凍性が高まることがある。生育にダメージを与える高温は熱ショックタンパク質と呼ばれる一群のタンパク質の合成を誘導する。熱ショックタンパク質はタンパク質の正しい折りたたみ（立体構造）の形成（シャペロン機能）に働き，タンパク質の活性発現，輸送，変性状態からの回復に寄与する。芽生えにおいて，高温はオーキシンの作用を介して胚軸や葉柄の伸長を促し，また葉を立たせる効果を持つ。

実戦問題

No.1 **作物の高温・低温などに対する反応に関する記述として最も妥当なのはどれか。**

【国家一般職・平成29年度】

1 細胞内の膜脂質の脂肪酸組成が，低温耐性に関与する。不飽和脂肪酸の減少は低温ストレスに対する耐性を高めるとともに，乾燥耐性も高めることが知られている。

2 低温条件下で発現が誘導される遺伝子として，*GBSS*遺伝子が単離・同定されている。また，凍結耐性向上に関わる遺伝子として，*uzu*遺伝子が単離・同定されている。

3 植物の熱ショックタンパク質（HSP）は，一時的な高温ストレスでは生じないが，長期に高温に遭遇すると生成される。HSPは，いったん生成されると長期間にわたり作用する。

4 植物が低温に遭遇すると，糖類含量が増加するほか，プロリンやグリシンベタインのような凍結防止能を持つ物質が蓄積して，凍結耐性を獲得することが知られている。

5 HSPは，熱ストレスにより生じた異常タンパク質の凝集を防ぐPRタンパク質としての機能を持つ。HSPには，HSP10，HSP20の全２種類がある。

No.2 **植物の栄養生理に関する記述として最も妥当なのはどれか。**

【国家総合職・令和元年度】

1 植物の根による養分吸収の仕組みの一つとして積極的吸収がある。これは，エネルギー消費を伴わず，養分濃度の高い溶液中から，植物体内の養分濃度の低い細胞内へと吸収・集積されるものである。カルシウムやリン酸などがこの作用により吸収される。

2 植物にとって窒素は特に重要な栄養素であり，タンパク質，核酸，植物ホルモンの構成成分となるが，光合成色素や補酵素には含まれない。植物は直接的に大気中の窒素を固定することはできないが，空中窒素を固定する能力を有する窒素固定微生物がマメ科植物にのみ共生している。

3 植物の養分欠乏時には，外観症状としてクロロシスを生じることが多い。これは，植物体内の炭水化物の減少によって葉が萎縮する生理障害であり，窒素，マグネシウム，マンガンなどの欠乏時に現れる。

4 植物で欠乏症が現れる位置は元素の再転流と関係している。鉄やカルシウムは植物体内を再転流しにくいため，欠乏症は上位の新しい葉から現れる。植物体内を再転流しやすい窒素，カリウム，マグネシウムでは，欠乏症は下位の古い葉から現れる。

5 窒素が供給過剰となると，葉色は濃緑色となり，生育は旺盛で植物体は強健となるが，体内の遊離アミノ酸量が増加するため病害虫の被害を受けやすくなる。リンが過剰となると，葉色は暗緑色やアントシアニンの蓄積により赤紫色となり，さらに進行すると葉や植物体そのものが小さくなる。

実戦問題の解説

No.1 の解説　温度ストレス

→問題はP.332

1 × 誤り。不飽和脂肪酸の増加は低温ストレス耐性を高める。

2 × 誤り。*GBSS*遺伝子（*Granule Bound Starch Synthase*）とは，顆粒性デンプン合成酵素遺伝子のことである。*uzu*遺伝子とは，オオムギの半矮性遺伝子のことである。

3 × 誤り。HSP（Heat Shock Protein）は一時的な高温ストレスでも発現する。また，HSPは長期間存在しているものや増減するものなどもある。

4 ◎ 正しい。低温ストレスによって糖類含量が増加することで低温耐性が向上する。また，適合溶質であるプロリン，グリシンベタインは細胞の浸透圧調整などに作用することで凍結耐性が向上する。

5 × 誤り。HSPは，熱ストレスによって生じたタンパク質の変性や凝集を阻止する機能を持つ分子シャペロンタンパク質の一群である。HSPは，分子量や機能によって複数のファミリーに分類されており，HSP60，70，90，101などがある。

No.2 の解説　栄養生理

→問題はP.332

1 × 誤り。積極的吸水とは能動的吸水とも呼ばれる。この吸水にはエネルギーを消費する。また，植物は非常に希薄な培地（土壌）からでも無機養分を吸収する能力を備え，養分濃度の低い溶液中から，植物体内の養分濃度の高い細胞へと吸収する。

2 × 誤り。光合成色素の代表格であるクロロフィルは，ポルフィリン環と呼ばれる炭素と窒素から成る複雑な環構造を持つ。また，補酵素の一つであるニコチンアミドアデニンジヌクレオチド（NAD）も窒素を含む。

3 × 誤り。クロロシスとは，植物の葉が黄変や白化したものを示し，葉内のクロロフィル濃度の減少によって生じる。その他に，マグネシウム，カルシウム，硫黄，鉄，マンガン，亜鉛の欠乏でも生じる。

4 ◎ 正しい。欠乏症状からその原因となる必須元素を特定する重要な手がかりは，それぞれの元素が古い葉から新しい葉へ再転流しやすいか（動きやすいか），しにくいか（動きにくいか）に関わっている。動きやすい必須元素（窒素，カリウム，マグネシウム，リンなど）であれば，欠乏症状はまず下位の古い葉から現れ，動きにくい必須元素（カルシウム，硫黄，鉄，ホウ素など）は若い葉に現れる。

5 × 誤り。窒素が過剰になると生育は旺盛になるが，植物体は軟弱となる。葉へのアントシアニンの蓄積はリン酸欠乏のときに生じる。

正答　No.1=4　No.2=4

光合成とオルガネラ

必修問題

光合成に関する記述として最も妥当なのはどれか。

【国家総合職・令和元年度】

1 光合成は，葉緑体内のチラコイド膜で光化学反応，ストロマで炭酸固定反応が行われる。チラコイド膜には，光化学系Ⅱ複合体，光化学系Ⅰ複合体，ATP合成酵素複合体などが組み込まれており，主に紫外線の光エネルギーを吸収してRubiscoとATPが生成される。

2 イネなどが分類されるC_3植物では，CO_2はRubiscoの働きによりRuBPと結合し，初期固定産物のグリセルアルデヒドリン酸（GAP）となる。GAPは，ATPやNADPHの働きによってホスホグリセリン酸（PGA）となり，葉緑体内でショ糖が合成される。

3 トウモロコシなどのC_4植物では，CO_2はまず維管束鞘細胞でPEPカルボキシラーゼの働きによりオキサロ酢酸となる。これがリンゴ酸やアスパラギン酸に変換され，葉肉細胞に輸送される。そこで脱炭酸酵素によってCO_2が放出され，放出されたCO_2はジカルボン酸回路で固定される。

4 パイナップルやサトウキビなどのCAM植物は，気温の低い夜間に気孔を開いてCO_2を吸収し，日中は光呼吸を抑えるために気孔を閉じるという乾燥環境に適した光合成機構を有する。PEPカルボキシラーゼによる反応とカルビン・ベンソン回路による反応とが葉肉細胞内で行われる。

5 光強度が高くなるにつれて光合成速度は上昇するが，過剰な強光は活性酸素を発生させ，葉緑体成分を損傷させる。強光傷害を緩和するため，植物はキサントフィルの働きによって過剰な光エネルギーを熱に変換して放散させている。

必修問題の解説

1 × 誤り。光合成は太陽の光エネルギーの大半を占める可視光領域（400nm〈紫〉〜700nm〈赤〉）の光を利用して，NADPH（ニコチンアミドアデニンジヌクレオチドリン酸〈NADP〉の還元型）とATP（アデノシン三リン酸）を生成する。そのため，光合成ではこの領域よりも短い紫外線は利用することはない。

2 × 誤り。初期固定産物の3-ホスホグリセリン酸（3-PGA）がつくられる。3-PGAはカルビン・ベンソン回路を一巡してRuBPに戻るが，その過程でATPやNADPHの働きにより合成されたトリオースリン酸が葉緑体の外（細胞質）でショ糖が合成される。

3 × 誤り。C_4植物が行うC_4光合成では，CO_2はまず葉肉細胞でPEPカルボキシラーゼの働きによりオキサロ酢酸となる。これがリンゴ酸やアスパラギン酸に変換されて，原形質連絡を通って隣接した維管束鞘細胞に輸送される。そこで，脱炭酸酵素によって分解されてCO_2を放出する。放出されたCO_2はRubiscoによって再固定される。

4 × 誤り。CAM植物で行うCAM光合成は，日中は蒸散を抑えるために気孔を閉じる。

5 ◎ 正しい。光による光合成機能の低下を光阻害と呼び，葉緑体のエネルギー消費を上回る過剰な光エネルギーが供給されたときに起こる。

正答 5

重要ポイント 1 細胞内小器官（オルガネラ）と主要な機能

細胞は，その内部に脂質膜で包まれた**細胞内小器官**を持つ。細胞内小器官は，葉緑体の光合成，ミトコンドリアの呼吸に代表されるように，それぞれ重要な生化学反応の場となっている。また，物質を貯蔵，輸送，隔離する役割を果たしている。細胞内小器官は，いわば工場，倉庫，輸送機関であり，生体物質の効率的な合成と輸送により生命活動を支えている。1つの製品が単一の工場で生産される場合と，1つの製品を構成する部品が異なる工場で生産されて完成する場合があるように，生体物質にも複数の細胞内小器官や細胞質を経由して合成されるものがある。

●プラスチド（葉緑体）

葉緑体はプロプラスチドが分化してできた細胞小器官であり，プロプラスチドはデンプンを蓄積するアミロプラストや，色素を蓄積する色素体などにも分化する。

葉緑体は二重の包膜に包まれ，内部に連続した膜構造（チラコイド）を持つ。チラコイド膜にクロロフィルを含む光化学系が存在する。独自のゲノムDNA（プラスチドゲノム）を持つ。

プラスチドDNAは逆位反復配列を持つ環状DNAであり，原核型の遺伝子発現様式の名残をとどめている。具体的には，1つの転写単位に複数の遺伝子を含み，ほとんどの遺伝子はイントロンを持たない。タンパク質をコードする遺伝子数120程度に対し，葉緑体に含まれるタンパク質は1,000種程度ある。9割程度の葉緑体タンパク質の遺伝子は細胞核に存在し，細胞質でタンパク質に翻訳された後に葉緑体に輸送される。

プラスチドの主な機能には，光合成による炭酸固定，アミノ酸合成，脂質合成，光呼吸，デンプンの蓄積・貯蔵，硝酸同化，植物ホルモン合成がある。

●ミトコンドリア

二重の膜を持ち，内膜には呼吸に重要な酵素群が存在する。独自のDNA（ミトコンドリアゲノム）を持つ。ミトコンドリアゲノムは植物種によりサイズが異なり，200～2,400kbp程度である。複数種の環状DNAで構成され，100程度の遺伝子が存在する。プラスチドと同様に，多くのミトコンドリアタンパク質の遺伝子は細胞核に存在し，細胞質でタンパク質に翻訳された後にミトコンドリアに輸送される。

ミトコンドリアの主な機能は，呼吸によるATP生産，糖新生，光呼吸である。

●液胞

単膜（液胞膜，トノプラスト）で囲まれる。若い細胞では，比較的多数の小胞として存在するが，成熟細胞では1つの大きな液胞に発達する。

液胞の主な機能は，膨圧の維持，硝酸塩・リン酸塩などの貯蔵，リンゴ酸の一時的蓄積（CAM型光合成），生体高分子の分解と再利用，廃棄物の集積である。

●**小胞体**

単膜の構造体で，リボソームが付着した粗面小胞体はタンパク質合成が行われる場となっている。主な機能は，タンパク質の修飾（N-グリコシル化による糖鎖の付加），脂質合成（プラスチドとの共同作業），小胞によるゴルジ体へのタンパク質輸送である。

●**ペルオキシソーム**

単膜の小胞（0.5～1.5 μm）で，分裂により生じると考えられている。主な機能として，過酸化水素の消去，光呼吸（緑葉ペルオキシソーム）がある。脂肪性種子ではグリオキシソームとして存在し，発芽の際，貯蔵脂肪を炭水化物に変換する。

●**ゴルジ体**

皿状の単膜が，5～8（最大20）ほど積み重なる。方向性がある（小胞体からの小胞を受け取るシス側とトランス側が存在）。ゴルジ体の主な機能は，タンパク質の修飾（o-グリコシル化による糖鎖の付加），エキソサイトーシスによるタンパク質の分泌，液胞へのタンパク質の輸送である。

重要ポイント2　光合成

光合成の反応をまとめると，

① 光エネルギーを吸収した光合成色素（クロロフィル）が励起状態になる。

② 励起した色素分子のエネルギーを受け取った光化学反応中心では，酸化還元反応により水が分解されて酸素，電子，プロトンが生じる。

③ 水の分解により生じた電子が電子伝達系で伝達され，還元力を与えるNADPHが生じるとともに，葉緑体内にプロトン濃度の勾配ができる。

④ このプロトン濃度勾配を利用し，光リン酸化によりATPが産生される。

⑤ 上記の反応で生成したATPとNADPHを利用してCO_2から糖を産生する（CO_2固定)。炭酸固定経路の複数の酵素の活性は光に連動したチオレドキシンによる酸化還元制御（レドックス制御）を受け，光が当たっていないと炭酸固定活性全体が低下する。したがって，最近では暗反応という名称が使われなくなってきている。

光合成は，そのCO_2固定の仕組みの違いにより，３種類に分けられる。

(1) C_3型：イネ，コムギなど多くの作物。葉肉細胞葉緑体のカルビン回路（リブロース-1，5-ビスリン酸カルボキシラーゼ／オキシゲナーゼ〈ルビスコ〉によりホスホグリセリン酸〈PGA〉を初期産物として生成する）でのみCO_2固定を行う。

(2) C_4型：サトウキビやトウモロコシなど。CO_2は，まず葉肉細胞の細胞質でPEPカルボキシラーゼにより炭素数４のオキサロ酢酸として固定され，葉緑体あるいは細胞質でリンゴ酸やアスパラギン酸に変換され，維管束鞘細胞に運ばれた後，脱炭酸されて１分子のCO_2を放出する。維管束鞘細胞葉緑体ではカルビン回路によりCO_2が再固定される。この際，維管束鞘細胞ではCO_2が濃縮されるため，ルビスコのオキシゲナーゼ活性は抑制された状態となり，光呼吸がほとんど起こらない。維管束鞘細胞の発達した葉緑体は，C_3植物には見られない。光合成に最適な温度はC_4植物のほうがC_3植物より高く，C_3植物の光合成が飽和する強さの光でも飽和せず，蒸散速度はC_3植物より低いことから，C_4植物は強光，高温，水分欠乏などに適応した植物と考えられている。

(3) CAM型：パイナップル，ベンケイソウ，サボテンなど。水の蒸散が起こりにくい夜に気孔を開いてCO_2を取り入れ，C_4ジカルボン酸経路によりCO_2固定を行う。昼は気孔を閉じ，カルビン回路によりCO_2固定を行う。砂漠などで見られる，極度な水分欠乏に適応した光合成といえる。

実戦問題

No.1 細胞小器官に関する記述として最も妥当なのはどれか。

【国家一般職・平成25年度】

1 核は，ほとんどの遺伝情報を保持する細胞小器官である。真核生物では核膜と呼ばれる一重の膜で囲まれているが，原生動物・藻類などの原核生物ではこの膜を持たない。

2 ミトコンドリアは，二重の膜に囲まれた構造物であり，膜の一部が内部に向かって突出して，棚状のグラナを形成することにより表面積を著しく拡大している。主要な役割は，タンパク質と脂質の合成である。

3 ゴルジ体は，二重の膜に囲まれた扁平な袋状の構造物であり，円盤状の袋が層状に重なった部分はクリステと呼ばれる。主要な役割はATP生産であり，すべての真核生物に存在する。

4 葉緑体は，独自のゲノムを持つ細胞小器官である。二重の膜に囲まれ，内部にはチラコイドと呼ばれる扁平な袋状の構造が全体に広がっている。チラコイド膜には，光化学系などを担うタンパク質が存在する。

5 小胞体は，一重の膜に囲まれた扁平な袋状の構造物である。主要な役割は，栄養分や老廃物などの物質貯蔵である。また，内部に無機イオン，有機酸，糖を含み，これらの物質の蓄積による浸透圧調節機能も有する。

No.2 植物の器官・組織の形態と機能に関する記述として最も妥当なのはどれか。

【国家総合職・平成29年度】

1 植物細胞の細胞壁は，セルロース分子のミクロフィブリルの骨格を持っている。細胞分裂後すぐにできる一次壁は，伸縮性が低く，強固で可塑性が低い。多くの細胞では，細胞の成長後，一次壁の内側にペクチンが沈着し，二次壁がつくられる。

2 根における吸水は，主に葉における蒸散を原動力とした受動的な作用であるが，呼吸のエネルギーを用いた能動的な吸水もある。根における吸水は，根の頂端分裂組織付近の分裂帯で盛んに起こり，道管内の水を茎の上方に押し上げる力は，膨圧と呼ばれる。

3 植物細胞の葉緑体は，チラコイドと呼ばれる円盤状構造を持つ。チラコイドが積み重なったグラナは，光合成でグルコースを生成後，デンプンを蓄積する機能を担う。グラナのような層状構造をラメラ構造といい，それ以外の基質をプラスチドという。

4 多くのマメ科植物では，葉身と葉柄のそれぞれの基部に葉枕がある。葉枕は，中央に通道組織を持ち，その周囲には皮層の柔組織がある。光の刺激によって，柔組織上半部と下半部の容積が変化することによって，葉の開閉や葉身，葉柄の上下運動が起こる。

5　ダイズ，アズキ，ソラマメなどは，発芽の際，まず下胚軸が伸びて子葉が地上に持ち上がった後，上胚軸が伸びる。一方，エンドウ，インゲンマメ，キュウリなどは，下胚軸はほとんど伸びず子葉が地下に残り，上胚軸が伸びて地表に現れる。

No.3　**植物の構造および養水分の移動に関する記述として最も妥当なのはどれか。**

【国家総合職・平成27年度】

1　根の先端は，根冠で覆われている。根端分裂組織の根冠と接する部分には，細胞分裂がほとんどみられないコルク層と呼ばれる細胞群がある。根冠の周辺細胞はコンドロイチン硫酸を産生し，土壌粒子と根との摩擦を減少させ，根の伸長を助けている。

2　葉の表面には気孔が分布しており，その両側には孔辺細胞が存在する。孔辺細胞は葉緑体を持たない。気孔の開閉は孔辺細胞が変形することにより起こり，孔辺細胞の膨圧が低下すると気孔が開き，水蒸気が気孔から蒸散する。

3　茎や葉の表皮細胞の細胞壁は，特に肥厚しており，細胞壁の外側から順にワックス層，クチン層，セルロース微繊維に富んだ層に分けられる。これらの細胞壁は，内部からの水分の蒸発や，外部からの物質の浸透を防いでいる。

4　茎の維管束は，木部と師部からなり，縦走維管束では，茎の中心側に師部，表皮側に木部がみられる並立型維管束が，最も一般的である。木部では道管や仮道管に木部柔組織や木部繊維が，師部では師管に柵状組織，師部柔組織，師部繊維が付随している。

5　道管は生きた細胞から構成されているのに対し，師管は死滅した細胞からなる。道管内を流れる道管液には，特に葉で合成された炭水化物やアミノ酸が豊富に含まれている。一方，師管を流れる師管液には炭水化物がわずかにしか含まれていない。

No.4　**植物の呼吸と光合成に関する記述として最も妥当なのはどれか。**

【国家一般職・令和元年度】

1　呼吸には解糖系，TCA回路，電子伝達系の３つの過程があり，いずれも細胞内小器官のミトコンドリア内で行われる。呼吸により発生するCO_2は解糖系の反応において生成する。

2　光エネルギーから化学エネルギーへの変換は葉緑体内のチラコイドで行われる。この過程においてH_2Oの分解とO_2の放出が起きるとともに，化学エネルギーとしてNADPHとATPが生成される。

3 光合成によるCO_2吸収量と呼吸によるCO_2放出量が等しくなるときの光の強さをCO_2補償点という。また，光呼吸は，光の下でのみ起こるO_2の吸収とCO_2の放出で，活性酸素を生成し，光傷害の要因となる。

4 イネなどのC_3植物では，気孔から取り込まれたCO_2はPEPカルボキシラーゼの作用によって有機酸に固定される。また，炭酸固定で生成した炭水化物の一部はデンプンとして液胞に蓄えられる。

5 気孔は２つの孔辺細胞から成り，孔辺細胞の体積が減ると開き，体積が増すと閉じる。また，サトウキビなどのC_4植物は，夜間に気孔を開いてCO_2を取り込むことで，乾燥や高温に適応している。

No.5 **光合成産物の転流と蓄積に関する記述として最も妥当なのはどれか。**

【国家総合職・平成26年度】

1 光合成産物の長距離輸送は師部を中心に行われる。イネなどの多くの植物では，師管液中に含まれる糖の大部分はブドウ糖である。一般に師管の転流容量は小さく，これが光合成速度の律速要因になることが多い。

2 光合成産物の短距離輸送は，シンプラストによる輸送とアポプラストによる輸送がある。シンプラスト輸送は細胞の代謝的な影響をほとんど受けないが，アポプラスト輸送は，アポプラスト中を拡散や原形質流動によって光合成産物が移動するため，細胞の代謝的な影響を強く受ける。

3 シンクとソースを結ぶ師管の輸送ネットワークには弁があるため，光合成産物の転流は一定の方向性がある。このため，下位葉からは根に向けて，中位葉・上位葉からは果実や子実に向けて転流されるなど，特定のソースから特定のシンクに向けて光合成産物が転流される。

4 一般に，イネやダイズでは夜間には光合成産物が転流せずに，葉の液胞中にデンプンとして貯蔵される。このデンプンは，日中に一定量の光合成産物が生産されると分解されて転流し，シンクの成長などに利用される。

5 茎や根の頂端分裂組織のように，維管束連絡が未分化な成長シンクでは，原形質連絡で光合成産物が輸送される。子実や塊茎などの貯蔵シンクでは，光合成産物の貯蔵形態として，デンプンが利用されることが多い。

実戦問題の解説

No.1 の解説　細胞小器官

→問題はP.339

1 × 誤り。核は核膜と呼ばれる二重の膜によって包まれている。人間や動物，種子植物などはすべて真核生物と呼ばれ，核膜によって核と細胞質が分けられている。一方，原生動物，藻類などの原核生物は，核膜による仕切りがない。

2 × 誤り。ミトコンドリアは二重の膜（外膜と内膜）を持ち，その内膜を折りたたみ棚状のクリステを形成する。主要な役割はエネルギー生産である。

3 × 誤り。ゴルジ体は一重の膜である。そのほかに，一重の膜としては細胞膜，小胞体，リソソーム，液胞がある。層状に重なった部分はゴルジ層板と呼ばれる。主要な役割は，糖タンパク質の糖鎖の修飾とタンパク質の選別である。

4 ◎ 正しい。

5 × 誤り。小胞体は一重の膜に囲まれ，その形態から粗面小胞体と滑面小胞体の２つに分類されている。主要な役割としては，粗面小胞体はタンパク質の合成，滑面小胞体はリン脂質合成，グリコーゲン代謝，カルシウムイオン調整などである。栄養分や老廃物などの物質貯蔵は液胞である。

No.2 の解説　植物の器官・組織の形態と機能

→問題はP.339

1 × 誤り。植物の一次壁は，細胞成長中に形成される細胞壁であり，一般的に薄く構造が単純である。二次壁は，細胞の成長がほぼ終了した後に形成され，細胞膜と一次壁の間に沈着する。また，一次壁の内側にリグニンを沈着させることで，一次壁と比べてより分厚く強固となる。

2 × 誤り。吸水の最も盛んな部位は根端の近くにあるといわれているが，盛んに吸水が行われる部位は基部側にも拡大するといわれている。道管内の水を茎の上方に押し上げる力は，根圧と呼ばれる。

3 × 誤り。チラコイドは積層してグラナを形成し，そのチラコイド膜には，光合成の光化学反応で働くタンパク質や色素（クロロフィルとカロテノイド）が存在する。層状構造はストロマラメラといい，それ以外の基質はストロマという。

4 ◎ 正しい。葉枕の働きにより，夜になると葉が下垂する就眠運動や光の方向に葉を向ける調位運動が行われる。

5 × 誤り。発芽すると下胚軸が伸びて，子葉を押し上げて出芽する地上子葉型には，ダイズ，インゲンマメ，ササゲなどがある。一方，発芽しても胚軸があまり伸びず子葉を地中に残し，地上には初生葉が最初に展開する地下子葉型には，アズキ，ソラマメ，エンドウ，キュウリなどがある。

No.3 の解説 植物の構造と養水分吸収

→問題はP.340

1 × 誤り。根冠は根端分裂組織を覆っている。根端分裂組織の中心には，静止中心細胞があり，この細胞群を取り囲んで始原細胞と呼ばれる細胞がある。静止中心細胞はほとんど分裂せず，始原細胞は活発に分裂する。また，根冠の表皮細胞はデンプンや多糖類を主成分とする粘液状の不溶物質であるムシゲルを合成し，根を保護している。

2 × 誤り。孔辺細胞は葉緑体を持つ。孔辺細胞は水の出入りによって大きく変形する。孔辺細胞の細胞壁の厚みは不均一で，気孔に面する側が伸びにくいため，吸水して膨圧が増すと，外側に向かって膨らみ，気孔が開く。

3 ◎ 正しい。

4 × 誤り。縦走維管束では，茎の中心側に木部，外側に師部がある。また，師管は師部柔組織や師部繊維に加え，海綿状組織，師要素，伴細胞などが付随している。

5 × 誤り。道管は死んでいる細胞，師管は生きている細胞で構成されている。導管液には，無機塩類，濃度は低いがアミノ酸や有機酸が含まれている。また，師管液には，炭水化物，アミノ酸，ホルモン，無機イオンなどが溶けており，炭水化物の濃度が最も高い。

No.4 の解説 植物の呼吸と光合成

→問題はP.340

1 × 誤り。呼吸は４つの主な過程，すなわち，解糖系，ペントースリン酸経路，TCA回路（クエン酸回路），電子伝達系がある。これらの過程は細胞質とミトコンドリアの共同作業で行われる。

2 ◎ 正しい。

3 × 誤り。光合成によるCO_2の取り込みと呼吸によるCO_2の放出が等しくなるときの光の強さを光補償点という。また，光強度の高まりにつれて光合成速度はほぼ直線的に上昇するが，さらに光強度が高まるとやがてそれ以上に光合成速度が上昇しなくなる。このときの光強度は光飽和点と呼ばれる。

4 × 誤り。取り込まれたCO_2はRubisco（初期炭酸固定酵素）の作用によって有機酸に固定される。また，炭酸固定で生成したトリオースリン酸は，葉緑体中でデンプン，もしくは細胞質でショ糖として蓄積される。

5 × 誤り。孔辺細胞は水の出入りによって大きく変形する。吸水して膨圧が増すと（体積が増えると），孔辺細胞間のすき間が広がり，気孔が開く。逆に，孔辺細胞から水が流出して膨圧が下がると，気孔は閉じる。

No.5 の解説 光合成産物の転流と蓄積

→問題はP.341

1 × 誤り。イネ科，マメ科，ナス科などの師管液中に含まれる糖の大部分はショ糖（スクロース）である。

2 × 誤り。細胞壁や細胞間隙など原形質外空間によるアポプラスト輸送では，原形質流動によって光合成産物は移動しない。

3 × 誤り。師管は，師要素と呼ばれる細胞が縦につながっており，転流物質が移動するパイプとして機能している。また，師要素と師要素の間は師板で区切られており，師板には師孔と呼ばれる穴が多数ある。篩部における転流では，シンクとソースの位置関係が逆になれば，逆方向に輸送することも可能であるため，一定の方向性はない。さらに，どのソースからどのシンクへも光合成産物は転流できる。

4 × 誤り。日中，光合成産物の一部がデンプンとして葉緑体に蓄積する。また，このデンプンは夜間に分解されて転流する。

5 ◎ 正しい。

正答 No.1=4　No.2=4　No.3=3　No.4=2　No.5=5

第９章

畜産一般

動物遺伝育種学・動物繁殖学・動物生理学

必修問題

家畜の品種に関する記述として最も妥当なのはどれか。

【国家一般職・平成29年度】

1　ホルスタイン種は，イギリス原産であり，世界で最も代表的な乳用種である。現在，我が国で飼養されている乳牛の約７割をホルスタイン種が占め，約３割がジャージー種となっている。

2　黒毛和種は，在来牛にシンメンタール種などを交雑することで作出された。脂肪交雑の点で優れるが，現在，我が国における飼養頭数は，褐毛和種に比べて少ない。

3　在来種と淡褐色コーチン種の交配から卵肉兼用種の名古屋コーチン種が作られた。その後改良され，肉用種の名古屋種ができた。名古屋種の羽色は白色，とさかは単冠である。

4　白色プリマスロック種は，イタリア原産の代表的な卵用種であり，我が国では，この品種またはその交雑種が広く飼養されている。羽色は白色，とさかは単冠，卵殻は白色である。

5　ランドレース種は，デンマーク原産の品種であり，ベーコン型に分類される。毛色は白で，耳は大きく前方に下垂している。三元交雑における雌系品種として利用されている。

必修問題の解説

1 × 誤り。ホルスタイン種はオランダとドイツが原産といわれている。我が国で飼養されている乳牛の99%以上はホルスタイン種である。次に我が国で多く飼養されている乳牛は，ジャージー種である。ジャージー種は，ホルスタイン種よりも乳脂肪率が高く，バターなどの原料に多く利用されている。

2 × 誤り。黒毛和種は，明治時代に日本の在来牛と外国種の交配がおこなわれた。この外国種にはシンメンタール種のほかに，ブラウンスイス種，ショートホーン種などがある。導入した品種は各府県によって異なる。我が国における黒毛和種の飼養頭数は，褐毛和種に比べてはるかに多い。

3 × 誤り。在来種とバフコーチンの交配から名古屋コーチンが作出された。名古屋種の羽色は褐色のコロンビア斑で，とさかは単冠である。

4 × 誤り。白色プリマスロックは，アメリカ原産である。イタリア原産の代表的な卵用種は，白色レグホーンである。白色プリマスロックの羽色は白，とさかは単冠，卵殻は赤褐色である。白色レグホーンの羽色は白，とさかは単冠，卵殻は白である。

5 ◎ 正しい。養豚において利用される三元交雑は，繁殖能力などに長けているランドレース種と大ヨークシャー種を交配して作出した一代雑種の雌豚に，産肉能力に優れているデュロック種の雄を交配により作出される。このような交配は，雑種強勢（ヘテローシス）を期待して行われる。

正答 5

重要ポイント1　動物遺伝育種学

動物品種学は，畜産学の基礎となる。世界および我が国で飼養されている乳牛，肉牛，豚，卵用鶏，肉用鶏の品種とその歴史については学んでおきたい。動物育種学は，上記した各動物種における交配・検定・選抜などの様式における特徴・方法・原理について学習することをお勧めする。

参考文献：

『世界家畜品種事典』（正田陽一監修，東洋書林，2006）
『畜産学入門』（唐澤豊ら編，文永堂出版，2012）
『ウシの科学』（広岡博之編，朝倉書店，2013）
『獣医遺伝育種学』（国枝哲夫ら編，朝倉書店，2014）

重要ポイント2　動物繁殖学

近年の動物繁殖学に関する出題は，精液と精子，卵形成，配偶子，胚発生，胚移植，季節繁殖などの分野から出題されている。これらについてウシ，ブタ，ニワトリを中心として学習しておくとよい。

参考文献：

『新動物生殖学』（佐藤英明編著，朝倉書店，2011）
『獣医繁殖学 第4版』（中尾敏彦ら編，文永堂出版，2012）
『動物臨床繁殖学』（小笠晃ら監修，朝倉書店，2014）

重要ポイント3　動物生理学

さまざまな組織や臓器から分泌されるホルモンとその機能については，しっかりと押さえておきたい。また，繁殖，体温調節，消化などに関する生理学についても学んでおくとよい。

参考文献：

『新編畜産ハンドブック』（扇元敬司ら編，講談社，2006）
『畜産学入門』（唐澤豊ら編，文永堂出版，2012）
『動物臨床繁殖学』（小笠晃ら監修，朝倉書店，2014）
『新編家畜生理学』（加藤和雄ら編，養賢堂，2015）
『カラー図解　生化学ノート　書く！塗る！わかる！』（森誠著，講談社，2013）
『改訂　獣医生化学』（横田博ら編，朝倉書店，2016）

実戦問題

No.1 配偶子と胚発生に関する記述として最も妥当なのはどれか。

【国家総合職・令和元年度】

1 動物の体は，体細胞と始原生殖細胞から成る。始原生殖細胞は雄では精子であり，精巣で生産される。精祖（精原）細胞は減数分裂を行う。減数分裂により生じた一次精母細胞が体細胞分裂により二次精母細胞となり，さらに精子細胞となる。

2 精子は受精するまでに変化を遂げるが，この過程は受精能獲得と呼ばれる。受精能獲得には精子を覆っているクチクラ層が除去される必要がある。また，この際に精子は，超活性化が誘発され，繊毛を動かし，活発な前進運動を示すようになる。

3 鶏卵の卵黄（卵子）は，卵巣で形成される。ニワトリの雌において，排卵された卵子は，子宮部や膣部などを経て総排せつ腔から放卵される。この間に卵白，卵殻膜，卵殻が順に形成される。一般に，排卵から放卵までには25時間前後を要する。

4 ほとんどの哺乳動物の卵子は，減数分裂の第一分裂前期の状態で卵巣から排卵され，卵子は卵管内に送り込まれる。排卵後に減数分裂が進行し第二分裂中期で停止する。減数分裂を進行させながら卵子は膣に到達し，受精は膣で起きる。

5 哺乳動物の受精卵が卵割を繰り返すことで胚発生が進行する。4細胞期になると胚の内部に腔が形成される。さらに卵割を繰り返し胚盤胞になると，将来の胎子に分化する胚性幹細胞と胎盤に分化する内部細胞塊の2種類の細胞群に分かれる。

No.2 **家畜のホルモンに関する記述として最も妥当なのはどれか。**

【国家総合職・平成29年度】

1 成長ホルモン（GH）は，骨格筋や内臓諸器官の成長に関わる。妊娠が成立すると下垂体からGHが分泌され，乳腺発育が抑制される。また，泌乳量の抑制にも関与しており，乳牛においてはGHを投与することで乳量が低下する。

2 副腎皮質刺激ホルモン（ACTH）は，下垂体から放出され，副腎に作用して糖質コルチコイドを分泌させる。ACTH分泌は，視床下部から分泌される副腎皮質刺激ホルモン放出ホルモン（CRH）によって促進される。ストレス環境下では，視床下部－下垂体－副腎軸が活性化され，糖質コルチコイド分泌が増加する。

3 家畜には季節繁殖する種があり，日照時間の変化により繁殖期が決定される。メラトニンは肝臓から分泌されるホルモンであり，分泌量が冬季に少なく，夏季に多くなり，季節の変化を生体に伝える機能を果たしている。

4 ステロイドホルモンは，コレステロールから合成され，代表的なステロイドホルモンはアドレナリンやノルアドレナリンなどである。これらのステロイドホルモンは，それぞれに特異的なステロイド合成酵素によって，独立した経路で合成される。

5 バソプレシンは，視床下部から分泌されるホルモンであり，膵臓の膵島（ランゲルハンス島）のα細胞からのインスリン分泌と，同β細胞からのグルカゴン分泌の両方を抑制的に調節することで，膀胱における水分の再吸収を促し，体内の水分を保持する作用を持つ。

実戦問題の解説

No.1 の解説　動物繁殖学

→問題はP.349

1 × 誤り。動物の体は，体細胞と生殖細胞から成る。生殖細胞は雄では精子であり，精巣で生産される。精粗（精原）細胞は，一次精母細胞までは体細胞分裂を行う。一次精母細胞は減数分裂を行い二次精母細胞となり，さらに精子細胞となる。

2 × 誤り。受精能獲得には，精子を覆っている受精能獲得抑制因子が除去される必要がある。受精能獲得抑制因子には，精漿由来の糖タンパク質などがあるといわれている。精子は超活性化運動が誘発され，尾部を動かし，活発な前進運動をする。

3 ◎ 正しい。排卵された卵子は卵管を通過した後，放卵される。卵管には漏斗部，膨大部，峡部，子宮部，膣部がある。各部位の通過時間は，おのおの約15分，約3時間，約1.5時間，約20時間，数分といわれている。

4 × 誤り。減数分裂の第一分裂前期で休止している一次卵母細胞は，減数分裂を再開し二次卵母細胞になり排卵される。二次卵母細胞は第二分裂中期で休止している。排卵された卵子は，卵管内で精子の侵入が起こり，分裂を再開して雌性前核を形成する。その後，雄と雌の前核が融合して受精する。

5 × 誤り。「将来の胎児に分化する胚性幹細胞と胎盤に分化する内部細胞塊の2種類の細胞群に分かれる」が誤り。桑実胚内部に液体がたまり腔が形成され，胚盤胞となる。胚性幹細胞は，胚盤胞の内部細胞塊から樹立された細胞株である。胚性幹細胞は英語ではembryonic stem cellsと記し，通称ES細胞と呼ばれている。

No.2 の解説 動物生理学

→問題はP.350

1 × 誤り。成長ホルモン（GH）は，乳腺発育と泌乳維持に必要なホルモンである。乳腺発育には，GH以外にエストロゲン，グルココルチコイド，プロジェステロン，プロラクチンなどが必要である。また泌乳開始後，GH，プロラクチン，グルココルチコイドなどの作用により泌乳量が増加し泌乳維持される。

2 ◎ 正しい。ACTHはadrenocorticotropic hormone，CRHはcorticotropin-releasing hormoneの略称である。ストレス環境下における反応系にはグルココルチコイド分泌系のほかに，視床下部—自律神経系—副腎髄質—アドレナリン分泌の経路がある。

3 × 誤り。メラトニンは脳にある松果体より分泌され，アミノ酸のトリプトファンから合成される。メラトニンは暗期に分泌量が高くなり，日照時間が短い冬季（短日）は分泌量が多く，日照時間が長い夏季（長日）の分泌量は少ない。

4 × 誤り。「それぞれに特異的なステロイド合成酵素によって，独立した経路で合成される」が誤り。ステロイドホルモンは，コレステロールから合成される。代表的なステロイドホルモンは，プロゲステロン，テストステロン，エストラジオール，コルチゾール，アルドステロンなどがある。炭素数27のコレステロールは，さまざまな酵素反応を経て，さまざまな生理活性を持つステロイドホルモンになる。アドレナリンとノルアドレナリンは，アミノ酸のチロシンより合成される。

5 × 誤り。バソプレシンは抗利尿ホルモンとも呼ばれており，脳下垂体後葉より分泌される。バソプレシンは腎臓の尿細管での水の透過性を高め，水分再吸収を促進する。

正答 No.1=3 No.2=2

動物栄養学・動物飼料学・動物衛生学・畜産物利用学

必修問題

家畜の栄養に関する記述として最も妥当なのはどれか。

【国家一般職・平成28年度】

1　タンパク質は，ブタなどの単胃動物では，酢酸に分解されて吸収される。ウシなどの反すう動物では，第一胃，第二胃内微生物によって分解・吸収されて微生物のタンパク質となり，この微生物のタンパク質が第四胃で直接吸収される。

2　体内では合成できないか合成しにくいため，動物性のタンパク質を通じて摂取しなければならないアミノ酸を必須アミノ酸といい，リシン，アルギニン，グルタミンなどがある。過剰なアミノ酸は，ビタミンに変換されて体内に蓄積される。

3　家畜の飼料中に多い炭水化物は多糖類のデンプンやセルロースで，単胃動物の場合，セルロースは消化酵素で，デンプンは消化管内細菌によって単糖類に分解されて吸収される。反すう動物の場合，セルロースやデンプンは，第一胃，第二胃で微生物により単糖類に分解されて吸収される。

4　脂質は，体内で分解されて高いエネルギーを出し，生命の維持や活動，体温の維持に役立つ。体内ではエネルギー源となるほか，乳脂肪など生産物の成分となる。過剰な分は体脂肪として蓄積される。

5　飼料の栄養価として我が国で最も広く使用されているのは，可消化養分総量（TDN）である。TDNは，その飼料のタンパク質含量で評価される。TDNは家畜の種類を問わず飼料の種類によって決まる。

必修問題の解説

1 × 誤り。タンパク質は，ブタなどの単胃動物では，アミノ酸に分解されて吸収される。ウシなどの反すう動物では，第一胃と第二胃内微生物によってアミノ酸などに分解される。アミノ酸の中にはアンモニアにまで分解されるものもある。アンモニアやアミノ酸などは，微生物のタンパク質合成に利用される。第四胃以降の消化管に微生物が到達すると，消化酵素の働きにより消化されて吸収される。

2 × 誤り。動物体内でのタンパク質合成に必要なアミノ酸において，体内で合成できず飼料から摂取しなければならないアミノ酸を必須アミノ酸という。必須アミノ酸は動物種によって異なる。ウシは，ルーメン微生物が全アミノ酸合成可能なため，必須アミノ酸はない。過剰なアミノ酸の多くは分解され，窒素は尿素，アンモニアなどに変換されて排泄される。

3 × 誤り。単胃動物の場合，セルロースは消化酵素によって分解されず，大腸で微生物により発酵され酢酸などの短鎖脂肪酸が生成される。デンプンは消化酵素によって単糖類に分解され，小腸で吸収される。反すう動物の場合，セルロースはルーメン微生物によって加水分解される。デンプンは微生物の持つアミラーゼにより分解される。両者により生成したグルコースはルーメン微生物の解糖系の原料となる。

4 ◎ 正しい。脂質の基本構造は，炭素，水素，酸素により構成され，脂肪酸とグリセロールが結合している。脂肪酸は炭素数の違いによりさまざまな性質を示す。また，リンや糖などを含む複合脂質も存在する。

5 × 誤り。可消化養分総量（TDN，total digestible nutrientsの略）は，以下の式で求められる。

TDN =可消化粗タンパク質+可消化粗脂肪×2.25+可消化可溶無窒素物+可消化粗繊維

単位はgまたは%で表すことができる。

正答 4

重要ポイント1 動物栄養学

三大栄養素である炭水化物，タンパク質，脂質についての構造，作用，消化，吸収，代謝，合成，分解についてはしっかりと学習してほしい。また，ビタミン，ミネラルについても微量ながら重要な役割を担っているので，それらについても学ぶとよい。動物の飼養に関していくつかの栄養価指標（可消化養分総量など）がある。これらは，動物生産に及ぼす養分要求の観点からとても重要である。

参考文献：
『新編畜産ハンドブック』（扇元敬司ら編，講談社，2006）
『動物飼養学』（石橋晃ら編著，養賢堂，2011）
『畜産学入門』（唐澤豊ら編，文永堂出版，2012）
『動物の栄養　第2版』（唐澤豊ら編，文永堂出版，2016）

重要ポイント2 動物飼料学

牧草には，イネ科とマメ科の植物がある。それらの種類，特徴，生育などに関して学習して頂きたい。食品製造時の副産物や食品廃棄物の利用は，飼料栄養価の観点からも重要である。また動物の餌にはいろいろな分類の方法があるが，よく用いられる分類に粗飼料と濃厚飼料がある。これらの餌の特徴などについても学ぶとよい。

参考文献：
『動物飼養学』（石橋晃ら編著，養賢堂，2011）
『畜産学入門』（唐澤豊ら編，文永堂出版，2012）
『作物学の基礎Ⅱ　資源作物・飼料作物』（中村聡ら著，農山漁村文化協会，2015）
『動物の飼料　第２版』（唐澤豊ら編，文永堂出版，2017）
農林水産省 食品ロス・食品リサイクル
（https://www.maff.go.jp/j/shokusan/recycle/syoku_loss/「2020/5/27 確認」）
独立行政法人　農林水産消費安全技術センター「食品残さ等利用飼料の安全確保のためのガイドラインについて」（http://www.famic.go.jp/ffis/feed/tuti/18_6074.html「2020/5/27 確認」）

重要ポイント 3 動物衛生学

感染症は，畜産の分野だけでなく社会的にも非常に重要な問題である。高病原性鳥インフルエンザや豚コレラについては記憶に新しいであろう。またアフリカ豚コレラは現在近隣国で発生している。法定伝染病や届け出伝染病を中心に，その病原菌の特徴，発症，予防などについて学んでほしい。

参考文献：

『畜産学入門』（唐澤豊ら編，文永堂出版，2012）
『動物の感染症　第四版』（明石博臣ら編，近代出版，2019）

農林水産省　我が国のBSEステータス認定について
（http://www.maff.go.jp/j/syouan/douei/bse/b_status/「2020/5/27 確認」）
厚生労働省　（牛海綿状脳症（BSE））国内対策について
（https://www.mhlw.go.jp/kinkyu/bse/02.html「2020/5/27 確認」）
木村信熙「肥育牛の栄養と感染症－飼養管理と免疫の関連性を探る－」家畜感染症学会誌１巻２号，59-62，2012（http://www.kachikukansen.org/kaiho2/PDF/1-2-059.pdf「2020/5/27 確認」）
『新編畜産ハンドブック』（扇元敬司ら編，講談社，2006）

重要ポイント 4 畜産物利用学

乳・肉・卵の製品について，原料，成分の特徴，製造過程，衛生管理などについて整理しておくとよい。また「乳及び乳製品の成分規格等に関する省令（乳等省令)」について学んでおくこともお勧めする。

参考文献：

『新編畜産ハンドブック』（扇元敬司ら編，講談社，2006）
『畜産物利用学』（齋藤忠夫ら編，文永堂出版，2011）
『畜産学入門』（唐澤豊ら編，文永堂出版，2012）
『肉の機能と科学』（松石昌典ら編，朝倉書店，2015）

実戦問題

No.1 家畜の飼料に関する記述として最も妥当なのはどれか。

【国家一般職・令和元年度】

1 飼料要求率は，摂取した飼料と吸収されなかった糞との差を，摂取量で割って百分率で表す。TDNは，可消化養分総量のことで，飼料の脂肪と炭水化物の消化率から算出する。

2 ホールクロップサイレージ（WCS）は，飼料作物の茎葉と子実をサイロや容器に詰め込んで発酵させた飼料である。飼料用イネをWCSにするには，糊熟期から黄熟期が適期とされている。

3 牧草には，イネ科のチモシーやアルファルファ，マメ科のシロクローバなどがある。イネ科牧草では，一般に，出穂前に乾物重が著しく増加し，出穂後には栄養価が高まるとされる。

4 ビートパルプやビール粕といった食品製造時の副産物は，家畜飼料として利用されており，一般に，デンプンや糖類が多く，繊維質が少ない。ビートパルプは主にブタ用飼料に用いられる。

5 食品廃棄物が飼料利用される割合は，食品製造業よりも外食産業で大きい。飼料需給安定法が施行され食品残渣の飼料利用の取組みが進められている。

No.2 家畜の疾病に関する記述として最も妥当なのはどれか。

【国家一般職・平成30年度】

1 高病原性鳥インフルエンザは，家禽に高い致死性を示す。感染した野鳥，汚染された排泄物や粉塵などを介して伝播する。我が国では鶏卵や鶏肉の摂取によるヒトへの感染例は報告されていない。

2 SPF豚とは，病気に強い特性を持つ豚の品種であり，我が国で作られた。オーエスキー病や豚赤痢といった特定の病原菌に感染しても症状がみられない。

3 肥育牛の死亡原因は外傷，消化器病，循環器病が多く，消化器病の中では急性の鼓脹症による死亡が最も多い。鼓脹症は，第一胃内のpHが著しく低下することが原因である。

4 BSEは，ウイルスによる伝染病であり，平成29年時点で我が国では，と畜時に全頭検査が行われている。近年我が国での発症はなく，BSEの安全性格付けを行っているWHOは我が国を「無視できるリスクの国」としている。

5 口蹄疫は，細菌による伝染病であり，偶蹄目が感染する。感染力・伝播力は弱いが，致死率は成畜で80％を超えている。なお，感染畜の肉や牛乳が市場に出回ることはないが，これらを摂取しても人体に影響はない。

No.3 **畜産物などに関する記述として最も妥当なのはどれか。**

【国家総合職・平成29年度】

1 牛乳の主要成分は，脂肪，タンパク質，糖質，無機質である。牛乳に含まれる糖質のうち，主要な成分はフルクトース（果糖）である。フルクトースは，甘みの強い糖であり，同じ二糖類であるスクロース（ショ糖）の甘味度を１とすると，３程度である。

2 骨格筋は，多数の筋線維とその間隙を満たす結合組織，血管，神経などで構成されている。筋線維は上皮細胞と内皮細胞から成り，筋線維が束ねられて筋線維束となる。筋線維束が長いほど肉のきめは粗くなる。

3 と畜後の骨格筋は収縮して硬くなる。これを死後硬直という。骨格筋は死後硬直の後に解硬と呼ばれる軟化が始まる。この過程で，肉の硬さに寄与する筋原線維タンパク質などが分解されるとともにZ線が脆弱化し，筋原線維が断片化して，軟化が進む。

4 肉の熟成過程では，味に関与する糖質や脂質が増加する。肉の主要な旨味成分にアデノシン三リン酸があるが，熟成過程ではこのアデノシン三リン酸も増加する。熟成に要する時間はどの動物種でも３日程度で差はほとんどない。

5 肉の成分で多いのは水分，タンパク質，脂質であり，一般に，水分が約50％，タンパク質が約30％，脂質が約20％である。肉にはヘム鉄が含まれており，鉄の良好な供給源である。また，牛肉には，脂溶性ビタミンであるビタミンＢ群が豊富に含まれている。

実戦問題の解説

No.1 の解説　飼料学

→問題はP.358

1 × 誤り。飼料要求率は，1kgの生産物のためにどのくらいの飼料が必要であったかを示す指標である。可消化養分総量（TDN）は，飼料栄養価を表す一指標である。算出する式は，必修問題選択肢**5**の解説を参照。

2 ◎ 正しい。ホールクロップサイレージに使用される飼料作物には，飼料用イネ以外にトウモロコシ，ソルガム，ムギ類などがある。

3 × 誤り。アルファルファは，マメ科である。イネ科牧草の一種であるオーチャードグラスの場合，刈り取りは出穂開始期頃が収穫適期といわれている。その後，栄養価は低下する。

4 × 誤り。食品製造時の副産物の多くは，糖類や繊維質などの炭水化物を豊富に含んでいる。ビートパルプは，テンサイから砂糖を抽出した後の残渣である。ビートパルプは，ブタ用飼料ではなくウシ用飼料，特に乳牛の飼料としてよく用いられている。

5 × 誤り。食品廃棄物が飼料利用される割合は，外食産業よりも食品製造業で大きい。食品残渣の飼料利用については，「食品残さ等利用飼料の安全性確保のためのガイドライン」が制定され，飼料安全法と家畜伝染病予防法の遵守を前提としている。

No.2 の解説　疾病学

→問題はP.358

1 ◎ 正しい。高病原性鳥インフルエンザは，インフルエンザAウイルスが病原である。

2 × 誤り。SPFはspecific pathogen freeの略で，特定病原菌不在のことであり品種ではない。SPF豚は，特定の病原菌に汚染されていない環境で飼育される。

3 × 誤り。肥育牛の死亡原因は，呼吸器病，消化器病，循環器病などが多い。鼓腸症は，消化器病の一種で急性と慢性があり，第一胃ルーメン内で微生物の発酵により大量のガスが蓄積し，第一胃が異常に膨張する病気である。またガスの性状によって区別すると，泡沫性と非泡沫性がある。

4 × 誤り。BSEはbovine spongiform encephalopathyの略で，牛海綿状脳症のことである。異常型プリオンタンパク質が感染因子といわれている。平成29年時点では，24か月齢以上の牛の中で，生体検査において神経症状が疑われる牛および全身症状を呈する牛についてBSE検査を実施している。平成25年にBSEの安全性格付けを行っている国際獣疫事務局（OIE）が，我が国を「無視できるBSEリスク」と認定した。この格付けは，世界保健機関（WHO）では行われていない。

5 × 誤り。口蹄疫は家畜伝染病（法定伝染病ともいう）であり，偶蹄類が口蹄疫ウイルスにより接触感染および空気感染する急性熱性伝染病である。成畜の致死率は低いが，感染力や伝播力は強い。2010年に我が国でも発生している。

No.3 の解説 畜産加工学

→問題はP.359

1 × 誤り。牛乳は，水分と固形分から成り，固形分には脂質，タンパク質，糖質，無機質が含まれる。牛乳に含まれる糖質のうち，主要な成分はフルクトース（果糖）ではなくラクトース（乳糖）である。スクロース（ショ糖）の甘味度を１とすると，ラクトースは0.16～0.48といわれている。

2 × 誤り。筋線維は筋細胞ともいい，多核細胞である。筋線維が束ねられ第一次筋維束を形成し，さらに第一次筋維束が束ねられ第二次筋維束となる。きめが粗い肉は筋線維束が太くて硬く，きめが細かい肉は筋線維束の直径が小さく柔らかいといわれている。

3 ◎ 正しい。筋原線維タンパク質などの分解には，カルシウムイオンやプロテアーゼなどが関与していることが知られている。

4 × 誤り。熟成過程ではさまざまなプロテアーゼの作用により，ペプチドや遊離アミノ酸が生成される。遊離脂肪酸の中でもグルタミン酸の増加は旨味に影響している。イノシン酸も旨味に影響しており，アデノシン一リン酸より生成される。熟成に要する時間は４℃保存の場合，ウシで12日前後，ブタで６日前後，ニワトリで１～２日間といわれている。

5 × 誤り。肉の成分は，一般的に水分（約70%），タンパク質（約20%），脂質（約数%），無機質（約１%），炭水化物（約１%）などで構成されている。しかしながら，霜降り肉などのように動物種や部位によって，成分量は異なる。ヘム鉄は肉の色素タンパク質のミオグロビンのヘムを構成しており，赤身肉部分に多く存在している。ビタミンＢ群は水溶性ビタミンである。特に豚肉には，ビタミンB_1が豊富に含まれている。脂溶性ビタミンには，ビタミンＡ，ビタミンＤ，ビタミンＥ，ビタミンＫがある。

正答 No.1=2 No.2=1 No.3=3

畜産全般・畜産事情

必修問題

畜産に関する記述として最も妥当なのはどれか。

【国家総合職・平成30年度】

1　濃厚飼料の原料としては，主に穀類や油かす類が用いられる。穀類はデンプン質に富んでおり，家畜・家禽のエネルギー源として利用される。油かす類はタンパク質含量が高いため，主に植物性タンパク質源として利用される。我が国において，濃厚飼料原料として用いられる穀類はトウモロコシが最も多い。

2　繁殖活動が決まった季節に出現する動物を季節繁殖動物という。一方で年間を通じて繁殖活動が出現する動物を周年繁殖動物という。季節繁殖動物には，秋から冬にかけて交配する長日繁殖動物と，春から夏にかけて交配する短日繁殖動物があり，前者としてはブタが，後者としてはヒツジやヤギが挙げられる。周年繁殖動物には，ウシが挙げられる。

3　人工授精とは，雄性動物の精巣から精子を採取し，その精子を人為的に雌性動物の生殖器内に注入することにより妊娠を成立させ，子を得る技術である。家畜の中で人工授精が最も普及しているのはブタであり，我が国におけるブタの繁殖はほとんどが人工授精によって行われている。

4　「牛の個体識別のための情報の管理及び伝達に関する特別措置法」は牛肉の産地偽装の発生に対応し，その蔓延防止を図るために施行された。ウシの生産履歴は，同法に基づくトレーサビリティ制度により管理されており，同制度では，国内で生まれた肉用牛を対象として，10ケタの個体識別番号が付与される。肉用牛の国内産地偽装防止が目的であるため，輸入された牛は対象外である。

5　鶏卵は，卵殻部，卵白部，卵黄部から成るが，これらの重量比はおよそ1：2：2である。卵白は約５割が水分で，固形分のほとんどがタンパク質である。卵黄は，約５割は水分，約３割は脂質，約２割はタンパク質から成る。卵黄脂質の主な成分は，コレステロールが約７割，リン脂質が約２割，中性脂質が約１割である。

必修問題の解説

1 ◎ 正しい。動物の飼料の分類の一つに，粗飼料と濃厚飼料がある。濃厚飼料の中でデンプン含量の多い飼料は，トウモロコシ，コムギ，コメなどがある。タンパク質含量の多い飼料は，ダイズ粕などの油かす類などがある。

2 × 誤り。季節繁殖動物には，長日繁殖動物（春～夏に交配）と短日繁殖動物（秋～冬に交配）があり，前者としてはウマなどが，後者としてはヒツジやヤギなどがあげられる。周年繁殖動物（季節に関係しない）にはウシやブタなどが挙げられる。

3 × 誤り。家畜の中で人工授精が最も普及しているのはウシであり，我が国におけるウシの繁殖のほとんどは人工授精によって行われている。

4 × 誤り。「牛の個体識別のための情報の管理及び伝達に関する特別措置法」は，BSEの蔓延防止や個体識別情報の提供を図るために施行された。また輸入牛についても10ケタの個体識別番号が付与され，耳標が装着される。

5 × 誤り。鶏卵は，卵殻部，卵白部，卵黄部から成るが，これらの重量比はおよそ1：6：3である。卵白は約９割が水分で，固形分のほとんどがタンパク質である。卵黄脂質の主な成分は，中性脂質が約７割弱，リン脂質が約２割強，コレステロールが約１割弱である。

正答 1

重要ポイント1 畜産全般

畜産学のさまざまな分野から構成される「畜産全般」の問題が出題されている。必修問題は，飼料学，繁殖学，管理学，栄養学などの分野から，実戦問題 No. 2は，管理学，衛生学，繁殖学，動物福祉などの分野から出題されている。なかでも動物福祉は，畜産において近年重要な分野なので学習してほしい。

参考文献：

必修問題に関して

『新編畜産ハンドブック』（扇元敬司ら編，講談社，2006）

『動物の飼料　第2版』（唐澤豊ら編，文永堂出版，2017）

『畜産学入門』（唐澤豊ら編，文永堂出版，2012）

農林水産省　牛・牛肉のトレーサビリティー

（http://www.maff.go.jp/j/syouan/tikusui/trace/「2020/5/27 確認」）

実戦問題 No. 2に関して

「獣医衛生学」（鎌田信一ら編　文永堂出版　2010）

『畜産物利用学』（齋藤忠夫ら編，文永堂出版，2011）

『新動物生殖学』（佐藤英明編著，朝倉書店，2011）

『畜産学入門』（唐澤豊ら編，文永堂出版，2012）

農林水産省　アニマルウエルフェアについて

（http://www.maff.go.jp/j/chikusan/sinko/animal_welfare.html「2020/5/27 確認」）

重要ポイント2 畜産事情

農林水産省が公表している農林水産統計の畜産統計などを参考にして，畜産物や畜産動物（乳牛，肉牛，豚，卵用鶏，肉用鶏など）の動向について，まとめておくとよい。これらの情報は，農林水産省のホームページより入手できる。

参考文献：

『ぜひ知っておきたい日本の畜産　改訂2版』（平野進ら著，幸書房，2012）

公益財団法人　日本食肉消費総合センター「食肉のすべてがわかるQ&A 教えて！日本の畜産」

（http://www.jmi.or.jp/publication/publication_detail.php?id=238「2020/5/27 確認」）

農林水産省　農林水産基本データ集（https://www.maff.go.jp/j/tokei/sihyo/「2020/5/27確認」）

農水水産省　牛乳・乳製品

（https://www.maff.go.jp/j/chikusan/gyunyu/lin/　2020/5/27 確認）

農林水産省　食肉・鶏卵

（https://www.maff.go.jp/j/chikusan/shokuniku/lin/　2020/5/27 確認）

農林水産省　鳥獣被害対策コーナー

（https://www.maff.go.jp/j/seisan/tyozyu/higai/　2020/5/27 確認）

実戦問題

No.1 **我が国における畜産の一般的動向に関する記述として最も妥当なのはどれか。**
【国家総合職・平成27年度】

1 平成24年の農業総産出額において，米の産出額は約5割を占めているが，畜産の産出額は約1割を占めている。畜産の産出額が1,000億円を超えている都道府県は，北海道，岩手県，茨城県，千葉県，大阪府，宮崎県，鹿児島県である。

2 牛乳・乳製品の生産量は，平成14年から平成24年にかけて増加し，消費量も増加している。しかしながら，チーズの消費量は同期間で減少している。また，牛肉の生産量はほぼ横ばいで推移しているが，米国におけるBSEの発生等の影響により消費量は減少し，近年でも減少傾向にある。

3 豚肉は，高度経済成長期（昭和30年頃から昭和40年代半ば）に需要が拡大した。また，近年の景気低迷，BSEの発生による牛肉からの需要シフト等により，平成24年の消費量は，平成14年よりも多くなっている。

4 鶏肉の生産は，採卵鶏または種鶏を廃用した鶏が主体の鶏肉生産から，家族で営む小規模養鶏へと構造的転換を遂げた。需要については，昭和40（1965）年以降，業務・外食用としては伸び悩んでいる反面，家庭での消費に支えられ，全体として緩やかな伸びで推移している。

5 鶏卵は，昭和40（1965）年頃までは需要が伸びなかったが，それ以降は食生活の欧米化により急激に伸びている。国内生産は需要に供給が追いつくように経営が大規模化された。また，鶏卵価格も物価に準じて上昇した。

No.2 **我が国の畜産と畜産物に関する記述として最も妥当なのはどれか。**

【国家総合職・令和元年度】

1 酪農生産における搾乳牛の牛舎は，繋ぎ飼い方式と放し飼い方式がある。繋ぎ飼い方式は，放し飼い方式と比較して，群管理が行き届く飼養方式であり，搾乳牛が100頭を超すような規模の酪農生産システムでは，繋ぎ飼い方式が用いられることが多い。

2 食肉は主に家畜または家禽を，と殺および解体処理して生産される。と畜場においては，「と畜場法」に基づいて，と畜を行わなければならない。また，食鳥処理場においては，「食鳥処理の事業の規制及び食鳥検査に関する法律」に基づいて，処理を行わなければならない。

3 鶏卵の細菌汚染には，卵殻表面からの汚染（オンエッグ）と鶏卵内の汚染（インエッグ）がある。鶏卵の微生物による品質変化で最も注意しなければならないのは大腸菌汚染である。鶏卵の賞味期限はオンエッグ汚染した大腸菌の増殖速度を基に算出されており，この期限は，生で食べられる期限を指している。

4 胚移植とは，体外から着床前の卵母細胞を雌の膣や子宮に移して，着床，妊娠，分娩をさせ産子を得ることであり，受精卵移植とも呼ばれる。移植前の胚の一部の細胞を採取し，特定の遺伝子を大量に増幅するDNAマイクロアレイを用いて，胚の雌雄を判別することが可能である。

5 と畜場においては家畜の「５つの自由」を保障することが，「と畜場法」により義務付けられている。「５つの自由」には，「痛み，けが，病気からの自由」，「恐怖，苦悩からの自由」，「不快感からの自由」などがある。

実戦問題の解説

No.1 の解説 畜産事情

→問題はP.365

1 × 誤り。平成24年の農業総産出額において，米の産出額は約2割を占めているが，畜産の産出額は約3割を占めている。畜産の産出額が1,000億円を超えている都道府県は，北海道（5,417億円），鹿児島県（2,347億円），宮崎県（1,662億円），岩手県（1,334億円），茨城県（1,075億円），千葉県（1,042億円）である。参考までに，平成29年の各畜産物において産出額の第一位の都道府県について以下に示す。生乳は北海道（3,713億円）。肉用牛は鹿児島（1,258億円）。豚は鹿児島（832億円）。鶏卵は茨城（516億円）。ブロイラーは宮崎（702億円）。

2 × 誤り。牛乳・乳製品の生産量は，平成14年から平成24年にかけて減少し，消費量も減少している。しかしながら，チーズの消費量は同期間で増加している。牛肉の動向に関して，米国におけるBSEの発生等の影響により消費量は減少したが，近年では増加傾向にある。

3 ◎ 正しい。

4 × 誤り。鶏肉の生産は，採卵鶏または種鶏を廃用した鶏が主体の鶏肉生産から，大規模養鶏へと構造的転換を遂げた。昭和40年以降，業務・外食用としての需要が増加した。

5 × 誤り。高度経済成長に伴い，鶏卵の生産量は増加した。鶏卵価格は安定している。

No.2 の解説　畜産全般

→問題はP.366

1 × 誤り。繋ぎ飼い方式は，放し飼い方式と比較して，個体管理がやりやすい方式である。一般的に搾乳牛が100頭を超すような規模の酪農生産システムでは，放し飼い方式が用いられることが多い。

2 ◎ 正しい。食の安全に関する法は，「と畜場法」と「食鳥処理の事業の規制及び食鳥検査に関する法律（食鳥検査法）」のほかに，「食品安全基本法」「食品衛生法」などがあり，検査などによる食の安全確保が定められている。「と畜場法」の対象動物は牛，豚，馬，めん羊，山羊，「食鳥検査法」の対象動物は食鳥である。イノシシやシカなどの野生動物に関しては，「野生鳥獣肉の衛生管理に関する指針（ガイドライン）」が平成26年に作成されている。

3 × 誤り。前半の「鶏卵の細菌汚染は，卵殻表面からの汚染（オンエッグ）と鶏卵内の汚染（インエッグ）がある」は正しい。鶏卵汚染で最も注意しなければならないのは，大腸菌ではなくサルモネラ菌汚染である。サルモネラ菌のインエッグ汚染対策として賞味期限が定められ，産卵日より21日以内（25℃以下保存）としている。鶏卵の賞味期限は，生で食べられる期間を示している。

4 × 誤り。胚移植とは，体外から着床前の受精卵や初期胚を子宮内に移植して，着床，妊娠，分娩をさせ産子を得ることである，受精卵移植とも呼ばれる。移植前の胚の一部の細胞を採取し，特定の遺伝子を大量に増幅するpolymerase chain reaction（PCR）法を用いて，胚の雌雄を判別することが可能である。

5 × 誤り。と畜場において家畜の「５つの自由」を保証することが，「と畜場法」により義務付けられているわけではない。「５つの自由」とは，「痛み，けが，病気からの自由」，「不快感からの自由」，「恐怖，苦悩からの自由」のほかに，「飢えと渇き栄養欠如からの自由」と「正常な行動ができる自由」があり，動物福祉（アニマルウエルフェア）の基本的な考え方とされている。

正答　**No.1＝3　No.2＝2**

農業経済一般の例題

出題例1 **次は，我が国における平成29年の主要農産物の国別輸入額割合を示した図であるが，A～Dに当てはまるものの組合せとして最も妥当なのはどれか。なお，データは「平成30年版 食料・農業・農村白書」（農林水産省）による。**

【国家一般職・令和元年度】

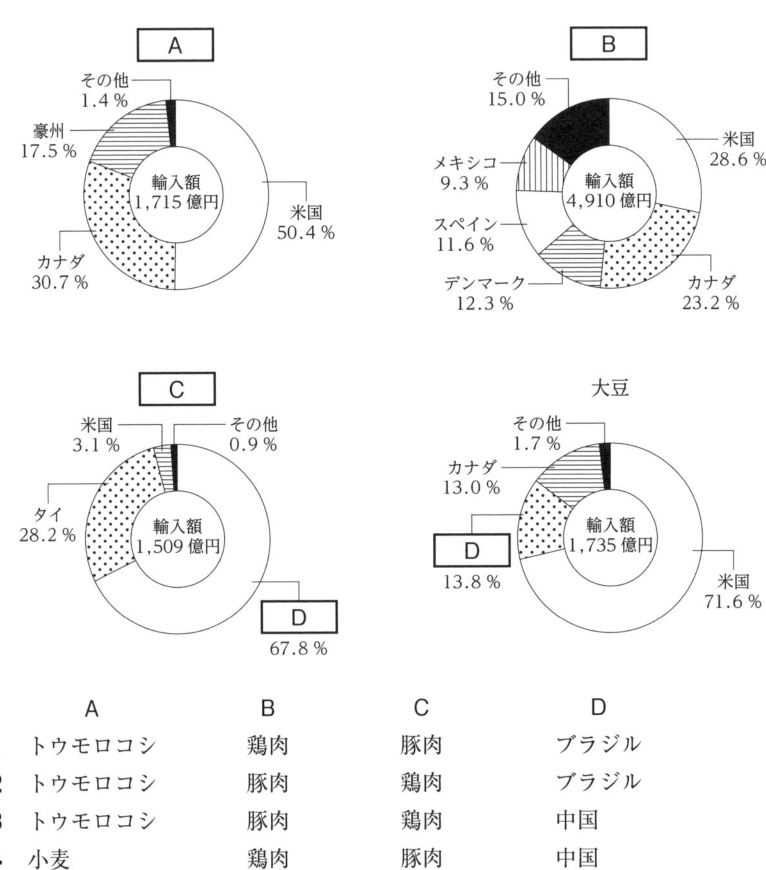

	A	B	C	D
1	トウモロコシ	鶏肉	豚肉	ブラジル
2	トウモロコシ	豚肉	鶏肉	ブラジル
3	トウモロコシ	豚肉	鶏肉	中国
4	小麦	鶏肉	豚肉	中国
5	小麦	豚肉	鶏肉	ブラジル

正答 5

出題例2 **次は，我が国の農業経営体の動向に関する記述であるが，A～Dに当てはまるものの組合せとして最も妥当なのはどれか。** 【国家一般職・平成29年度】

農家や法人組織等を合わせた農業経営体数は，一貫して減少傾向で推移しており，平成17年には約［ A ］万経営体であったが，平成27年には約140万経営体となっている。しかし，規模の大きな経営体の数は増加しており，たとえば，都府県の［ B ］ha以上の経営体数は，平成17年の約５万５千経営体が，平成27年には約７万４千経営体に増加している。

基幹的農業従事者*数も，一貫して減少傾向で推移し，平成27年は，20年前と比べて31％減少し，約175万人となっている。年齢階層別にみると，65歳以上が65％を占め，40歳代以下は［ C ］％となっており，著しくアンバランスな状態になっている。営農類型別にみると，稲作の高齢化率が高く，平成27年における65歳以上の割合は77％となっている。一方で，施設野菜，養鶏，［ D ］，酪農は高齢化率が低く，65歳以上の割合は，それぞれ44％，41％，34％，28％となっている。

＊ 自営農業に主として従事した世帯員のうち，普段の主な状態が「主に仕事（農業）」である者。

	A	B	C	D
1	200	5	10	養豚
2	200	50	10	肉用牛
3	200	50	20	肉用牛
4	300	5	20	養豚
5	300	50	20	養豚

正答 1

出題例3　**図１～図４は，我が国における農業に関係する指標について，平成12年または平成12年度の値を100とした場合のその後の動向を表したものである。「畜産の産出額」，「食料自給力指標」，「米への一人当たりの年間消費支出」，「おにぎり・その他への一人当たりの年間消費支出」の動向を表した図の組合せとして最も妥当なのはどれか。なお，データは「平成30年版　食料・農業・農村白書」（農林水産省）による。**　【国家総合職・令和元年度】

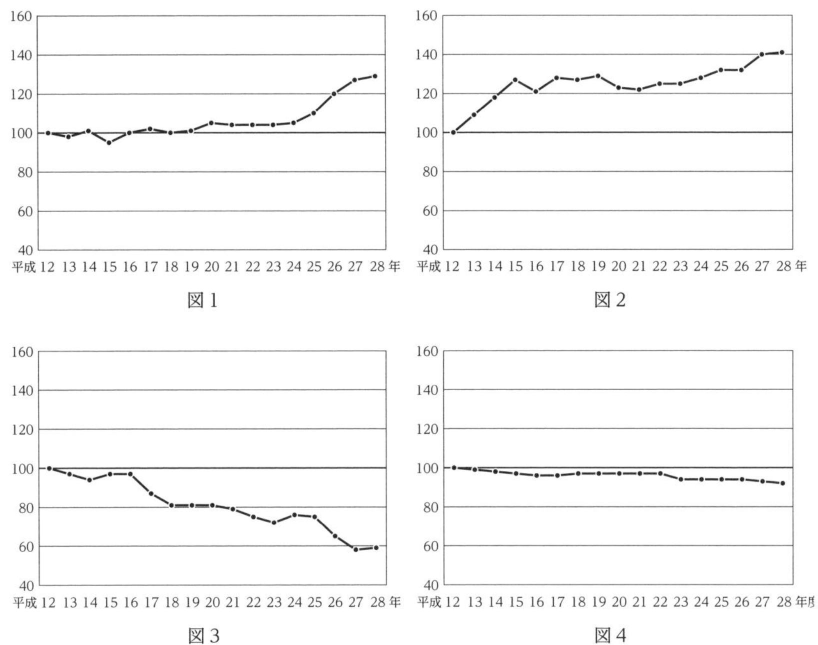

図１　図２　図３　図４

注１）「食料自給力指標」は，荒廃農地を含まない農地に，栄養バランスを考慮せず，主要穀物（米，小麦，大豆）を中心に熱量効率を最大化して作付けすると仮定した場合の値。

注２）「米への一人当たりの年間消費支出」および「おにぎり・その他への一人当たりの年間消費支出」については，総務省「家計調査」（全国・二人以上の世帯・品目分類）による数値から，消費者物価指数（食料：平成27（2015）年基準）を用いて物価の上昇・下落の影響を取り除いた数値。

注３）「おにぎり・その他」の「その他」は，弁当，すしに分類されない単品の米飯。

	畜産の産出額	食料自給力指標	米への一人当たりの年間消費支出	おにぎり・その他への一人当たりの年間消費支出
1	図1	図3	図4	図2
2	図1	図4	図3	図2
3	図2	図1	図3	図4
4	図2	図3	図4	図1
5	図3	図4	図2	図1

正答 2

出題例4　平成27年３月に閣議決定された食料・農業・農村基本計画に挙げられた施策の推進に当たっての基本的な視点に関する記述A～Dのうち，妥当なもののみを挙げているのはどれか。　【国家一般職・平成28年度】

A　食料・農業・農村施策の改革を進めるに当たっては，生産現場に無用な混乱や不安をもたらさず，農業者や関連事業者等が短期的に利益を得るために経営拡大や新たな事業分野への進出等に取り組めるよう，施策の革新性を確保するとされている。

B　食料の安定供給の確保の在り方について，国民的な共通理解の醸成，議論の深化を促進するため，食品の栄養価を評価して示すとともに，世界の食料需給の動向，不測の事態として過剰生産が生じた場合の対応等について情報発信を行い，国民とのコミュニケーションを進めるとされている。

C　農業者や食品産業事業者，さまざまな関連事業者が，新たな需要を取り込むための戦略的なパートナーとなり，多様かつ高度な消費者ニーズ等への的確な対応や，生産性の向上等に向けた生産・供給体制の構築等を進める取組みを後押しするとされている。

D　我が国の強みであるロボット技術やICT等の先端技術等を応用した技術開発を進めるとともに，農業者や普及組織等の研究開発過程への参画などによる研究開発プロセスの改革や，現場に技術を広く普及させるための環境作りを一体的に進めるとされている。

1　A　B
2　A　C
3　B　C
4　B　D
5　C　D

正答 5

出題例5 **次は，我が国の農業と貿易に関する記述であるが，A～Eに当てはまるものの組合せとして最も妥当なのはどれか。** 【国家一般職・令和元年度】

我が国では，1955年にGATTに加盟して以来，農産物の貿易自由化が進められ，1991年に米国との２国間交渉において［ A ］・オレンジが自由化された。また，1993年に最終合意に至ったウルグアイ・ラウンドにおいて農産品の輸入制限措置の関税化などが実施された。なお，米は2018年現在，関税化されて［ B ］。

ウルグアイ・ラウンドの結果成立したWTOの下，これまで数次にわたる貿易自由化交渉が行われているが，2001年に開始された［ C ］では，2018年現在，農業についての合意は得られていない。

WTOにおける世界全体の貿易交渉が進展しない中，物品の関税やサービス貿易の障壁等を削減・撤廃することを目的として特定国・地域の間で締結される［ D ］や，［ D ］の内容に加えて投資ルールや知的財産の保護等も盛り込んだより幅広い経済関係の強化をめざす［ E ］の締結が世界的に増加している。

	A	B	C	D	E
1	牛肉	いる	ドーハ・ラウンド	FTA	EPA
2	牛肉	いる	ケネディ・ラウンド	EPA	FTA
3	牛肉	いない	ドーハ・ラウンド	EPA	FTA
4	豚肉	いる	ドーハ・ラウンド	EPA	FTA
5	豚肉	いない	ケネディ・ラウンド	FTA	EPA

正答 1

出題例6 次は，世界農業遺産に関する記述であるが，A～Dに当てはまるものの組合せとして最も妥当なのはどれか。ただし，固有名詞の頭文字について大文字と小文字の区別はしないものとする。 【国家一般職・平成28年度】

Globally Important Agricultural [A] Systems (GIAHS) are selected on the basis of their importance for the provision of [B] food security, high levels of agricultural [C], store of indigenous knowledge and ingenuity of management systems.

The biophysical, economic and socio-cultural resources have evolved under specific ecological and socio-cultural constraints at the same time creating remarkable [D]. The examples of such agricultural [A] systems are in the hundreds and are home to thousands of ethnic groups, indigenous communities and local populations with a myriad of cultures, languages and social organization.

	A	B	C	D
1	heritage	global	biodiversity	markets
2	heritage	local	biodiversity	landscapes
3	heritage	global	productivity	landscapes
4	history	local	productivity	landscapes
5	history	global	biodiversity	markets

正答 **2**

国家一般職　専門試験（記述式）の出題例

【令和元年度】

2020年東京オリンピック・パラリンピック競技大会には，世界から多くの外国人旅行者が我が国を訪れるとみられており，我が国の食材や食文化の魅力を発信するための絶好の機会であるとしてさまざまな取組みが進められている。2020年東京オリンピック・パラリンピック競技大会を契機として，どのような取組みを行うことが我が国の農業に関して重要と考えるか。現在の農業の課題や現行の施策等に触れた上で，あなたの考えを述べなさい。

ただし，取組みは２項目以上を挙げること。

なお，解答は現在の農政の方向に合致するものでなくても差し支えない。

【平成30年度】

我が国の食市場は，今後，高齢化の進行や人口減少の本格化により縮小に向かう可能性がある。このような中，我が国の農業の競争力を強化し，農業者の所得の向上を図っていく上で，どのような課題があり，それに対してどのような施策が必要と考えるか，あなたの考えを述べなさい。

解答に当たっては，

① 販売戦略（農産物の販路の確保・拡充，農産物の付加価値の向上等），

② 経営改善（労働力の確保，農業経営の安定のためのセーフティネットの導入，担い手への農地集積等）など，幅広い観点から論じるものとする。

なお，解答は現在の農政の方向に合致するものでなくても差し支えない。

【平成29年度】

農林水産物・食品の輸出は，農林水産物の新たな販路拡大や所得の向上を始めとする多様な意義を有している。政府は，平成31年に輸出額1兆円を達成することを目標として取り組んでおり，平成28年５月には，輸出拡大の課題解決に不可欠で，スピード感を持って進めるべき取組みなどを示した「農林水産業の輸出力強化戦略」を取りまとめた。また，農林水産省は，平成25年８月に，重点品目であるコメ・コメ加工品，青果物，花き，牛肉，加工食品，林産物，水産物ごとの目標額や，重点国・地域を定めた「農林水産物・食品の国別・品目別輸出戦略」を策定している。

そこでいま，産地として農林水産物・食品の輸出を行う場合に，輸出を拡大するためには何が必要かについて論じなさい。

なお，解答に当たっては，輸出を行う際には，販路の確保・拡充や産地における体制整備等に加え，動植物検疫や食品安全に関する規制等への対応も必要となる点に留意しつつ，幅広い視点から論じるものとする。

【平成28年度】

現在の我が国の農業が抱える問題点を挙げるとともに，それに対する技術的な面からの解決策を，具体例を挙げながら述べなさい。

なお，解答は現在の農政の方向に合致するものでなくても差し支えない。

【平成27年度】

近年，多くの農産物の価格が下落傾向をたどる中で，生産コストとなる資材価格が上昇し，農業経営における収益性が著しく悪化している。また，これまでは需要の減少する用途に対して生産を抑制する施策が進められてきた一方で，需要が増加する用途への供給面での取組みが十分に促進されてこなかった面もある。

このような中，政府は農業所得の増大を図り，地域における活力を向上させるため，①地域の農林水産物を活用した６次産業化，②農林水産物・食品の輸出拡大，③生産・流通システムの高度化などの施策を推進している。

これら３つの施策の中から一つを選び，その施策の概要について，具体例を挙げながら説明しなさい。また，施策を実施する上で生じると考えられる課題と，解決策について論じるとともに，それにより実現する望ましい農業・農村の姿について論じなさい。

なお，いずれの施策を選択したかについては，答案用紙の冒頭に明記すること。

【平成26年度】

我が国においては，昭和46（1971）年以降40年以上にわたって米の生産調整が実施されてきた。現在，米の生産調整はすでに実質的には選択制となっているものの，経営判断により需要に応じた生産を行える環境をさらに整えていく必要があるとの考えの下，平成25年11月，米政策の見直しを行うとの方針が政府により示されたところである。

このような状況を踏まえ，以下の問いに答えなさい。

⑴　生産調整が実施されてきた背景と目的について簡潔に述べなさい。

⑵　今後の米政策や水田農業政策はどうあるべきか，あなたの考えを述べなさい。また，その方向に沿って具体的にどのような施策を講じるべきか論じるとともに，それにより実現される望ましい水田農業の姿について述べなさい。なお，解答は現在の農政の方向に合致するものでなくても差し支えない。

【平成25年度】

我が国の農業・農村が直面する課題，また，これらの課題を解決するための施策は多岐にわたっている。

そこで，あなたが我が国の農政担当行政官であると仮定する。あなたが，農政において特に優先的に推進する必要があると考える施策を，具体的に一つ挙げなさい。また，その施策に関し，以下の①～④の問いに答えなさい。

なお，解答は，現在の農政の方向と合致するものでなくても差し支えありません。

① その施策を挙げた理由を簡潔に述べなさい。

② その施策の推進に当たり，あなたならどのような施策目標を設定するか，簡潔に述べなさい。

③ ②で述べた施策目標を達成するために，どのような手段を用いてどのような取組みを行うのか，具体的に述べなさい。

④ その施策を推進することにより実現される望ましい食料・農業・農村の姿や国民生活はどのようなものか述べなさい。

【平成24年度】

我が国においては，基幹的農業従事者の平均年齢が66.1歳（平成22年）と高齢化が進展するなか，持続可能な力強い農業を実現するには，青年新規就農者を増加させ，将来の我が国の農業を支える人材を確保することが重要とされている。

このような状況を踏まえ，青年新規就農者を増加させるために講じるべき施策について，その施策を講じるべき理由（背景）とともに，あなたの考えを述べよ。

なお，ここでいう青年新規就農者とは，39歳以下の農家子弟および非農家出身者の両方を含む新規就農者とし，また，形態としては，自営就農者のみならず，法人などへ雇用される雇用就農者も含むものとする。

【平成23年度】

遺伝子組換え農作物に関する以下の問いに答えよ。

なお，本問において，遺伝子組換え農作物には，食用に供する以外の，飼料作物や花きなども含むものとする。

⑴ 遺伝子組換え農作物をめぐる世界および我が国の状況について，以下の①および②の項目ごとに簡潔に述べよ。

①世界および我が国における遺伝子組換え農作物の栽培および利用状況

②我が国における遺伝子組換え農作物に関する安全性評価の仕組み

⑵ ⑴を踏まえ，我が国において，遺伝子組換え農作物に関してどのような方策を講じるべきか，その理由とともにあなたの考えを述べよ。

【平成22年度】

我が国の人口が減少局面に入り，労働力人口も減少が懸念されるなか，農業労働力の主力となる基幹的農業従事者は，2008年には，10年前に比べ２割減少して197万人となっている。そのうち65歳以上が６割を占めており，農業労働力の中核は高齢者によって担われている。

このような状況を踏まえ，将来にわたって我が国の農業・農村を持続的に発展させるため，以下の２つの政策を検討する。２つの政策の目的についてそれぞれ述べよ。また，あなたならどちらの政策を選択するか。いずれか一つを選択し，その政策を選択した理由を説明するとともに，その政策を推進することにより実現される望ましい我が国の農業・農村の姿について述べよ。

ただし，解答は現在の農政の方向に合致するものでなくてもかまわない。

政策A：経営規模の大きな経営体へ施策の集中化・重点化を図る。
政策B：兼業農家，高齢農家などをはじめとする多様な経営体を包括的に施策の対象とする。

【平成21年度】

我が国の農業においては，耕地面積の減少や耕作放棄地の増加，農業従事者の減少・高齢化が進行しており，農業構造のぜい弱化が進んでいる。また，我が国の農家１戸当たりの農地面積は，EUの約９分の１，米国の約100分の１，オーストラリアの約1,900分の１と大きな格差がある。

このような状況を踏まえ，あなたは，我が国において，農地を将来にわたって維持する必要があると思うか。

維持する必要があると思う場合は，その理由について説明するとともに，あなたが我が国の農地政策担当行政官であると仮定して，農地を維持するためにどのような取組みを推進すべきか具体的に述べよ。

維持する必要はないと思う場合は，その理由について説明するとともに，あなたが我が国の食料政策担当行政官であると仮定して，農地を維持せずに食料の安定供給を確保するためにどのような取組みを推進すべきか具体的に述べよ。

索引

●本書の内容に関するお問合せについて

本書の内容に誤りと思われるところがありましたら，まずは小社ブックスサイト（jitsumu.hondana.jp）中の本書ページ内にある正誤表・訂正表をご確認ください。正誤表・訂正表がない場合や訂正表に該当箇所が掲載されていない場合は，書名，発行年月日，お客様の名前・連絡先，該当箇所のページ番号と具体的な誤りの内容・理由等をご記入のうえ，郵便，FAX，メールにてお問合せください。

〒163-8671 東京都新宿区新宿 1-1-12　実務教育出版 第二編集部問合せ窓口
FAX：03-5369-2237　　E-mail：jitsumu_2hen@jitsumu.co.jp

【ご注意】
※電話でのお問合せは，一切受け付けておりません。
※内容の正誤以外のお問合せ（詳しい解説・受験指導のご要望等）には対応できません。

公務員試験
技術系新スーパー過去問ゼミ　**農学・農業**

2020年９月10日　初版第１刷発行　〈検印省略〉
2023年10月10日　初版第３刷発行

編　者　資格試験研究会
発行者　小山隆之

発行所　株式会社 実務教育出版
〒163-8671　東京都新宿区新宿1-1-12
☎編集　03-3355-1812　販売　03-3355-1951
振替　00160-0-78270
組　版　明昌堂
印　刷　精興社
製　本　ブックアート

ISBN 978-4-7889-3674-4 C0030　Printed in Japan
乱丁，落丁本は本社にておとりかえいたします。

過去問演習を通して実戦力を養成

地方上級／国家総合職・一般職・専門職試験に対応した過去問演習書の決定版が、さらにパワーアップ！　最新の出題傾向に沿った問題を多数収録し、選択肢の一つひとつまで検証して正誤のポイントを解説。強化したい科目に合わせて徹底的に演習できる問題集シリーズです。

★公務員試験「新スーパー過去問ゼミ7」シリーズ

◎教養分野
資格試験研究会編●定価1980円

新スーパー過去問ゼミ7 **社会科学** ［政治／経済／社会］
新スーパー過去問ゼミ7 **人文科学** ［日本史／世界史／地理／思想／文学・芸術］
新スーパー過去問ゼミ7 **自然科学** ［物理／化学／生物／地学／数学］
新スーパー過去問ゼミ7 **判断推理**
新スーパー過去問ゼミ7 **数的推理**
新スーパー過去問ゼミ7 **文章理解・資料解釈**

◎専門分野
資格試験研究会編●定価1980円

新スーパー過去問ゼミ7 **憲法**
新スーパー過去問ゼミ7 **行政法**
新スーパー過去問ゼミ7 **民法Ⅰ** ［総則／物権／担保物権］
新スーパー過去問ゼミ7 **民法Ⅱ** ［債権総論・各論／家族法］
新スーパー過去問ゼミ7 **刑法**
新スーパー過去問ゼミ7 **労働法**
新スーパー過去問ゼミ7 **政治学**
新スーパー過去問ゼミ7 **行政学**
新スーパー過去問ゼミ7 **社会学**
新スーパー過去問ゼミ7 **国際関係**
新スーパー過去問ゼミ7 **ミクロ経済学**
新スーパー過去問ゼミ7 **マクロ経済学**
新スーパー過去問ゼミ7 **財政学**
新スーパー過去問ゼミ7 **経営学**
新スーパー過去問ゼミ7 **会計学** ［択一式／記述式］
新スーパー過去問ゼミ7 **教育学・心理学**

受験生の定番「新スーパー過去問ゼミ」シリーズの警察官・消防官（消防士）試験版です。大学卒業程度の警察官・消防官試験と問題のレベルが近い市役所（上級）・地方中級試験対策としても役に立ちます。

★大卒程度「警察官・消防官 新スーパー過去問ゼミ」シリーズ

資格試験研究会編●定価1650円

警察官・消防官 新スーパー過去問ゼミ **社会科学**［改訂第3版］［政治／経済／社会・時事］
警察官・消防官 新スーパー過去問ゼミ **人文科学**［改訂第3版］［日本史／世界史／地理／思想／文学・芸術／国語］
警察官・消防官 新スーパー過去問ゼミ **自然科学**［改訂第3版］［数学／物理／化学／生物／地学］
警察官・消防官 新スーパー過去問ゼミ **判断推理**［改訂第3版］
警察官・消防官 新スーパー過去問ゼミ **数的推理**［改訂第3版］
警察官・消防官 新スーパー過去問ゼミ **文章理解・資料解釈**［改訂第3版］

要点整理＋理解度チェック

一般知識分野の要点整理集のシリーズです。覚えるべき項目は、付録の「暗記用赤シート」で隠すことができるので、効率よく学習できます。「新スーパー過去問ゼミ」シリーズに準拠したテーマ構成になっているので、「スー過去」との相性もバッチリです。

★上・中級公務員試験「新・光速マスター」シリーズ

資格試験研究会編●定価1320円

新・光速マスター **社会科学** ［改訂第2版］［政治／経済／社会］
新・光速マスター **人文科学** ［改訂第2版］［日本史／世界史／地理／思想／文学・芸術］
新・光速マスター **自然科学** ［改訂第2版］［物理／化学／生物／地学／数学］